U0839583

察哈尔公共外交丛书　　　　韩方明　主编

The Strategy of the United States Public Diplomacy towards China

美国对华公共外交战略

檀有志　著

时事出版社

《察哈尔公共外交丛书》编辑委员会

胡　伟　上海交通大学国际与公共事务学院院长、教授
柯银斌　《公共外交季刊》编辑部副主任、察哈尔学会秘书长
赵　磊　中共中央党校国际战略所副教授
赵可金　《公共外交季刊》编辑部副主任、察哈尔学会高级研究员、清华大学当代国际关系研究院副教授
段跃中　察哈尔学会高级研究员、日中交流研究所所长
贾庆国　北京大学国际关系学院副院长、教授
唐小松　《公共外交季刊》学术编辑、察哈尔学会高级研究员、广州外贸外语大学外交学系教授
郭惠民　国际关系学院副院长、教授
韩方明　全国政协外事委员会副主任、察哈尔学会创会主席
韩召颖　南开大学周恩来政府管理学院副教授

总　序

全球化和信息技术革命改变了世界。冷战结束以来，全球化加速发展，信息爆炸不胫而走，无论是加拿大传播思想家麦克卢汉的“地球村”预言，还是《纽约时报》专栏作家托马斯·弗里德曼“世界是平的”的感叹，全球化和信息技术革命日益将世界各地紧密地联系在一起，“蝴蝶效应”的威力已经日益明显地为当今世界各地的人们所深切感受到。海湾战争中伊拉克焚烧科威特油田造成的浓烟，在喜马拉雅山造成了黑色的降雨，南联盟的冲突造成了欧洲的难民问题，来自冰岛火山喷发的灰尘几乎令全球航空陷入瘫痪，而爆发在美国的全球金融危机令几乎所有地球人都胆战心惊。

然而，在整个世界一体化程度不断加深的同时，全球范围掀起了一场“结社革命”，过去长期在国际关系中被漠视的社会力量在国际事务中日益活跃，成为各国外交不得不面对的重要力量。根据《国际组织年鉴》统计，国际非政府组织的数量在过去的10年中已经增长了4倍多。有人对此给予了高度评价，认为：“它对20世纪后期的意义，如同民族国家的兴起对于19世纪后期的意义一样重大。”被卷入全球化体系中的世界各国几乎都陷入了“我们是谁”的身份认同危机，差异化、多样化和多元化日益成为全球化时代的特征，除了传统的阶级差异、意识形态差异外，“文明的冲突”、民族分离主义、族裔政治、女性主义、同性恋群体、新宗教、恐怖主义、网络组群、生态运动等日益崛起，人们又不得不面对更加紧张的多元文明、复杂差异和社会断裂而产生的深刻矛盾和频繁摩擦。如何在一个以信息、权力和公共资源为主要生存轴心的社会平台上，在多元化、多样性和差异化的公共空间中有效地调适差异主体之间的交往，调适人—自然—社会间的矛盾关系以及调适“我”与“它者”之间的断裂，在社会多样化的矛盾空间中寻求全球治理的一体化，妥善协调矛盾和谨防冲突，谋求全球正义，成为当今这个时代的一个主要任务。

环顾世界，一个显而易见的事实是，随着经济全球化和社会信息化深入发展，内政和外交之间已不存在不可逾越的界限，国内问题国际化和国际问题国内化两种趋势交织发展。在经济、科技、军事等领域的传统硬实力竞争依然激烈的同时，以意识形态、价值观念、制度模式、政治主张、民族精神、国家形象、文化传统影响力等为主要内容的“软实力”竞争也日渐升温。公共外交是加强“软实力”建设最重要、最有效的途径之一，在各国总体外交中的地位和作用大幅提升。面对这一世界性的问题，公共外交应运而生，成为世界各国政府的新宠，各国政府都在把开展公共外交作为一项“国际民心工程”纳入国家大战略中来。作为当今世界唯一超级大国的美国，在2001年9月11日之后加大了对公共外交的投入，从哈佛大学教授约瑟夫·奈多年来呼吁的“软实力”理念到奥巴马政府在世界各地推行的“巧实力”外交，从美国前国务卿赖斯提出的“转型外交”到克林顿国务卿倡导的“公民外交”，美国从理念到战略，从体制到措施，已经形成了体系完整、多管齐下的公共外交战略，在世界各地开展的如水银泻地般的国家形象传播活动。除了美国以外，英国近年来竭力推进的“创意英国”活动，加拿大政府谋划已久的“轻松连线加拿大”，韩国政府全民推进的“活力韩国”，甚至连太平洋岛国文莱、海湾小国阿联酋以及北欧国家挪威等都把塑造良好的国家形象摆到十分重要的战略地位，开展了一系列倍受关注的活动。此外，加上法国、德国、西班牙、日本等各国在世界各地经营多年的以海外语言教育为主要内容的“语言外交”，世界各国轰轰烈烈开展的各种文化节、文化年以及旅游促销活动，目前，世界各国特别是主要大国都高度重视公共外交，强化相关机制，大力推进公共外交已成为国际潮流，以致于有学者惊呼，“当今世界已经步入公共外交时代”。

对我国而言，加强公共外交既是一项紧迫的现实任务，也是一项重大的长期战略。改革开放三十多年来，我国在硬实力层面与发达国家的差距已大大缩小，甚至在某些领域已经形成领先局面。现在，我国外汇储备世界最多，是世界第一出口大国和最广阔的消费市场，有世界上最好的高速铁路和运行速度最快的超级计算机，手中握着的“世界第一”头衔日趋增多，今年的国内生产总值也将超过日本成为世界第二。在我国成功举办北京奥运会、上海世博会和有效应对国际金融危机后，我国的发展道路和模式在国际上得到更多关注和认同。但从总体上看，我国“软实力”建设仍相对滞后，国际上对中国的不了解、误解和成见、偏见仍然普遍存在，西方有些人对中国的快速发展心态矛盾复杂，心存疑虑、戒心，甚至戴着“有色眼镜”观察、评估我们。西方占主导的国际媒体也不时炒作“中国威胁论”等负面论调。这不仅损害了我国的国际形象，也给对外交往带来不少消极影响。同时，我国国内媒体、公众对外交事务的参与度和关注度不断提高，作用和影响正在增大，在对我国外交工作形成有力支持与配合的同时，也出现了一些不够冷静、不够理性的声音和行动。面对新形势新挑战，公共外交成为我国外交的一项极其重要的战略任务。

在公共外交在世界范围内拓展的潮流下，中国成为其中一个耀眼的角色。从 2008 年成功举办北京奥运会到 2009 年国庆典礼，从 2010 年成功举办上海世博会到遍及世界各地的“中国文化年”活动，公共外交受到前所未有的重视。我国日益重视开展公共外交，将其作为总体外交工作大力拓展的新领域，加大投入，致力于增信释疑、扩大共识，不断探索新思路、新方式，这方面工作已经取得长足进步。我国国家领导人率先垂范，在出席重要国际会议和出访时，主动接受国外媒体采访，向外界介绍中国国情和大政方针，取得良好效果。我国驻外使节和各级外交官积极“走出去”，通过接受采访、发表演讲、公开撰文、座谈对话等多种方式向驻在国各界宣传介绍我国发展成就和理念。特别值得一提的是，“十二五规划”中也专门提出要“加强公共外交，广泛开展民间友好交往，推动人文交流，增进中国人民同各国人民相互了解和友谊”。不难想见，在今后一段时期内，公共外交将成为中国外交的重要组成部分，对于全面建设小康社会和实现中华民族伟大复兴具有重大而深远的影响。

尽管公共外交在中国的发展历史还很短，但是发展速度很快，目前，公共外交在中国已经成为了一门显学。包括许多高校在内，纷纷成立了公共外交各种研究和教学机构，各高校、研究机构和社会团体，也举行了多次有关公共外交的研讨会。以上努力，对进一步推动中国公共外交领域的研究，为政府公共外交实践提供政策建议，促进国民参与公共外交活动，都具有十分重要的价值。然而，在公共外交的热潮中，我们作为早期推动者更应该冷静下来，不要重复“一窝蜂”地上、“热闹”半天、无果而退的老路子。应该夯实基础，切实地对世界主要国家的公共外交实践进行全面、具体地研究梳理，对已有的公共外交理论有真正地把握，尤其是要对中国的公共外交活动进行全面的分析、总结和提炼，从中探索出中国的公共外交理论。

作为一家新成立的非官方国际关系与外交思想库，察哈尔学会在2009年10月成立伊始就迅速组织专门力量开展公共外交的研究。目前，除了承办全国政协外事委员会主办的中国第一本公共外交杂志《公共外交季刊》、邀请在公共外交领域具有深入研究的知名专家学者作为学会的高级研究员以及每年定期举办察哈尔公共外交研讨会之外，公共外交研究与传播是我会近两年内的工作重点，我们非常愿意与各类机构开展多种形式的合作，在扎实的基础上，继续推进我国的公共外交研究与传播事业。

为了推进公共外交的理论研究和战略研究，为中国公共外交事业提供精神动力和理论支持，自2011年起，察哈尔学会推出“察哈尔公共外交丛书”，通过支持国内学者关于公共外交研究著作的出版，翻译引进国际学界对公共外交研究的优秀成果，推出中国学者研究公共外交的最新成果，激励中国社会各界展开热烈的学术讨论和战略辩论，不断推陈出新，把中国公共外交研究推向一个新的更高的水平。我们盼望越来越多的志同道合者加盟，深化公共外交的基础理论研究，为推进我国公共外交事业而不懈努力。

全国政协外事委员会副主任，察哈尔学会主席 韓方明

2011年2月于北京

目　录

第一部分　公共外交的学理阐释

第二部分 美国对华公共外交战略的现状剖析

第三部分　美国对华公共外交战略的走势研判

前　言

近年来，公共外交（Public Diplomacy）这一新的外交形式在国家对外交往中承担着越来越重的戏份，其对传统外交的能动增效作用日益为世界各国政府与学界人士所广泛认同。随着时代的进步与技术的革新，公共外交的内涵外延也将愈加丰富与多元。

美国是一个比较注重运用公共外交的国家，其在世界范围内开展公共外交带有多重的战略意图。中美关系是当今世界上最为重要也最为复杂的一组双边关系，如何认识与怎样处理中美关系是关乎整个中国外交战略布局的一处关键点所在。既往有关中美关系的研究可谓汗牛充栋，但大都是从传统外交的角度所做的分析。而由于公共外交是一种对于传统外交的有力补充和重要超越，中美两国间的公共外交实际上已成为中美关系大格局的一个有机组成部分，在双边关系中发挥着自身独特效用，能动地增进两国之间、两国人民之间的了解和理解。有鉴于此，透过公共外交这一新的独特视角，扫描透视美国对华公共外交战略的错位与调适将非常有助于我们更加全面地理解中美关系大势。

笔者在博士论文的基础上，结合国际国内形势的新发展、新变化，大体遵循“公共外交的学理阐释”、“美国对华公共外交战略的现状剖析”及“美国对华公共外交战略的走势研判”这三大部分来布局行文，力图对美国对华公共外交战略进行较有深度的探讨，兼对中国公共外交体系构建进行较有远见的思考。在充分理解公共外交理念的基础上，紧扣美国对华公共外交战略的演进脉络，选取美国之音对华广播与中美富布赖特项目作为典型个案展开具体透析，来探究美国对华公共外交因何以及如何进行战略调整与政策转变。而贯穿全书始终的一条主线，即是跌宕起伏的中美关系。

当前中美关系正处于“9·11”事件以来最为动荡、波折的时期，同时也是中国综合国力稳步攀升、国际地位更显突出的敏感期。中美关系要想继续得到健康稳定的发展，中国要想在波谲云诡的国际政治舞台上始终占据一个有利的位置，就必须进一步大力提升中国的国际话语权，而这就要求务必尽快构建起一个比较完备的中国公共外交体系。然而公共外交目前在中国的学理研究和实践操作均相对较晚，有关中国公共外交体系的构建则尚处于积极摸索之中。正是基于这诸多方面的考量，本书的适时刊印，对于中国审慎灵活地处理好复杂的中美关系以及认真到位地汲取美国公共外交的经验教训，以便“少走弯路，不走老路，力辟新路”，具有不言而喻的理论价值与现实意义。

序 论

一、研究问题的提出

全球化进程的纵深发展与信息技术的突飞猛进使得那种以政府间外交为主导的传统外交模式已不再能完全满足新的形势发展需要，一种新的外交形式——公共外交（Public Diplomacy）[①] 由此勃兴，开始在国际关系舞台上扮演着一个身段柔软而身手不凡的独特角色。世界范围内已有越来越多的有识之士认识到公共外交的重要性与必要性，越来越多国家的政府决策层也纷纷将公共外交战略纳入到各国外交大战略的整体设计之中。而随着时代的不断向前发展，公共外交这一新兴理念也与时俱进，更趋丰富多元。

美国是世界上最为重视外交大战略的国家，公共外交战略在其全球外交大战略中发挥了重要作用。美国的多届政府将公共外交视为一件增进国家利益、提升国家安全的有效工具，一般在开

① 国内也有不少学者将其译为“公众外交”，有的甚至将其等同于“文化外交”，笔者以为这些译法或涵盖不够确切或字面容易混淆，故此本书除个别引文之外统一采用“公共外交”的译法。

展公共外交方面多予以较高的重视和较大的投入，进而使得美国的公共外交在世界范围内的影响力得以不断地加深与扩展。中国是亚洲地区乃至当今世界上综合实力不容小觑、国际影响不容轻视的国家之一，中美关系是当前国际关系中最为重要也最为复杂的双边关系之一，这种二重性也就使得中国理所当然地成为美国施展公共外交的一个主要对象国。自第二次世界大战末期以来，两国间的公共外交沟通交流已然发展成中美关系恢宏画卷中一帧帧浓墨重彩的重要构图，因此，公共外交能够成为我们审视中美关系整体态势的一个独特视角。

一个国家对其他国家展开形式各异的外交活动，一般都有其预设的某些战略意图并期冀取得一定的外交效果；然而，由于各种主观客观条件的羁绊牵制，外交实际运作效果并不见得都能达成施动者所预期的目标，有时甚至还可能出现某种程度的背离或落差。作为五花八门的外交运作形式之一，公共外交自然也不例外。美国对华公共外交发展至今已逾一甲子之久，国际形势的波谲云诡与国内形势的风云变幻使得美国对华公共外交战略在此期间经历了怎样的一波三折？在不同的历史阶段，美国对华公共外交战略中最具代表意义的美国之音对华广播与中美富布赖特项目这两项活动又发生了什么样的调整与转变？针对美国对华公共外交的基本目标与实际效果之间所出现的某种程度的错位，美国政府对其对华公共外交战略做出了何种调适以图提升其对华公共外交效用？而究其根本，在各种纷繁复杂的表象之下，美国对华公共外交战略的深层意图何在，其未来走势又将何去？有关这诸多关键问题的追问深思，对于我们更深刻地理解美国对华公共外交战略乃至整个中美关系的发展大势无疑都是有所裨益的。

为此，本书以第二次世界大战以来美国对华公共外交战略为研究对象，紧紧围绕美国对华公共外交实际运作中目标与效果之间的错位与调适这一核心线索展开广泛而深入的探究分析。在系统梳理力求厘清公共外交这一概念学理内涵的基础之上，紧扣美国对华公共外交战略的发展脉络，将美国之音对华广播与中美富布赖特项目作为美国对华公共外交实践中最具代表性、最有影响力的两个典型个案进行详尽具体的扫描透析。藉由客观评析美国对华公共外交实践在不同时期所实际取得的成效影响，揭示出美国对华公共外交战略在不同"时""势"之下如何"相时而动"、怎样"因势而变"以图发挥其公共外交最大效用，加深我们对于美国对华公共外交战略的学理认知，并努力为中国公共外交体系的完备构建提供若干鉴戒。

二、选题的双重意义

（一）理论意义

中国对于公共外交的学术研究与实践操作均相对较晚，从笔者搜集到的各种资料来看，当前国内关于美国公共外交的著述较多，关于美国对华公共外交的研究则较少；史料性的实证罗列较多，学理性的个案分析较少；少量涉及美国对华公共外交的研究在内容上仍然是以介绍性的居多，有的观点还带有相当浓厚的意识形态色彩而显得偏执一端。

之所以出现这种状况，一方面是缘于中国的国际关系研究整体较西方国际关系学界略显滞后，而另一方面则是由于"长期以来，中国学界对美国外交史的研究重点主要放到政治、军事、战略以及决策过程等方面，给人的印象是，美国外交是在强权政治指导下服务于实现美国全球霸权的目的”。[①] 政治、军事等这些传统意义上的“高政治”构成美国研究的主要内容，而广义上的对外文化关系等传统意义上的“低政治”则在很大程度上长期不被足够重视。不仅如此，就文化关系研究的整体形势而言，诚如有学者所指出的，目前“无论大陆或台湾，甚至其他国家……在中外关系史研究领域文化关系史研究较之政治关系史的研究亦显得薄弱”。[②] 于是乎在这种有点“高不成，低不就”的尴尬情形之下，以对外信息传播与国际教育文化交流为重要载体和主要内容的公共外交，虽然也是国家间关系宏伟格局的一个有机构成，但在既往的研究中未能得到足够的关注也就不足为怪了。

基于上述研究现状，以美国对华公共外交战略为研究对象，对其进行力求深入的研究与力求客观的评析，就具有比较重要的学术意义。一方面，能进一步厘清公共外交的概念及其内涵，回答公共外交是什么、不是什么的问题，从而加强我们对于公共外交本身的认知；另一方面，循着美国对华公共外交战略的历史演进脉络，探究美国对华公共外交的目标与效果之间的错位并评析其因果得失，窥一斑而知全豹，有助于加深我们对于中美关系发展大势的学理认知。

（二）现实意义

从美国对华公共外交战略这一独特视角进行较为系统的研究与相对客观的评析，其现实意义主要体现在如下三个方面：

---

① 王晓德：“1989 年以来中国的美国外交史研究”，载胡国成主编：《透视美国：近年来中国的美国研究》，北京：中国社会科学出版社，2002 年版，第 124 页。

② 张注洪主编：《中美文化关系的历史轨迹》，天津：南开大学出版社，2001 年版，第 12 页。

首先，也是最为直接的是，希望能够借此增强对美国对华公共外交战略的历史发展脉络的了解与把握，为中国关于美国对华公共外交战略的研究略尽绵薄之力。目前国内在这一领域的研究成果还比较有限，有待深入探讨的地方还有不少。进一步说，本书拟对其中具有一定代表性的美国之音对华广播与中美富布赖特项目进行详尽的个案研究，这不仅有助于检验与深化对美国对华公共外交态势的总体认识，而且也有助于丰富和壮大对这些项目自身发展状况的具体认知。

其次，在未来可预见到的相当长一段时期内，中美关系对于中国而言仍将会是最为重要的一组双边关系。如何认识和处理好中美关系是关乎整个中国外交战略布局的一处关键所在，其重大现实意义再怎么强调亦不为过。中美两国关系要想继续健康稳定地发展，双边互动的舞台上就不能缺少公共外交这一重要角色的活跃身姿。尽可能地摆脱意识形态的思维定式并努力培养起一种健康的文化心态来分析美国对华公共外交实践背后的战略意图和深层认识，客观公允而非主观偏颇地去评估美国对华公共外交战略所带来的积极作用与消极影响这一体两面，既能增进中国对美国对华公共外交战略的了解与理解，从而有利于美国对华公共外交未来更稳定地展开，又能拓展中国在美国对华公共外交过程中的回旋空间，从而有助于中国更好地趋利避害，而最终对如何更好地发展中美关系也有一定的参考价值与借鉴意义。

最后，当前的中美关系正处于“9·11”事件以来最为动荡、波折的起伏期，中国也正处于综合国力稳步攀升、国际地位更显突出的敏感期。在这样一些至关重要的时间节点，中国无疑也需要通过对包括美国在内的世界其他国家实施积极有效的公共外交活动，以在国际舞台上努力建构一个和平、民主、自由和负责任的大国形象，进而有力反制和反击国际上各股对华不友好势力对中国的无端攻击或有意诋毁。因此，紧握美国对华公共外交战略的发展脉络，对于中国谨慎借鉴和认真汲取美国在开展公共外交方面的经验和教训，联动构建起一个较为完善的中国公共外交体系，力争实现在较短的时间内以较快的速度提升和壮大中国公共外交的能力，从而更好地实现、维护和拓展中国的国家利益，显然具有毋庸赘述的现实意义。

三、现有研究的回顾

（一）关于美国对华公共外交的研究回顾

对华公共外交是美国公共外交整体战略的一个重要组成部分，以往学者对其的关注多被纳入宏观的中美文化关系的研究之中，而较少被列为一个独立的单元加以分析。

1976 年，美国最负盛名的中国近现代史研究领域的泰斗、“头号中国通”费正清（John K. Fairbank）的夫人费慰梅（Wilma Fairbank）女士受美国国务院教育与文化事务局委托，通过大量的调查研究出版了《美国在中国的文化试验：1942—1949》（America's Cultural Experiment in China 1942 - 1949）一书。[①] 费慰梅女士曾于 1946 年出任美国驻华大使馆第一任文化专员，其间亲历了不少中美两国间文化交流项目的具体运作，之后她又查阅了美国国家档案馆等官方部门的大量档案文献，因而史料的准确性和权威性非常高。该书非常翔实地记述了 1941 年至 1949 年

① Wilma Fairbank, *America's Cultural Experiment in China 1942 - 1949*, Department of State Publication 8839, International Information and Cultural Series 108 (Washington, D. C.: U. S. Government Printing Office, released June, 1976).

间美国政府对中国所开展的主要文化交流活动，其中就包括早期的中美富布赖特项目，而费慰梅在书中对美中文化交流过程中出现的一些状况所做的分析与评价也相当有见地。

1986 年，美国著名的中国问题专家戴维·兰普顿（David M. Lampton）领衔的一个研究小组在美国新闻署与福特基金会的资助下对中美建交前后（1978—1984 年）两国间的学术交流的规模、特点及影响进行了深入的研究，最终形成了《复原的关系：美中教育交流中的趋势，1978—1984》（A Relationship Restored: Trends in U. S. -China Educational Exchanges, 1978 - 1984）的研究报告。[①] 报告对中美建交之前的学术交流历史做了简要的回顾，对在美国的中国学生和学者及在中国的美国学生和学者的人数规模、学科领域、地域分布、个性特征及受助情况等多个方面均进行了较为全面的统计与分析，并对学术交流中出现的一些问题诸如归国学生学者面临一个“再吸收”（Reabsorption）的过程、技术转让、人才流失等进行了初步的探讨。报告涵盖了中美两国在建交前后数年这一段极为重要时期的学术文化交流，其中一些相关统计数据对于我们更为直观地理解当时美国对华公共外交的概况具有一定的参考价值。一年之后，加州大学伯克利分校的卡尔格伦教授（Joyce K. Kallgren）与纽约州立大学的西蒙教授（Denis Fred Simon）主编了《教育交流：关于中美交流的文集》（Educational Exchanges: Essays on the Sino-American Experience）。[②] 其中著名历史学者孔华润（Warren I. Cohen）的文章回

① David M. Lampton, *A Relationship Restored: Trends in U. S. -China Educational Exchanges, 1978 - 1984* (Washington, D. C. : National Academy Press, 1986).

② Joyce K. Kallgren and Denis Fred Simon (eds.), *Educational Exchanges: Essays on the Sino-American Experience* (Berkeley: Institute of East Asian Studies, University of California, 1987).

顾了 1947—1971 年之间的中美文化关系，卡尔格伦的文章则分析了中美交流中的共同利益与各自利益。此外，还有著名学者哈里·哈丁（Harry Harding）的著作《脆弱的关系：1972 年以来的美国和中国》（A Fragile Relationship：The United States And China Since 1972）及华裔中国问题专家李成主编的《联接太平洋两岸的桥梁：美中教育交流，1978—2003》（Bridging Minds across the Pacific：U. S. -China Educational Exchanges，1978 - 2003）也部分涉及了一些与美国对华公共外交相关的数据或史实。①

中国学者韩召颖所著的《输出美国：美国新闻署与美国公众外交》一书，是中国大陆出版的第一部直接论及美国对华公共外交的专著。在对美国公共外交的历史渊源与美国新闻署的发展演变进行了较为系统的回顾之后，韩召颖对 1979 年至 1999 年间美国在中国所开展的公共外交活动进行了比较翔实的梳理，其所使用的资料相当丰富，提供的信息量比较大，对于了解和把握美国公共外交战略的总体发展情况也有较大的帮助。

此外，中国社会科学院陶文钊教授等人编著的《中美文化交流论集》、北京大学张注洪教授主编的《中美文化关系的历史轨迹》及中国社会科学院顾宁研究员撰写的“1972 至 1992 年的中美文化交流”和“评冷战的文化遗产：中美教育交流（1949—1990）”等一系列著作和文章尽管多是从中美文化交流史的角度探讨，但这些学者的研究成果为更全面、深入地认识美

① Harry Harding, *A Fragile Relationship*: *the United States and China since 1972* (Washington, D. C.: The Brookings Institution, 1992); Cheng Li (ed.), *Bridging Minds across the Pacific*: *U. S. -China Education Exchanges*, *1978 - 2003* (Lanham, Maryland: Lexington Books, 2005).

国对华公共外交战略提供了一定的线索和素材。[①] 另有几篇硕士或博士学位论文也涉及了美国对华公共外交这一课题，对于笔者有关美国对华公共外交战略所做的研究有一定的参考价值。不过，它们在某种程度上均忽视了中国在公共外交互动中自身所具有的利益需求的考量与趋利避害的抉择，而这些亦当成为美国开展对华公共外交时需要考虑的重要因素之一。

（二）关于美国之音对华广播的研究回顾

美国之音是美国公共外交领域中覆盖范围最广、涉及受众最多的一项活动，美国之音对华广播则是美国对华公共外交中对外信息传播的典型代表。由于国际广播的新闻传播特性，以往对美国之音的关注大多是将其与英国广播公司、莫斯科电台等列为国际广播电台的主要代表而从新闻传播学的角度加以介绍或比较，也有少数一些学者从国际关系的视角出发侧重于分析美国之音在对外宣传战略中的作用和地位，而从公共外交的角度去审视美国之音的学术著述尚不多见。

美国之音设立于第二次世界大战期间，二战结束以后，和平时期是否再需要国际广播？对此，美国国务院的一名官员早在1945 年底即撰文强调美国之音肩负着重大的国家利益，对它的削弱或毁损攸关美国的国家安全。[②] 戴维·克鲁格勒（David F. Krugler）在《美国之音与国内宣传战，1945—1953》一书中

---

① 陶文钊、陈永祥主编：《中美文化交流论集》，北京：中国社会科学出版社，1999 年版；张注洪主编：《中美文化关系的历史轨迹》，天津：南开大学出版社，2001 年版；顾宁："1972 至 1992 年的中美文化交流"，载《世界历史》，1995 年第 3 期，第 58—61 页；顾宁："评冷战的文化遗产：中美教育交流（1949—1990）"，载《史学月刊》，2005 年第 12 期，第 77—83 页。

② William Benton, "The Voice of America Abroad," *Journal of Educational Sociology*, Vol. 19, No. 4 (Dec., 1945), pp. 211 - 217.

也论述了二战结束之后不久在美国国会中掀起的关于美国之音存废的论争。[1] 而随着冷战的序幕徐徐拉开，又有一些文章开始关注美苏之间在国际广播领域的较量，而这时美国之音的冷战工具色彩开始日趋明显。[2]

英国诺丁汉大学政治学教授任格雷（Gary D. Rawnsley）在所著的《广播外交与宣传：国际政治中的英国广播公司与美国之音，1956—1964》一书中追溯了国际广播作为冷战初期一种宣传和外交工具的演变，通过对英国广播公司和美国之音在苏伊士运河战争、匈牙利事件、古巴导弹危机及美国卷入越南战争这四次国际危机上的处理方式进行比较研究，试图使人们相信国际广播在二战结束以后已然变成“既是外交政策的一种工具，又是外交政策的一个决定因素”从而获得了新的重要性。[3] 任格雷的一个主要关注点是广播在宣传和外交中的运用，他提供了大量的案例，意在确认国际广播的双重角色，用以证实国际广播是如何被用于外交领域中的讨价还价的，力图以一种理论的形式来辨明国际广播与国际关系之间的关系。

劳伦·亚历山大（Lauren Alexander）在《美国之音：从缓和到里根主义》一书中探讨了在 40 多年中美国之音的使命是如

① David F. Krugler, *The Voice of America and the Domestic Propaganda Battles, 1945 – 1953* (Columbia: University of Missouri Press, 2000).

② Alex Inkeles, "The Soviet Attack on the Voice of America: A Case Study in Propaganda Warfare," *American Slavic and East European Review*, Vol. 12, No. 3 (Oct., 1953), pp. 319 – 342; Alex Inkeles, "Soviet Reactions to the Voice of America," *The Public Opinion Quarterly*, Vol. 16, No. 4, Special Issue on International Communications Research (Winter, 1952 – 1953), pp. 612 – 617; Paul W. Massing, "Communist References to the Voice of America," *The Public Opinion Quarterly*, Vol. 16, No. 4, Special Issue on International Communications Research (Winter, 1952 – 1953), pp. 618 – 622.

③ Gary D. Rawnsley, *Radio Diplomacy and Propaganda: The BBC and VOA in International Politics, 1956 – 64* (New York: St. Martin's Press, 1996), pp. 1 – 5.

何演变的，并指出美国之音只在杜鲁门总统任内因得到了充足的拨款而蓬勃发展。[①] 迈克尔·尼尔森（Michael Nelson）对冷战期间西方国家对苏联所发起的广播战做了翔实的研究，其中一部分也涉及了美国之音。[②]

在《媒体与主权》一书中，美国著名媒体专家门罗·普莱斯（Monroe Price）认为，“9·11”事件使美国和其他国家都重新审视公共外交的角色，其中当然也包括国际广播这一工具。美国投身的是一场“心灵”（hearts and minds）争夺战，军事手段不足以反击那种强力灌输所累积起来的敌视西方的信仰之源。[③] 作为总体战略的一部分，他认为，美国及其他国家有必要积极参与到世界上针对西方的观点和政策如何形成的进程中去，其手段就是公共外交，尤其是通过国际广播来达到这一目的。美国之音自然是责无旁贷，并且被寄予相当高的期望。

可以看出，国外对美国之音的研究主要侧重于将其与美苏之间的冷战这一大背景联系在一起，而鲜少论及美国之音对华广播，只在一些网站及少数文章中偶尔提及。对美国之音对华广播的关注和研究则主要来自一些中国学者，不过截至目前这方面的研究成果还十分有限，并且论调也明显过于单一。

韩召颖教授的专著《输出美国：美国新闻署与美国公众外交》第五章介绍了美国之音的发展简史及其与冷战的关系，第八章在概述美国对中国的公共外交时也简单提到了美国之音对华

---

① Lauren Alexander, *The Voice of America: From Detente to the Reagan Doctrine* (Norwood, NJ: Ablex, 1988).

② Michael Nelson, *War of the Black Heavens: The Battles of Western Broadcasting in the Cold War* (Syracuse, N. Y.: Syracuse University Press, 1997).

③ Monroe E. Price, *Media and Sovereignty: The Global Information Revolution and Its Challenge to State Power* (Cambridge, Mass.: The MIT Press, 2002), pp. 199 – 225.

广播，认为“美国之音成为美国政府推行其意识形态战略的工具”，“美国政府利用它实施其一贯坚持的反共政策，并借此宣扬其生活方式和价值观，以图世界上其他国家和地区都能实行‘美国式’的民主政治制度和市场经济制度”。[①] 另有多篇论文如“美国之音关于中国新闻报道的意识形态分析”、“美国之音在美国外交战略实施中的地位和作用”、“‘美国之音’如何进行意识形态渗透”[②] 等文章均突出强调了美国之音的意识形态色彩与冷战思维，但这些论调总不免给人一种“攻其一点，不及其余”的偏颇之感。实际上，美国之音对华广播并非只有这一个层面，其在节目设置、宣传手法等方面也都有其独到之处、层面丰富。

此外，曾任中国中央电视台主持人、现旅居美国任美国之音评论员的张辛欣女士于 2000 年出版了《我知道的美国之音》[③] 一书。尽管这并非一本严格意义上的学术著作，但作者在书中也对“‘美国之音’中文部”的发展情况或叙或议，也为本书在对美国之音对华广播进行个案研究时提供了一些可资借鉴的材料。

综上可见，有关美国之音对华广播的专门研究目前还非常有限，有价值的研究资源尚比较匮乏，还有较大的挖掘空间，尤其是从公共外交这一视角的既往研究则更可谓少之又少。

（三）关于中美富布赖特项目的研究回顾

富布赖特项目是美国公共外交领域中知名度最高、影响力最

① 韩召颖：《输出美国：美国新闻署与美国公众外交》，天津：天津人民出版社，2000 年版，第 286 页。

② 樊建新：“‘美国之音’如何进行意识形态渗透”，载《中华魂》，2005 年第 9 期，第 60－61 页；王伟伟：“美国之音在美国外交战略实施中的地位和作用”，青岛大学硕士学位论文，2006 年 5 月；程鑫：“美国之音关于中国新闻报道的意识形态分析”，吉林大学硕士学位论文，2007 年 5 月。

③ 张辛欣：《我知道的美国之音》，北京：中国社会出版社，2000 年版。

大的活动之一，中美富布赖特项目则是美国对华公共外交中教育文化交流的典型代表。关于富布赖特项目，鉴于其在世界范围内均有一定的影响，对其的关注和研究颇多；而关于其组成部分之一的中美富布赖特项目，对其的关注和研究则相对较少。

1949 年 5 月，美国国务院负责海外信息和教育交流项目的一名执行主管伊莎贝尔·莫雷尔（Isabel Avila Maurer）为向人们介绍和宣传诞生未久的《富布赖特法案》（The Fulbright Act），在《远东观察》上发表了“富布赖特法案开始运作”一文，强调富布赖特项目是一个使双方都受益的投资。[①] 莫雷尔在文中详细介绍了主管早期中美富布赖特项目运作的中华教育基金会的组成，即由以美国驻华大使司徒雷登为首的美方董事会和以胡适为首的中方顾问委员会来共同管理该项目。

1965 年，两位在富布赖特项目启动早期即参与其管理工作的资深人士沃尔特·约翰逊（Walter Johnson）和弗朗西斯·柯立根（Francis J. Colligan）合著了《富布赖特项目的历史》（The Fulbright Program：A History）一书。尽管由于著者身份的特殊性，书中较少见到对富布赖特项目严肃的批评而多有抱怨美国政府对项目投入不足，但该书对于富布赖特项目的设立背景、主要目标及其在头十年中的运作情况等多个方面提供了大量的有用信息。[②] 不过，中美富布赖特项目在书中仅仅被提到了几次，这还是因为其所拥有的特殊印记——中国是世界上“第一个参与该项目”，也是“第一个退出该项目”的国家。[③]

---

① Isabel Avila Maurer, “The Fulbright Act in Operation,” *Far Eastern Survey*, Vol. 18, No. 9 (May 4, 1949), pp. 104 – 107.

② Walter Johnson and Francis J. Colligan, *The Fulbright Program*: *A History*, With a Foreword by J. W. Fulbright (Chicago and London: The University of Chicago Press, 1965).

③ Ibid., p. 111, p. 196.

费慰梅女士在《美国在中国的文化试验：1942—1949》一书的最后两章集中论述了早期中美富布赖特项目的开展、运作及被迫中止。一方面它充分融合了作者的亲身经历以及大量的美国官方档案文献，因此其史料价值比较高；另一方面它毕竟是从美国官方的立场上来看待这一项目的发生、发展，故而在一些问题上的看法并不都是那么中立客观。

1999 年，美籍华裔学者许光秋博士（Guangqiu Xu）经过文献调研和人物访谈写成了《美国富布赖特学者对中国学生在意识形态和政治上的影响，1979—1989》（The Ideological and Political Impact of U. S. Fulbrighters on Chinese Students：1979 - 1989）一文，借助 170 余份美国富布赖特学者所提交的报告，作者首先对 1979 年至 1989 年间中美富布赖特项目做了一个总体概述，而后聚焦于美国学者在帮助中国人如何从美国的视角去理解西方的意识形态和价值观念中所扮演的角色，最后则探讨了中国学生自身感知的所受美国的影响。[①] 该文从意识形态和政治的角度探讨教育交流项目对中国学生的影响，这一观察问题的视角较为新颖，因而具有一定的借鉴意义。

韩召颖教授的专著《输出美国：美国新闻署与美国公众外交》第八章在总体论述美国在中国的公共外交活动时对 1980 年至 1995 年间的中美富布赖特项目做了较为全面的介绍和分析。但是对于 1948 年通过该项目的资助得以赴美的中国学生和学者，可能是由于作者当时没能查阅到相关的档案资料，书中仅以“由于中国国内战争，接受富布赖特项目资助的中国学者、学生

---

① Guangqiu Xu：“The Idealogical and Political Impact of U. S. Fulbrighters on Chinese Students：1979 - 1989，” *Asian Affairs*，Vol. 26（Fall 1999），Issue 3，pp. 139 - 158.

未能成行"[①] 一笔带过，实际上这是有悖于历史事实的，需要加以修正。

此外，还有一些论文或多或少地论及了中美富布赖特项目的历史发展状况，对该项目设立的背景、过程及影响一般都做了简单的罗列，而相对深入的分析则明显不足。[②] 另有两位美国学者诺曼·伍德（Norman Wood）和沃尔特·休金斯（Walter Hugins）及一名台湾学者赵绮娜（Ena Chao）在研究美国与台湾地区所开展的富布赖特项目交流时也对早期中美富布赖特项目的历程做了一些回顾和评析。[③]

总体来看，目前有关中美富布赖特项目的研究中，背景知识性的介绍比较多，而将其纳入美国对华公共外交战略的大框架之下所进行的学理性分析还有待加强；在分析项目发生、发展的原因时，对美国方面的因素强调较多，对中国方面的因素则关注不够，而笔者认为后者对于认识中美富布赖特项目自身乃至整个美国对华公共外交战略的发展态势都是十分重要的。正因如此，笔者也希望在这些方面努力做一些尝试。

---

① 韩召颖：《输出美国：美国新闻署与美国公众外交》，第264页。

② 胡礼忠："富布赖特项目与中美教育交流"，载《国际观察》，2000年第5期，第43—48页；两言："中美富布赖特项目走过25年"，载《神州学人》，2005年第4期，第10—11页；张立平："富布赖特与中国"，载《南风窗》，2005年第15期，第62—67页。

③ Norman Wood and Walter Hugins, "The Fulbright Program in the Republic of China, 1947 - 1973," in *Proceedings of the First Regional American Studies Seminar of East Asia*, July 2 - 4, 1973 (Taipei, Center for American Studies, Academia Sinica, 1973), pp. 123 - 130；趙綺娜："美國政府在臺灣的教育與文化交流活動（一九五一至一九七〇）"，載《歐美研究》，民国九十年三月（2001年3月）第三十一卷第一期，第79—127页。

四、主要的研究方法

在研究方法上，本书以辩证唯物主义与历史唯物主义为指导，充分运用国际关系学科的理论和方法，并积极采用和借鉴历史学、国际传播学、社会学、教育学等相关学科的一些实用研究方法。本书主要使用了文献资料法、历史分析法、比较分析法、个案分析法、统计分析法及人物访谈法等研究方法，坚持理论研究与实证分析相结合、历史研究与现状分析相结合、综合研究与个案分析相结合，在回顾和消化前人所取得成果的基础上，针对美国对中国所开展的公共外交实践及其背后的基本动因加以更为客观和全面的解析。

要研究美国对华公共外交战略，丰富的第一手资料是十分重要而必要的，甚至可以说是第一位的，否则就只能囿于其他研究者的既有成果中所提供或转述的第二手甚至多手的资料而难以破旧立新、推陈出新。为此，笔者利用 2005 年赴日本早稻田大学交流学习两年的有利机会，逐步搜集了一部分有关美国外公共外交的理论研究及美国公共外交总体概况的文献资料，其间又于 2006 年底赴美国阿肯色大学图书馆、国会图书馆等处搜集到了大量关于美国公共外交特别是美国之音和富布赖特项目的各种档案资料。有关美国之音对华广播的史料，主要依靠的是英文方面的资料，包括美国的一些官方档案及美国之音网站上提供的部分资料，另有一部分英文专著；而中文方面的资料则只是零星散见于为数不多的一些期刊文章中，并且有的资料已比较陈旧。有关中美富布赖特项目，笔者曾先后在阿肯色州、华盛顿两地通过电话访谈、面谈的形式约谈了威廉·富布赖特参议员的侄子艾伦·吉尔伯特（Allan A. Gilbert）、1995—1998 年曾任威廉·富布赖特国外奖学金理事会主席的霍伊特·珀维斯（Hoyt H. Purvis）、美国国务院教育与文化事务局主管中美富布赖特项目的高级官员威廉·西恩（William J. Shine）及长期负责对华教育交流管理工作的美国国际教育协会（IIE）高级项目主管大卫·亚当斯（David Adams）等相关人士，获得了不少对本研究非常有帮助的观点和素材。

在北京，笔者先后访谈了北京大学国际关系学院刘金质教授、中国人民大学国际关系学院李庆四教授等多位曾经参加过中美富布赖特项目交流的学者，得到了他们对于该项目的一些独到见解及对本项研究的各种有益建议。此外，南开大学的韩召颖教授还转赠笔者一本由美国教育交流中心编写的有关中美富布赖特项目 1980—1995 年的统计名录，这对笔者在对中美富布赖特项目做个案研究时进行详细的统计分析有很大的帮助。中国国家留学基金管理委员会（China Scholarship Council，CSC）向笔者提供的中美富布赖特项目“赴美申请指南”的小册子，对项目类别、申请条件及研究领域等均做了简要介绍。美国驻华大使馆新闻文化处向笔者提供了中美富布赖特项目最新的也就是 1980—2004 年的统计名录；美国驻华大使馆网站主页上的《交流》杂志 2004 年第四季刊还刊发了一组关于富布赖特项目的文章。[1] 这些人物访谈和官方档案对于本研究而言都是极为宝贵的资料来源，其中的一些权威数据或重要观点在后文中多有引用。

① 详见美国驻华大使馆主页：http：//www. usembassy-china. org. cn/jiaoliu/jl0404/jl0404-hp. html（2006－08－27）。

五、创新之处与研究难点

（一）创新之处

研究美国对华公共外交战略，笔者期望能在下列几个方面有所创新：

首先，关于公共外交理论方面。通过对国际与国内、官方与学界对公共外交的认识与研究进行一次较为细致而系统的梳理与回顾，力图勾勒出公共外交理论的大体发展脉络及其最新发展状况，这一方面有助于将公共外交的理论构架打造得更加丰满和厚重，另一方面也便于后来的研究者对公共外交理论的基本认知与总体把握。

其次，关于美国之音对华广播与中美富布赖特项目方面。本研究采用了理论与实证相结合的方法，将美国对华公共外交实践中最具代表性的美国之音对华广播与中美富布赖特项目作为两个典型个案进行研究。通过对这两个典型个案的调整转变及其成效影响的综合考察，力图达到两个目的：一是以具体的例证来展示美国对华公共外交针对其目标与效果之间的错位是如何相时而动、怎样因势而变，以图最大限度地发挥其公共外交效用从而实现、维护和拓展美国的国家利益，对前文所做的整体评析进行一定的检验和适当的回应，较好地达成了由实证向理论的回归；二是能够对美国之音对华广播与中美富布赖特项目自身的发展状况初步形成一些整体性的认识，较鲜明地凸显出中美两国国家利益上的融合碰撞与美国对华公共外交战略的调整转变之间十分紧密的联系。

最后，关于公共外交战略所折射出的国家间关系互动方面。

公共外交所涉及的两个国家之间的关系是暗藏于公共外交背后的一根主线，这就要求在分析公共外交发展的主要动因时应当把实施国一方的积极谋求与受众国一方的谨慎配合这两个方面都考虑进来，而公共外交目标与效果之间的错位也敏锐地反映出国家间关系的起伏变化。具体到本研究而言，以美国对华公共外交战略为研究对象，在重点关注美国积极谋求对中国开展公共外交的思想根源、利益考量、软实力考虑等因素的同时，也把不同时期中国国内形势的发展动态及基于中国国家利益上的取舍抉择纳入分析的视野。由此，可以通过考察美国对华公共外交战略的演进脉络，来透视中美关系的转变大势。

（二）研究难点

首先，笔者在开展研究的过程中，遇到首要的一个困难就是研究资料方面的搜集不易，这主要体现在以下两个层面上。其一是国内现有的以美国公共外交为研究对象的研究成果中较有分量的非常有限。仅有的一些文章大多是就某些一般性的问题展开论述，且“重复建设”较多；而作为一个普通的年轻研究人员，很多情况下很难从有关官方机构那里借阅或查找一些对本研究非常重要的档案文献或数据资料等。其二是有关冷战初期美国对华公共外交的资料与中美建交以后相比显得不太充足；有关美国之音对华广播的资料与中美富布赖特项目相比显得较为有限。由于时间跨度较大，加之档案文献的整理、保存工作上的困难，搜集这方面的资料难度也比较大。

其次，公共外交的主要载体是信息的传播与教育文化的交流，在某种意义上它们体现的都是一种宽泛的文化与外交之间的关系，这无疑是十分抽象而不那么容易深刻把握的。由于笔者的研究功力不逮、学识积淀不够以及文字表达的欠火候，因此在进行理论研究与实证分析时，无论是在深度上还是在广度上，可能都存有较大的提升空间。

最后，在做个案研究时，由于时间、经济等客观条件的限制，未能进行更大范围的问卷调查以获得更多更直观的数据为佐证，而只是代之以一些相关领域的人物访谈以及借助于其他学者所做的调查，这在论证力度上也不能不说是一个不小的缺憾。

六、全书的基本架构

本书是在笔者博士学位论文的研究基础上，结合最新的学术成果与文献资料而进行的延伸研究。全书大体遵循“概念理论系统梳理”、“现状个案深度解析”及“未来态势总体研判”这三层逻辑关系来确定基本的框架结构，序论与结论之间分为三大部分共计七章，具体安排如下：

序论。序论部分首先提出了本研究所聚焦的美国对华公共外交战略问题，并点出了此项研究的理论意义与现实意义。接着按照由总体到局部的顺序，对前人关于美国对华公共外交、美国之音对华广播及中美富布赖特项目的已有研究成果做了较为简明且相对集中的回顾与总结，从中发掘出一些有待进一步深化的问题领域，作为本研究所试图加以深入解析的突破点。在研究方法上，主要突出了丰富的第一手资料对于美国对华公共外交战略研究的重要性。在研究创新方面着重阐明了本项研究所力图有所突破、推陈出新的三个方面，在研究难点方面则坦率道出在资料搜集过程中所遇到的各种实际困难及相伴而生的一些研究缺憾。最后，序论部分还交代了全书的框架结构，并概述了各章主体内容。

（一）第一大部分是关于公共外交的学理阐释，包括第一、第二章

第一章是关于公共外交的概念界定及其勃兴发展的基本动因。本章先是从公共外交的内涵与外延这两个层面出发，对公共外交这一概念做出了一个较为明晰的边际界定；然后又按照其对公共外交所带来影响的大小与远近，从公共外交所诞生的时代大背景以及其他一系列主客观推动因素等几个方面依序分析了公共外交勃兴发展的主要动因。

第二章是关于国内外公共外交研究的理论积淀。本章主要从国外和国内这两个方面、从官方与学界这两个层次，对近半个多世纪以来国内外公共外交研究所形成的庞杂理论积淀进行相对系统的归纳与梳理，较明晰地勾勒出公共外交理论的历史发展脉络及其最新发展状况，力求将公共外交的理论架构打造得更加丰满与厚重。

（二）第二大部分是关于美国对华公共外交战略的现状剖析，包括第三、第四、第五章

第三章是关于美国对华公共外交战略的发展脉络。本章在简要回顾了美国公共外交的历史背景之后对美国在世界范围内开展公共外交的情况做一粗线条的总体概览，重点透析美国公共外交大战略在四个不同发展阶段的调整转变，也为下文详细考察美国对华公共外交战略的错位与调适提供必要的背景知识。然后由整体而局部，纵览了不同时期美国对华公共外交战略的调整轨迹与转变态势，较为宏观地把握美国对华公共外交战略的全貌。

第四章是关于美国之音对华广播的个案研究，视之为美国对华公共外交的“单行道”。本章首先对美国之音自二战后期建立以来的发展历程与角色转变做一简要概述，使读者对其有个初步的整体印象。然后，较为系统地回顾了美国之音对华广播的历史调整、节目设置及宣传手法的变化，从而细致考察美国之音对华广播是如何相时而动，力图实现、维护和拓展美国的国家利益的。最后，分别从美国之音对华广播与中美关系、美国之音对华广播与美国对华公共外交之间的关系角度，考察其在整个美国对华公共外交战略中所处的位置。

第五章是关于中美富布赖特项目的个案研究，视之为美国对华公共外交的“双行线”。本章首先对富布赖特项目的设立过程、管理模式等做一简要说明，为后文深入分析中美富布赖特项目半个多世纪以来的转变历程做一些必要的铺垫。接下来，将中美富布赖特项目划分为1948—1949年国共政权易手之际与1979年中美建交以后这前后相继而又相对独立的两个发展阶段，紧扣该项目命运之曲折，探究中美富布赖特项目是如何因势而变，以图发挥出美国对华公共外交的最大效用。最后，亦分别从中美富布赖特项目与中美关系、中美富布赖特项目与美国对华公共外交之间的关系角度，认识其在整个美国对华公共外交战略中所起的作用。

（三）第三大部分是关于美国对华公共外交战略的走势研判，包括第六、第七章

第六章是关于美国对华公共外交的战略意图。本章先在分解美国公共外交目标设置“五部曲”的基础上，揭示出一般意义上美国公共外交大战略所具有的多重基本意图。接着交代前文选取美国之音对华广播与中美富布赖特项目这两个典型个案进行深层扫描的用意，期望以此来管中窥豹、以点带面。最后则从中美两国互动的视角出发，总结导出几点对于美国对华公共外交战略的深层认识。

第七章是关于新的“时势”之下美国对华公共外交的未来走势。在前文对美国对华公共外交战略的全貌与个案均做了比较系统的扫描透析之后，这一章重在探究新时局下美国公共外交的发展动态与新情势下中国公共外交体系的联动构建。此处暗含的一个逻辑是，新“时势”之下的这种双边变局在很大程度上预示着未来中美两国间公共外交对流互动的基本格局。信息网络技术的迅猛发展催生了网络外交，网络外交已发展成为美国施展公共外交的一件新式武器。与此同时，中国当前正处于综合国力稳步攀升、国际地位越发凸显的机遇期与敏感期，从软实力与公共外交二者内在关联的视角出发，积极发掘中国无比丰富的软实力资源，联动构建起一个较为完备的中国公共外交体系必须尽快提上议事日程。

结论。结论部分是对整项研究的行文思路与学术观点进行必要的抽象与提炼，在扼要阐明公共外交概念理论的基本面之后，侧重于对美国对华公共外交战略的评述与对中国公共外交体系构建的启示这两个更紧要的方面。紧随不同“时”“势”下的中美关系，美国对华公共外交战略极力“相时而动，因势而变”。综观美国对华公共外交战略的发展脉络，其成败得失对于中国今后在对包括美国在内的世界其他国家施展公共外交时不无启示。

第一部分

公共外交的学理阐释

第一章

应运而生：公共外交的勃兴发展

伴随着全球化进程的不断深入与信息革命的迅猛发展，整个世界在地区、国家、个人这三个层面上的相互联系都日趋密切。在诸多因素的交织影响与有力推动下，那种以政府间外交为主导的传统外交模式已不再能完全满足新形势发展的需要，公共外交（Public Diplomacy）由此应运而生，已经成为世界各国用来提升国家形象、增强软实力的一种重要手段。

公共外交在国际关系中扮演着一个相当活跃、日趋重要的角色，然而公共外交的内涵与外延都相当宽泛，各人因所处立场或所取视角的差异而对其有不同的认知，那么这一概念到底又该如何界定？公共外交的勃兴发展显然并非出于偶然，始终离不开时代大背景及其他一系列主客观因素的推动，那么它究竟是因何而生？这是本章所试图解决的两大问题。

第一节　公共外交的概念界定

据英国学者尼古拉斯·库尔（Nicholas J. Cull）考证，公共外交作为一个术语究其由来，最早可以追溯到1856年。1856年1月《伦敦时报》在一篇批评美国总统富兰克林·皮尔斯（Franklin Pierce，1853－1857）仪态的社论中写道："美国政治家必须谨记，假如他们想要像其所设想的那样给我们留下某种印象，他们也必须给他们自己的人民树立一个榜样，而很少有像公共外交这么有感染力的例子。"① 显而易见，这里的"公共外交"仅仅是被看作是"礼貌举止"（Civility）的同义词来使用的，并非现代意义上的公共外交。

作为一种实践层面上的外交形式来说，公共外交的雏形事实上可以说是古来有之，如某个诸侯国通过对另一个诸侯国的民众采取某些手段来施以恩惠从而博得他们或同情或支持，进而较为迂回地实现其某种政策目的等；然而作为一种理论层面上的学理阐释则始于第二次世界大战结束之后，对公共外交的研究最初也主要集中在美国。不过，在20世纪60年代之前，公共外交并没能得到普遍的认同，更没有以一门学科的面目出现，而一直被视为是一种"宣传"（Propaganda）的手段。② 例如，1955年奥伦·斯蒂芬斯（Oren Stephens）在其所著的《坦诚世界的事实：美国在海外的信息情报项目》一书中，把美国在海外所开展的各种信息和情报项目统称为"宣传"，将为美国政府这些海外项目工作的人称为"宣传人员"（Propaganda Personnel），他甚至宣称《独立宣言》是美国"第一个，也是最好的一个宣传小册

① Nicholas J. Cull, " 'Public Diplomacy' before Gullion: The Evolution of a Phrase", http://uscpublicdiplomacy.com/index.php/newsroom/pdblog_main/author/Nicholas_Cull/.

② 唐小松、王义桅："美国公共外交研究的兴起及其对美国对外政策的反思"，载《世界经济与政治》，2003年第4期，第22页。

子”。[1] 1961 年，威尔逊·狄扎德（Wilson P. Dizard）在主管美国公共外交的专门机构美国新闻署（United States Information Agency，USIA）成立 8 年之后第一本对其进行专门介绍的书中高度评价道，美国新闻署“对美国在世界范围内发挥意识形态影响做出了贡献”，并且“美国断断续续地从事国际宣传活动已经有很长一段时间了……宣传在独立战争中扮演了一个至关重要的角色”。[2]

一般认为，公共外交作为国际关系领域中一个有特定含义的术语，其首次出现是在 1965 年的美国。1965 年，塔夫茨大学弗莱彻法律与外交学院院长埃德蒙德·古里恩（Edmund A. Gullion）在该院成立爱德华·默罗公共外交研究中心时首次提出了现代意义上的“公共外交”概念，将其定义为：“公共外交旨在通过引导公众的态度来对政府外交政策的制定与实施产生影响。它包括了超越传统外交的诸多国际关系领域：一国政府在其他国家境内公众舆论的培植开发；一个国家的私人、利益集团与另一国的相应团体之间的互动；对外交事件的报道及其对政策的影响；从事交流事业的人员如外交使节与外国记者之间的沟通；不同文化之间的交流等。公共外交的核心是资讯（Information）和理念（Idea）的跨国界流通。”[3] 从中可以看出，古里恩对于公共外交的界定是相当宽泛的。而为了便于对本课题的研究对象——美国对华公共外交战略进行科学严肃的学理探究，首先

① Oren Stephens, *Facts to a Candid World*: *America's Overseas Information Program* (Stanford, Calif.: Stanford University Press, 1955), p. 37.

② Wilson P. Dizard, *The Strategy of Truth*: *The Story of the U. S. Information Service* (Washington, D. C.: Public Affairs Press, 1961), p. xiv.

③ 详见爱德华·默罗公共外交研究中心主页：http://fletcher.tufts.edu/murrow/public-diplomacy.html (2006-10-15)。

就有必要对公共外交这一概念的内涵与外延做出一个较为明确的界定和适当的辨析。

一、公共外交概念的内涵

从公共外交的基本构成来看，包括以下五个构成要件，即：主体、客体、内容、方式及目的。

第一，公共外交的主体必须是一个国家的中央政府及其领导或支持的相关机构。只有由一国中央政府出面组织或者幕后支持，直接针对外国公众提供信息、组织交流等活动，才能称为公共外交。而那些纯粹由民间机构或非政府组织实施和开展的信息宣传、人员交流与文化教育活动等，不应被看作是公共外交而应归入民间外交的范畴。迈克尔·赫茨曼（Michael Holtzman）曾指出："美国公共外交既非公众的（Public）亦非外交的（Diplomatic）。首先，美国政府——而不是更广大的美国公众——一直才是面对一个对其满腹狐疑的世界的主要的信息源（Messenger）。"[①] 当然，有时囿于客观条件的限制或者出于优化资源的考虑，一国的中央政府在开展公共外交的过程中并不需要"事无巨细"和"事必躬亲"，有时还可以通过支持和资助一些在国际交流领域中资质和经验兼具的民间组织或非政府组织来合作开展公共外交。这在美国的公共外交实践中从一开始就得到了很好的运用。

第二，公共外交的客体应当是外国的公众。所谓"公众"，

---

① See Michael Holtzman, *The New York Times*, October 4, 2003. Quoted in Charles Wolf, Jr. & Brian Rosen, *Public Diplomacy: How to Think about and Improve It* (Santa Monica: RAND Corporation, 2004), p. 4.

这里是相对于决策者而言的，是对那些身处决策圈之外的人群的总称。对于公共外交所针对的客体，必须明确两个“不包括”：它既不包括外国的政府，也不包括本国的公众。公共外交主要是通过提供信息、组织交流等方式来直接影响外国的公众舆论进而间接影响外国政府的对外政策。美国参议院下属的一个委员会在其报告中就曾指出，“有些外交政策的目标是能够直接针对外国人民而不是他们的政府。通过应用现代新闻媒介，今天有可能联系外国中的大部分人或其中有影响的一部分人……影响他们的态度，有时甚至诱导他们向我们期望的方向发展，这部分人反过来就能够对他们的政府施加明显的，甚至是断然的压力”。① 在这一过程中，外国的公众始终是开展公共外交的对象，而不是外国的政府。同时，当一国政府只是对它本国的公众解释和宣传其对外政策及活动而不是针对外国的公众舆论时，它也不应被纳入公共外交的范畴之内。

第三，公共外交的内容主要可以分为对外信息传播与国际教育文化交流两大类别。前者侧重于近期利益而主要是对外宣传本国的外交政策及活动，后者则着眼于长远利益而积极开展国际教育文化交流以增进两国及两国民众间相互的了解与理解。中国学者韩召颖根据公共外交目标的不同而将美国公共外交划分为以下两类：“一类侧重于对美国政策的宣传活动，通常被称为‘信息活动’（Information），即运用新闻、出版、无线电广播、电视、电影、录像带以及新兴的电子通讯手段，宣传美国的政策；一类侧重于文化交流，如：在其他国家的重要城市设立图书馆、各种各样的图书项目、举行各种讲座与研讨班、英语教学、人员交

① 转引自关世杰：《跨文化交流学——提高涉外交流能力的学问》，北京：北京大学出版社，1995 年版，第 397—398 页。

流、艺术作品展览、音乐舞蹈表演和向国际文化研究中心与美国研究项目提供支持等教育文化活动。”[①] 当然，这两类活动并不是截然分开的，有时短期利益与长远目标也紧紧结合在一起，在开展公共外交活动中就表现出了某种程度上的交集。

第四，公共外交的形式与其所要表达的主要内容相呼应，因而其特点在于它既是公开的，又是间接的。无论是对外信息传播还是国际教育文化交流，在一般情况下，公共外交所要向外国公众传达的信息都是公开的，因为“Public Diplomacy”中的“Public”就包含有“公众”和“公开”这两层意思，这也从另一个角度表明“公共外交”较之“公众外交”更具包容性因而也更为贴切。公共外交这种形式上的公开性，在很大程度上区别于政府间外交中的那种秘密外交的传统。与此同时，公共外交并不是采取直接影响另一国中央政府的形式，而是采用一种迂回前进的方法，通过改变另一个国家内部的政治生态，努力塑造出一种有利于本国的政治生态，最终促进有利于本国的政策产出。[②] 公共外交的客体是外国公众，通过引导外国的公众舆论，再经由外国的公众去影响其政府的政策抉择。原美国中央情报局局长艾伦·杜勒斯（Allen W. Dulles）曾坦承：“如果我们能够教会苏联的年轻人唱我们的歌曲并随之起舞，那么我们迟早将教会他们按照我们所要求的方式去思考问题。”[③] 这种培植政治生态、间接施加影响的形式在国际教育文化交流中表现得尤为明显，有时其所需的周期相对较长，而其发挥的效用也更为持久。

① 韩召颖：《输出美国：美国新闻署与美国公众外交》，第147页。

② 赵可金：“美国公共外交的兴起”，载《复旦学报》（社会科学版），2003年第3期，第88页。

③ *Times*, July 9, 1984. 转引自程亮：“中国公共外交析论”，广东外语外贸大学硕士学位论文，2006年6月，第11页。

第五，公共外交的目的最根本的就是为了实现、维护和拓展本国的国家利益。尽管公共外交作为一种新型的外交形式呈现出了不少区别于传统外交的特点，但万变不离其宗，无论公共外交采取何种方式，运用何种手段，它同传统外交一样也必须和必然围绕“国家利益”这个“宗”来施展其“万变”。公共外交作为一种实现、维护和拓展发起国的国家利益的有效手段，已日益得到世界各国政府的普遍认同与高度重视。而具体到公共外交的实践来说，它在开展过程中融合了多方利益，既有发起国的国家利益，又有对象国的国家利益，还有参与其中的各种组织机构的部门利益及参与者的个人利益，这多个利益方之间并不绝对就呈现出此消彼长的零和（Zero Sum）状态，而较常见的则是多方共赢的非零和（Non-Zero Sum）状态。无疑，其中本国的国家利益是推动其开展公共外交的最主要动因。至于公共外交能在多大程度上达到实现、维护和拓展一国的国家利益的目的，则取决于发起国的政治、经济、外交状况等一系列内部因素和两国之间的力量对比及关系态势、能激发的外国公众的能量大小等诸多外部因素这一内一外两个方面的综合作用。

二、公共外交概念的外延

在明确了公共外交的五大构成要件、回答了“公共外交是什么?”这个问题之后，为了更准确全面地把握公共外交这一概念，还有必要对公共外交与其他几个相关概念进行辨析、回答“公共外交不是什么?”这一问题。厘清公共外交与下述几个相关概念之间的区别与联系，有助于我们对这一问题的回答。

（一）“公共外交”与“传统外交”（Traditional Diplomacy）

传统意义上外交一般指的是国家与国家之间的官方交往。“自1796年英国学者埃德门·伯克正式采用‘Diplomacy’一词表示‘外交’后，便不断有人阐明外交的本质。在具体探讨外交的本质时，不少学者倾向于将外交界定为一种国家与国家之间的官方交往。”[①] 著名的英国外交史学者哈罗德·尼科松（Harold G. Nicolson）在其所著的《外交学》一书中将外交定义为“通过谈判处理国际关系；由大使和使节们调整和处理这些关系的方法；外交官的业务和艺术。”“外交的职能就是通过谈判的办法来处理独立国家之间的关系。”[②] 曾于20世纪初出任过英国驻华公使的欧内斯特·萨道义（Ernest M. Satow）也指出：“外交是运用智力和机智处理各独立国家的政府之间的官方关系，有时也推广到独立国家和附庸国家之间的关系；或者更简单点说，是指以和平手段处理国与国之间的事务。”[③] 已故总理周恩来也曾明确表示：“外交是通过国家和国家的关系这个形式来进行的。”[④] 不过，随着时代的发展，外交的内容也在不断扩展。现实主义大师汉斯·摩根索（Hans J. Morgenthau）也早就注意到了外交内容扩展的事实，在他看来，人们的生活事实被人为地“与那些在它之前、与它同时和随它之后发生的事实”分离开来，并转化成一项项毫无关联的法律“案件”或政治“争端”，它们不断延

---

① 金正昆：“对外交学研究若干范畴所进行的思考”，载《教学与研究》，2003年第3期，第72页。

② ［英］哈罗德·尼科松著，眺伟译：《外交学》，北京：世界知识出版社，1957年版，第23—24、65页。

③ ［英］戈尔-布思（Gore-Booth）主编，杨立义译：《萨道义外交实践指南》（第五版），上海：上海译文出版社，1984年版，第3—4页。

④ 周恩来：《周恩来外交文选》，北京：中央文献出版社，1990年版，第52页。

伸并最终超越其特定地域。[①] 正如英国当代著名的外交学家巴斯顿（R. P. Barston）所言，“今天外交的构成已超出以往赋予外交这个词汇的略显狭窄的政治—战略概念”。[②] 公共外交即可以说是对传统外交的超越之一。

首先，公共外交与传统外交二者之间的区别最直观的体现就在于所针对的目标对象上，即客体的不同。传统外交主要表现为政府之间的外交互动，最常见的形式就是通过两个国家互设在对方的使领馆开展外交活动，所关注的问题一般是与其他国家政府的政策或行为有关。在这一点上，公共外交与传统外交有着显著的区别。肯尼思·汤普森（Kenneth W. Thompson）指出，公共外交“越过其他国家的政府首脑而直接与该国人民进行交流”，其核心目的在于“直接与外国民众交流以影响他们的思想，进而影响其政府的行为取向”。[③] 吉福德·马隆也认为公共外交与平常我们所说的外交即传统意义上的外交之间最大的区别并不在于外交行为的公开性，而在于外交活动所直接针对的目标是外国的公众而非其政府。[④] 其次，二者在运用的方式上既有一定的交集，也有一些区别。传统外交多表现为两国政府间就政治、经济、军事等共同关心的问题展开各层次的会谈和谈判，有时双方还进行小范围的秘密磋商；而公共外交则主要是通过对外信息传播和国际教育文化交流活动来促进相互间的了解和理解，其活动

① ［美］汉斯·J·摩根索著，徐昕等译：《国家间政治：寻求权力与和平的斗争》，北京：中国人民公安大学出版社，1990 年版，第 673 页。

② ［英］R. P. 巴斯顿著，赵怀普等译：《现代外交》（第二版），北京：世界知识出版社，2002 年版，第 1 页。

③ Kenneth W. Thompson (ed.), *Rhetoric and Public Diplomacy: the Stanton Report Revisited* (Lanham, Md.: University Press of America, 1987), p. ix.

④ Gifford D. Malone, *Political Advocacy and Culture Communication: Organizing the Nation's Public Diplomacy* (Lanham, Md.: University Press of America, 1988), p. 3.

是一个较为公开的过程。况且，相对于传统的外交方式，公共外交更有其独特的优势。“如果一国能使它的权力在别人眼中是合法的，它的愿望就较少遇到抵抗；如果一国的文化和意识形态是有吸引力的，他人就会自动追随；如果一国能建立与它的内部社会相一致的国际规范，它就没有必要改变自己；如果一国能够支持一个国际制度，其他国家均愿意通过这个体制来协调他们的活动，它就没有必要使用代价高昂的硬权力。”① 美国前国务卿兹比格纽·布热津斯基（Zbigniew Brzezinski）在考察古罗马帝国和大英帝国取胜的原因时也指出，“当文化优越感成功地得到维护和悄悄地被认可之后，它具有减少依赖巨大军事力量来保持帝国中心的力量的必要性的效果”。② 此外，在主要的载体方面，传统外交通常把重点放在与国家利益关系紧密的政治、军事和经济关系上，而将与其他国家的文化交往放到了比较不那么重要的位置。公共外交则主要依托的是一个国家的软实力资源，力促与其他国家文化关系的发展。

不过需要加以明确的是，公共外交与传统外交也有着紧密的内在联系。公共外交的顺利开展始终离不开一国总体的对外政策导向，而在实现、维护和拓展国家的根本利益这一最终目标上二者更可谓是殊途同归。另外，公共外交并不仅仅是对传统外交的一种超越，它同时也是对传统外交的一种补充。与较为刚性的传统外交相比，公共外交作为一种迂回性的更易为外国公众认同和接受的外交形式，其潜移默化的改造功能有时更可以达到“润

---

① 王沪宁：“文化扩张与文化主权：对主权观念的挑战”，载王缉思主编：《文明与国际政治——中国学者评亨廷顿的文明冲突论》，上海：上海人民出版社，1995年版，第356页。

② ［美］兹比格纽·布热津斯基著，中国国际问题研究所译：《大棋局——美国的首要地位及其地缘战略》，上海：上海人民出版社，1998年版，第27页。

物无声、曲径通幽”的效果。

（二）“公共外交”与“民间外交”（Civil Diplomacy）

民间外交主要是由民间的社团组织或个人发起或参与，指的是一个国家的公众与另一个国家的公众之间组织和开展的各种政治、经济和文化交流活动。公共外交是以公众为客体，即一国政府对他国公众的外交活动；而民间外交中主客体皆为公众，即一国公众对他国公众的外交活动。可以看出，它与公共外交的客体相同，而区别在于二者的行为主体的不同。公共外交的主体是一个国家的中央政府及其领导或支持的相关机构，而民间外交的主体则是一个国家的公众。公共外交无论是由政府直接出面组织还是间接幕后支持有关机构来开展，它体现的都是一国政府的意志，目的都是维护该国的国家利益；民间外交尽管客观上它也有助于增进两国人民之间的友好往来或有可能在某些方面维护了两国的国家利益，但由于行为主体的不同，并不能笼统地将它们也归入公共外交之列。

（三）“公共外交”与“公共事务”（Public Affairs）

公共事务是与私人事务相对的概念，通常是指向本国的公众、媒体等提供关涉全体社会成员公共利益的公共产品与公共服务的相关活动。[①] 它的主要着眼点在国内，强调的是向国内公众提供关于政府某些政策或行为的相关信息，其目的是力图让国内民众知悉政府这些政策或行为的意图从而赢得他们的支持。公共外交则是着眼于国外，强调向外国公众传播信息、交流思想，积

① 王惠岩：“公共管理基本问题初探”，载《国家行政学院学报》，2002年第6期，第67—71页。

极引导公众舆论，意在赢得外国公众对该国政策或行为的了解、理解以及支持，致力于在国际上塑造一个良好的国家形象。美国杰出的职业外交家菲利普·哈比卜（Philip C. Habib）指出，“公共外交中的‘外交’一词意味着‘向外’，它与美国人民无关”。[①] 1997年将美国新闻署并入国务院规划小组后（The Planning Group for Integration of the United States Information Agency into the Department of State）特地对公共外交和公共事务做了一个明确的区分：公共事务是指向公众、媒体和其他组织提供的有关美国政府的目标、政策和活动的信息；公共事务是告知国内听众，而公共外交则是寻求通过理解、告知和影响外国公众来增进美国的国家利益。[②] 回过头来再看2004年中国外交部所设立的“公众外交处”，其“最根本的目的在于通过外交部门与公众之间互动的加强，来引导公众、争取公众对本国外交政策的理解和支持”。[③] 可见，当时所说的公众外交（公共外交）实质上相当于这里的公共事务。

不过，公共事务与公共外交虽分属于国内与国外这两个相对的范畴，然此二者无疑是相辅相成的。事实上，公共外交与公共事务二者之间的融合之处远比从它们的定义看起来的要多。最明显的一个例子就是，一些原本只针对国内公众提供的信息经常也会被国外的公众所获悉，反之亦然，这都使它们之间的界线并非那般泾渭分明，在全球化浪潮高涨、信息化气势迅猛的今天尤其

① Quoted in Hans N. Tuch, *Communicating with the World: US Public Diplomacy Overseas* (New York: St. Martin's Press, 1990), p. 7.

② “What is Public Diplomacy”，详见前美国新闻署（USIA）主页：http://www.publicdiplomacy.org/1.htm。

③ 王海涓、左颖：“中国外交揭开神秘盖头，外交部将设立公众外交处”，载《北京晚报》，2004年3月20日。

如此。

（四）“公共外交”与“文化外交”（Cultural Diplomacy）

据一位中国学者的研究，“‘文化外交’（Cultural Diplomacy）一词最早见诸于1934年的《牛津英语大词典》”，而“现代意义上的‘文化外交’则是美国历史学家拉尔夫·特纳在其为规划战后美国对外文化关系而起草的备忘录中提出来的”，尽管特纳当时并没有赋予文化外交一个确切的定义。[①] 美国著名的文化关系学者弗兰克·宁柯维奇（Frank A. Ninkovich）认为，文化外交“首先是在国际政治中运用文化影响的一种特殊政策工具”。[②] 中国学者李智也持类似的观点，认为文化外交“即是以文化传播、交流与沟通为内容所展开的外交，是主权国家利用文化手段达到特定政治目的或对外战略意图的一种外交活动”。[③] 曾长期从事文化外交工作的英国外交官J. M. 米切尔（J. M. Mitchell）在其专著《国际文化关系》中将文化外交视为将文化运用于对国家政治外交和经济外交的直接支持，并根据开展国际文化关系主体的不同而将其区分为两类：开展对外文化关系，既可以是私人机构也可以是政府组织。前者属于民间的对外文化关系，后者属于官方的文化关系，它是由一国政府所组织开展的，此即文化外交。[④] 中国学者王晓德所著的《美国文化与外交》是一本对美国文化与外交展开深度研究的代表性著作，他在书中阐明了文化在

---

① 缪开金：“中国文化外交研究”，中共中央党校博士学位论文，2006年5月，第23页。

② Frank A. Ninkovich, *The Diplomacy of Ideas: U. S. Foreign Policy and Cultural Relations, 1938－1950*（Cambridge: Cambridge University Press, 1981）, p. 182.

③ 李智：“试论文化外交”，载《外交学院学报》，2003年第1期，第83页。

④ J. M. Mitchell, *International Cultural Relations*（London, Boston: Allen & Unwin Ltd., 1986）, p. 3.

美国对外关系中的重要作用与深远影响，厘清了文化相对于外交所起到的一种复杂的制约和引导关系，不过他并没有完整地提出文化外交这一概念。[①] 中国文化部的一位官员则将文化外交定义为“围绕国家对外关系的工作格局与部署，为达到特定目的，以文化表现形式为载体或手段，在特定时期、针对特定对象开展的国家或国际间公关活动”。并且，她还从文化外交的实际运作角度出发，提出了衡量某项活动是否属于“文化外交”范畴的四条标准：1. 是否具有明确的外交目的；2. 实施主体是否是官方或受其支持与鼓励；3. 是否在特殊的时间针对特殊的对象；4. 是否通过文化表现形式开展的公关活动。[②] 美国国务院中的文化外交顾问委员会于2005年9月发布的一份报告的标题即为“文化外交：公共外交的关键所在”，它认为只有在文化活动中一个国家的理念才能够被最完满地表现出来。[③] 2005年，曾在美国新闻署工作长达24年、后任教于哥伦比亚大学的理查德·阿尔恩特（Richard T. Arndt）在《国王们的首选：二十世纪美国的文化外交》中回顾了自第一次世界大战一直到20世纪90年代近80年美国开展文化外交的历史，意在唤起人们对过去公共外交所做贡献的认识并在将来复兴公共外交。他还指出，美国与世界上其他地区之间开展教育文化的对话既非一种虚饰也不是出于一种国内政治需求，而是积极并富有远见的美国外交政策最重要的一块基石。特别是在美国发起反恐战争以后，美国更有必要重振文化外

---

① 王晓德：《美国文化与外交》，北京：世界知识出版社，2000年版。

② 孟晓驷：“中国：文化外交的魅力”，载《人民日报》，2005年11月11日。

③ The Advisory Committee on Cultural Diplomacy, U.S. Department of State, “Cultural Diplomacy: The Linchpin of Public Diplomacy,” September 2005, available at: http://www.publicdiplomacywatch.com/091505Cultural-Diplomacy-Report.pdf.

交活动，将其作为增进国际友善和理解的一项长期投资。①

概而论之，公共外交与文化外交的主体相同，都是政府为了维护和扩展本国的国家利益而实施的官方行为。无论是文化外交还是公共外交，文化交流都是一个极为重要的载体，中外皆有不少学者在著述中经常将二者等同视之。当然，公共外交与文化外交也有一些较大的区别。如：在客体上，文化外交主要针对外国政府，同时也针对外国的民间组织和个人，这比公共外交目标锁定外国公众要广；从内容来看，文化外交虽然与公共外交两大类别之一的国际教育文化交流有着不小的交集，但它近乎不包括公共外交中国际广播这种单向传播的形式。尽管如此，我们也应看到，随着文化在对外交往和国家综合国力竞争中地位的逐步上升，以及公众在政治、外交领域作用的不断增强，加之文化国际主义②的日益凸显，文化外交与公共外交的联系会更趋紧密，二者之间的交集也将越来越大。

（五）“公共外交”与“宣传”(Propaganda)

在西方的语境里，“宣传”一词带有较为浓重的负面色彩，常被视为是虚假荒诞不足信或者别有企图需警惕。在第二次世界大战中，臭名昭著的纳粹德国宣传部长约瑟夫·戈培尔（Josef Goebbels）所主管的“人民教育与宣传部”（简称宣传部），下设广播、报刊、电影、文献资料、戏剧等分支机构，在长达10

---

① Richard T. Arndt, *The First Resort of Kings: American Cultural Diplomacy in the Twentieth Century* (Dulles, VA: Potomac Books, 2005).

② 著名美籍日裔历史学家入江昭教授把文化界定为“包括记忆、意识形态、感情、生活方式、学术和艺术作品和其他符号”，文化国际主义则是“通过思想和人员的交流、学术合作或者其他达到国家间相互理解的努力，来承担国与国和人民与人民之间的相互联系的各种任务”。参见 Iriye Akira, *Cultural Internationalism and World Order* (Baltimore and London: The John Hopkins University Press, 1997), p. 3.

余年的纳粹统治时期全面控制了德国人民的精神生活，为推行法西斯政策大肆鼓噪，美化纳粹暴政，并为希特勒的侵略扩张鸣锣开道。[①] 戈培尔还杜撰出了“宣传艺术”、“宣传艺术家”等词汇，实施了“欧洲最现代化和最大规模的宣传”。“二战中出现的另一个新词汇则是‘宣传与第五纵队’，即战争宣传，用的武器不是枪炮，而是精神的控制。”[②] 这些都使得人们对于开展宣传活动自然而然地保有一种怀疑、警惕或反感等抵触情绪，即便是在和平时期也是如此。而公共外交在某种程度上也是试图向外国公众宣传一个良好的国家形象，如何能处理好它与宣传之间的关系就显得很有必要。

对此，长期从事公共外交的美国新闻署官员采取的是刻意与“宣传”保持距离的做法，他们坚持美国的公共外交绝不等同于宣传，因其是以公众熟知的事实为基础，而这有别于宣传活动存在虚假信息的成分。1963 年 5 月，当时的美国新闻署署长爱德华·默罗（Edward R. Murrow）在一个国会委员会的听证会上指出：“美国的传统与美国的道德规范要求我们必须诚实，而最重要的原因在于诚实乃是最好的宣传，撒谎则是最糟糕透顶的宣传。我们要有说服力，就必须令人信服；要令人信服，就必须有诚信；而诚信的保证则是诚实，就是这么简单。”[③] 曾任美国国际交流署（International Communication Agency，ICA）第一任署长的约翰·莱因哈特（John Reinhardt）1979 年也强调，“宣传”

① 展江：“新闻宣传异同论”，载《中国青年政治学院学报》，1999 年第 1 期，第 110 页。

② 齐前进：“公众外交：政府决策与公众参与”，载《世界知识》，2003 年第 15 期，第 58 页。

③ “What is Public Diplomacy”，详见前美国新闻署（USIA）主页：http://www.publicdiplomacy.org/1.htm。

一词的含义无论如何也“不适合用来界定大多数美国人所承认的外交”，“公共外交包含了宣传的某些方面——如为某种制度或某项事业传播思想和信息，但这只是今天我们所知道的国际交流过程中的一部分。显然，我们需要向别人传播思想，但对我们来说，思想意味着塑造真实而非虚假的形象”。[①] 但实际上，这些辩解有时候很难自圆其说，罗伯特·艾尔德（Robert E. Elder）就指出了这种矛盾。1968 年，在与美国新闻署的工作人员进行了 200 多次访谈的基础上，他感慨道：“美国人不相信宣传——特别是政府的宣传——然而，他们却允许他们的政府建立了一台强有力的宣传机器。”[②] 出现这种情况的原因就在于，“宣传”一词的内涵比较复杂。

西方国家在心理战方面有不少涉及宣传的理论，其中最为著名的是英美等国提出的所谓“三色宣传理论”，即“白色宣传——公开表明信息来源；灰色宣传——不说明信息来源；黑色宣传——隐蔽真实的信息来源”。[③] 白色宣传是一个国家进行的公开的不加伪装的宣传活动，一般规模较大，持续时间较长。灰色宣传介乎白色宣传和黑色宣传之间，其特点是经常采用一些未经证实的消息，有意模糊宣传者的本来面目以避“宣传”之嫌，有时还能起到“试探气球”的作用。黑色宣传则是故意假造或者隐蔽宣传者的真实意图，通常是秘密进行的地下颠覆活动，神秘性和欺骗性是其突出特点。将公共外交的两大内容与宣传的三类区分两相对照即可看出——公共外交实际上融合了这三种形式

---

① Quoted in Allen C. Hansen, *USIA: Public Diplomacy in the Computer Age* (New York: Praeger Publishers, 1989), Second Edition, p. 4.

② Ibid, p. 5.

③ 张天、邓红梅：“英美心理战中的三色宣传”，载《心理世界》，1996 年第 5 期，第 50—51 页。

的宣传：公共外交主要还是属于白色宣传，特别是其中的国际教育文化交流活动；在各国开展的公共外交实践中，常常也能看到不少灰色宣传，在某些特殊的情况下甚至还存在一些黑色宣传，如在早期的公共外交活动中就有交流人员参与间谍活动、国际广播煽动颠覆政府等个案。总而言之，公共外交与宣传之间的关系错综复杂，有时候很难划出一个十分清楚的界限，或许保持适度的模糊性反而不失为一个较为明智的做法。

第二节　公共外交的发展动因

促使公共外交兴起的合力无疑来自多方面的因素，但以其产生影响的大小与远近而言，主要有以下四个方面的原因：

一、全球化浪潮为公共外交登上历史舞台布下一道厚重的背景

近些年来，无论是在官方文件里还是在学术著作中，无论是在各种不同的传播媒介上还是在人们的日常生活里，“全球化”无疑都是出现频率非常高的一个词汇。正如全球化研究的先驱之一、伦敦经济学院院长安东尼·吉登斯所言：“全球化可能不是一个特别吸引人或特别精妙的词汇，但在世纪之末，任何想要理解人类前途的人都不能忽视它。……这个概念在全球范围内的流行正是全球化发展的一个明证。每一个商业大亨都在谈论它，每

一个政治家的演讲如果没有这个词就显得不完整和意犹未尽。”[①]尽管都承认全球化已然是一个不争的事实，但理论学界对全球化所做的界定可谓是众说纷纭，甚至对全球化是否存在、全球化开始的时间、全球化的推动者等问题都一直存有不小的争议。[②] 之所以出现这种现象，既是因为全球化的影响无所不及，涉及社会、经济、政治、文化等各个层面，又是因为诸多个人、团体及国家因其在全球化进程中所处的位置、受冲击程度及各自的传统背景的差别而从不同角度看待这一进程，加之从词源学的角度来看还因为“全球化”一词本身没有一个传统上内涵和外延非常明确的指定含义。[③] 有鉴于此，中国学者俞可平认为，人们对诸如此类的问题上的争论不休一时间不可能也不应有统一的答案。[④]

在对全球化的认识上，基本存在着两种大的类别：一部分学者站在“西方中心论”的立场上，认为全球化就是西方现代化模式的全球普及，是“市场、民族国家和技术在一种前所未有的程度上的稳固整合——以一种较之以前更为深入而迅速、深刻而全面的把个人、团体和国家围绕在世界周围的方式……把自由

① Anthony Giddens, *Runaway World: How Globalization is Reshaping Our Lives* (New York: Routledge, 2000). 转引自张玉国：《国家利益与文化政策》，广州：广东人民出版社，2005 年版，第 9 页。

② 有关全球化的定义和认识，中外学者都提出了各种不同的观点。可以参见王逸舟：《当代国际政治析论》，上海：上海人民出版社，1995 年版，第 9—16 页；胡元梓、薛晓源主编：《全球化与中国》，北京：中央编译出版社，1998 年版，第 2—3 页；俞可平、黄卫平主编：《全球化的悖论》，北京：中央编译出版社，1998 年版。

③ 杨雪冬：《全球化：西方理论前沿》，北京：社会科学文献出版社，2002 年版，第 1—14 页。

④ 俞可平：“全球化的二律背反”，载俞可平、黄卫平主编：《全球化的悖论》，第 20 页。

市场资本主义扩展到世界的每一个国家”。[①] 而与此相对，还有许多学者尤其是那些非西方国家中的学者则多是从“非西方中心论”的角度或者单从经济全球化这一个层面来考察的，不赞同那种全球化同某种社会制度之间存在必然的相关性的观点，认为全球化是指在国际范围内统一运作的一种经济模式，无论资本流动、劳动力市场、信息传递、原料提供、管理和组织等均实现国际化，亦称“全球的网络化”。[②] 而随着经济全球化的深入，全球化的势头不可避免地会外溢到政治、文化等社会生活的各个方面。具体到从各个不同的领域来界定全球化，则可以做出更为细化的区分：“从经济角度看，全球化被视为经济活动在世界范围内的相互依赖，特别是形成了世界性的市场；从信息通讯角度看，全球化被认为是全球人类可以利用先进的通信技术，克服自然地理阻隔的制约而进行即时的信息传递；从体制制度角度看，全球化被认为是资本主义的扩张，是全球的资本主义化；从危及人类共同命运的全球性问题角度看，全球化被认为是人类在环境、核威胁等问题上共识的达成；从文化与文明的角度看，全球化是人类各种文化、文明发展要达到的目标，是未来的文明存在的状态；从社会角度看，全球化是一个地方社会政治控制程度的削弱，文化集体成就的贬值。”[③]

关于全球化这一进程的利与弊，最广为人知的观点就是“双刃剑论”，即认为全球化是一把双刃剑，在带来机遇的同时

---

① T. L. Friedman, *The Lexus and the Olive Tree*: *Understanding Globalization* (New York: Farrar, Straus and Giroux, 1999), pp. 7 – 8.

② 纪玉祥：“全球化与当代资本主义的新变化——兼及考察全球化的方法问题”，载《马克思主义与现实》，1998 年第 6 期，第 17 页。

③ 崔婷：“全球化背景下的当代中西文化交流问题研究”，山东大学博士学位论文，2006 年 9 月，第 22 页。

也会带来风险。对此，美国学者弗雷德里克·詹姆逊直陈其看法，“如果它（全球化）确实不可避免，那么关于它的弊端或者不良影响的道德判断就徒劳无益，或者至多是围绕如何来改良那些不良后果来进行思考，使他们呈现最好的一面，因为无论如何他们无法避免”。[①] 诚如斯言，不管各个国家、团体或个人对全球化浪潮的态度怎样，全球化已然势不可当。早在 1975 年初，基辛格在洛杉矶的一次演讲中就曾指出，“我们今天正进入新的时代。旧的国际格局正在崩溃，昔日的标语不再具有启示意义，过去的解决办法也不再奏效。在经济、传播和人类共有的期望等层面，世界早已变得相互依赖了”。[②] 在其不断深入的进程中，全球化的影响是广泛而又深远的，国际关系自然也不例外。一方面，在当今世界，没有任何一个国家能够或愿意完全独立于国际社会而自给自足、自我封闭，其长期稳定发展离不开与其他国家进行合作与交流，以谋求共存共荣；另一方面，为应对全球气候变暖、大规模杀伤性武器扩散及国际恐怖主义蔓延等等这些危及整个人类生存和生活的全球性难题，无疑各国政府间的密切联系与通力合作愈加显得迫切，但仅仅依靠政府的力量显然还不够。全球化进程既充分体现了在一个复合相互依赖的国际体系中开展合作与交流的必要性和重要性，又在一定程度上侵蚀了国家行为体的角色，提升了作为非国家行为体的个人在国际交往中的地位。“如果说早期国际关系中有限互动形成的相互依赖只是‘薄弱的全球化’（thin globalization）的话，那么现在技术进步和资

① ［美］弗雷德里克·詹姆逊：“论全球化和文化”，载王宁主编：《全球化与文化：西方与中国》，北京：北京大学出版社，2002 年版，第 105 页。

② 转引自［美］罗伯特·基欧汉、约瑟夫·奈著，门洪华译：《权力与相互依赖》，北京：北京大学出版社，2002 年版，第 3 页。

本流动所造就的则是‘紧密的全球化’（thick globalization）。”[①]这样，全球化进程的不断深入就为公共外交登上历史的舞台布下了一道厚重的背景。

二、信息革命为公共外交的蓬勃发展提供一记有力的推动

从国际交流史上看，交流媒介的变迁历经了多个阶段：从族群迁徙、战争征服到商贾集散、传教士传教，从书信往来、图书译介到电报电话、影视作品，再到卫星远程通讯技术及以计算机为基础的将世界一“网”打尽的互联网络。在全球化大潮涌动的背景之下，信息革命的高歌猛进为公共外交的兴起提供了强大支持与有力推动。

首先，信息技术的不断发展使来自不同国家的人们对彼此之间的了解成为可能并日趋便捷，并为各种思想文化、价值观念、生活方式在世界范围内的碰撞、交流、融合创造了有利的条件。“当1492年哥伦布‘发现’美洲新大陆时，英国王室在半年之后才得到消息；1865年美国总统林肯遭暗杀的事，12周以后英国政府才获悉。而1969年7月12日美国宇航员阿斯特朗等人驾驶‘阿波罗11号’在月球安全登陆的惊人喜讯，13秒钟之内就传遍全球；当北约人侵南斯拉夫的战略轰炸机和巡航导弹从太空呼啸而过、在南联盟境内轰然响起时，全球各个角落的居民几乎同时目睹了这一血腥情景。”[②] 从这些令人印象深刻的对比中我

---

① 俞正梁、陈玉刚、苏长和：《21世纪全球政治范式》，上海：复旦大学出版社，2005年版，第42－43页。

② 侯尚智：“经济全球化：新的机遇和风险”，载《当代世界社会主义问题》，2000年第1期，第88页。

们可以看出，信息的传递逐步突破了民族国家疆域的羁绊，在地球上不同的地方对信息的接收与处理近于共时化，这极大地促成了全球范围内政治、经济、文化的互动和商品、资本、人员、技术的流通越来越频繁、迅速。对此，现代社会学习理论的奠基人、著名的美国心理学家艾伯特·班杜拉（Albert Bandura）指出，“通讯技术的突飞猛进，极大地扩展了社会影响的范围，也改变了社会传播的过程。借助通讯卫星的音像系统已成为传播符号信息主导工具。其他方面的进展，如可进行双向交流的电缆系统，有巨大信息负载量的激光传播，可储存大量信息的计算机系统，提供了多种符号环境，几乎可服务于所有目的。通讯技术方面的这些明显而集中的进展，正在重建社区的习俗以及人们的生活方式。不仅社会习俗在社会中广为传播，而且思想观念、价值以及行为方式也在世界范围内被示范被模仿。在跨文化的变革中，电子媒体的影响作用正在逐渐加强。”① 信息技术的发展对作为公共外交主体的一国政府宣传其制度、文化、政策及措施和作为公共外交客体的他国公众增进对前者的了解与理解都提供了十分重要的物质支持。

其次，信息革命在很大程度上突破了国家对信息的垄断权，增加了公众的知情权，进而强化了公众舆论在政府制定对外政策上的影响力。信息技术彻底改变了我们生活、工作、社会治理以及沟通交流的方式。尽管国家仍然是国际关系中最重要的行为体，然而信息技术的长足发展使得传统的外交决策过程必须适时做出相应的调整，信息革命“催生了外交的变化。外交不再是少数人的职业，它开始从幕后走到台前。这意味着，外交不再只

① ［美］A·班杜拉著，林颖等译：《思想和行动的社会基础：社会认知论》，上海：华东师范大学出版社，2001年版，第142页。

停留在政府与政府间的交流，还要重视、回应公众的意见。”[①] 一位美国学者甚至宣称，“外交与通讯手段之间的历史联系表明，主导的（prevailing）通讯手段将决定未来的外交实践方式”。[②] 在处理国际事务方面，当世界各国政府纷纷为争取其他国家公众对其政策措施的理解与支持而展开相互竞争时，不断发展的全球信息网络已然使“公共外交成为一个强有力的工具”。[③]

此外，以信息技术为先导的科技革命日新月异的发展，已经并且将继续对当代国际关系产生着广泛而久远的影响：不仅进一步加强军事的破坏力和改变战争的形式，加快各国经济水平的提升，增强不同文明和民族间的互动，而且，在增加扩大发达与不发达国家之间差距之可能性的同时，越来越多地制约国家主权的行使范围和改变各国政府的议事日程，加速国际关系结构的更新及实质的变迁，使其更具有全球维度。[④] 科技革命与全球化进程二者之间相互作用并彼此促进，从而形成了一股推动公共外交不断走向深入的更强大的合力。

三、公众在国家政治生活中的影响力渐趋加重使公共外交有了更大的用武之地

所谓“公众”，这里是相对于决策者而言的，是对那些身处决策圈之外的人群的总称。传播学者通常将所针对的目标公众划

① 齐前进：“公众外交：政府决策与公众参与”，第58页。

② Royce J. Ammon, *Global Television and the Shaping of World Politics: CNN, Telediplomacy and Foreign Policy* (North Carolina: McFarland & Company, 2001), p. 5.

③ Kenneth L. Adelman, “Speaking of America: Public Diplomacy in Our Time,” p. 913.

④ 王逸舟：《当代国际政治析论》，第139页。

分为两个层次：精英（elite）和大众（mass），也有不少学者更愿意把这两个层次称作意见领袖（opinion leader）和一般公众（general public）。在美国传播学者丹尼尔·勒纳（Daniel Lerner）看来，精英指的是那些能做出决策并主导运作的人和那些能影响这些决策的人。[①] 而美国著名政治学家加布里埃尔·阿尔蒙德（Gabriel A. Almond）是最早注意到公众具有多样性特点的学者之一。在他的研究中，他将公众分为三个层次即：精英（elite）、“关注的公众”（attentive public）和“不关注的公众”（inattentive public）。[②] 通过广播传媒、利益团体、民意调查、选举投票，甚至集会结社、示威游行等多种表现形式来宣传造势，公众舆论已成为影响公共政策制定的一个重要因素。著名的美国总统亚伯拉罕·林肯曾说过：“公众舆论就是一切。得之，诸事不败；失之，一事无成。”[③] 汉斯·摩根索在一次听证会上也曾提醒参议院外事委员会对公众舆论在处理对外关系中的重要性应予以重视。[④] 当然，这里他们所关注的主要还是国内的公众舆论。

自二战结束以来，公众对于一国对外政策制定上的影响日渐增长：从国内层面来看，普通公众政治权力的扩大主要体现在国家内部享有选举权人数的增加以及公众参与政策决策权力的扩

① Daniel Lerner, “Psychology and Psychological Operations”, in Arthur S. Hoffman (ed.), *International Communications and the New Diplomacy* (Bloomington, Ind.: Indiana University Press, 1968), pp. 124–25.

② Gabriel A. Almond, *The American People and Foreign Policy* (New York: Frederick A. Praeger Publisher, [1950] 1960), p. 138. 转引自袁小红：“试析公众舆论的表现形式”，载《理论探索》，2006年第5期，第127—130页。

③ Quoted in John Dafoe, *Public Opinion and World Politics* (Chicago: University of Chicago Press, 1993), p. 3.

④ US Congress, Senate, Committee on Foreign Relations, “What is wrong with our foreign policy,” *Statement of Hans Morgenthau in Hearings before the Committee*, 86th Cong., 1st session, 1959, pp. 23–26.

大；从国际层面来看，公众对政府外交决策影响力的增加又因民主国家的增加和自由市场的扩展而深化。[①] 伴随着全球化的大潮涌动，国家间相互依赖不断加深，包括个人在内的非国家行为体在外交政策的制定上正扮演着愈加重要的角色；与此同时，得益于通讯技术的突飞猛进，"信息时代正以一种在短短数年之前看来还不可能的方式迅速地赋予人民较之政府更大的权力"。[②] 在这种情况下，广大公众比历史上任何时候都更能改变其所在国的政府并对其政府所为施加影响，没有哪个政权能够完全或永远无视公众舆论而自行其事。

无论是官方还是学者，对公众在国家政治生活中日渐发挥出的强大影响力都表现出了一定的关注，并主张采取积极引导公众舆论的做法来力图达到某些预期的效果或目的。美国参议院下属的一个委员会在其报告中就曾指出，"有些外交政策的目标是能够直接针对外国人民而不是他们的政府。通过应用现代新闻媒介，今天有可能联系外国中的大部分人或其中有影响的一部分人，……影响他们的态度，有时甚至诱导他们向我们期望的方向发展，这部分人反过来就能够对他们的政府施加明显的，甚至是断然的压力"。[③] 理想主义学派代表人物之一的英国学者阿尔弗雷德·齐默恩（Alfred E. Zimmern）认为战争是因人本性中的愚昧和无知而起，进而他主张人类摆脱血腥战争的有效途径就是通

① 廖宏斌："文化、利益与美国公共外交"，外交学院博士学位论文，2005年5月，第30—31页。

② Lewis Manilow, Chairman of the U. S. Advisory Commission on Public Diplomacy, "Introductory remarks", Conference on Virtual Diplomacy, U. S. Institute of Peace, Washington, DC, April 1, 1997, available at: http://www.state.gov/www/policy/pdadcom/usip5.html.

③ 转引自关世杰：《跨文化交流学——提高涉外交流能力的学问》，第397—398页。

过教育以提高人们的素质，在国际上形成正确的公众舆论，鼓励公众参与国际事务的讨论或直接参与国际事务，从而避免战端轻启。齐默恩列出了人类摆脱战争的一个公式，即：提高广大人民的教育水平——造就具有影响力的公众舆论——形成一种热爱和平的国际主义精神——人类避免战争。① 而即便是经典现实主义大师汉斯·摩根索也坦言："对于政府来说，只引导本国的公共舆论支持其外交政策是不够的。它还必须赢得其他国家的公共舆论对其国内外政策的支持。这一要求反映了近年来外交政策性质的变化。……在我们的时代里，我们不仅用外交和军事力量的传统手段去推行外交政策，而且还运用宣传这一新武器。因为，现今国际舞台上的权力之争不仅是对军事优势和政治统治的争夺，而且在特定的意义上是对人心的争夺。这样，国家的权力不仅依赖于外交的技巧和武装力量的强大，而且依赖于它的政治哲学、政治体制和政治政策对其他国家的吸引力。"② 这里，摩根索强调了外国公众舆论对本国内外政策支持的必要，并指出了运用宣传的手段来达到赢取人心的目的。

外国公众是开展公共外交所要针对的客体，正是因为公众在国家对外政策制定过程中的影响渐趋加重，公共外交才越来越引起各国政府的高度重视，日益被视为一个行之有效的对外宣传本国、塑造形象的工具。为了更好地实现和维护其国家利益目标，各国政府并不只是局限于针对国内公众，同时还着眼于通过大力开展公共外交，积极引导外国的公众舆论，尤其是其中精英阶层，以期从外部赢得对其政策、措施的了解、理解直至支持。

① 倪世雄等著：《当代西方国际关系理论》，上海：复旦大学出版社，2001 年版，第 44 页。

② ［美］汉斯·J·摩根索著，徐昕等译：《国家间政治——寻求权力与和平的斗争》，第 203 页。

四、核武器的出现是公共外交兴起和发展一个相当重要的刺激因素

1945年8月，第二次世界大战接近尾声，美国的轰炸机在日本的广岛和长崎投下了当时刚刚研制成功、世上仅有的两颗原子弹。广岛、长崎顿时化为焦土，日本军民伤亡极其惨烈，“核打击造成了约127150人死亡，这是美国225年对外战争牺牲人数总和的28.7%，比美国在所有对外战争（除了二战本身之外）中的战斗死亡人数还要多”。[①] 对此，美国参议员威廉·富布赖特在其所著的《帝国的代价》一书中总结道：“1945年标志着人类历史上的一次深刻突破……核武器的出现本该会充分地说明（如果原来不清楚的话），大国间的战争已是自杀性战争，对文明国家的人民来说，是非理性的因而是不能容忍的。”[②] 据称当核轰炸的消息传回美国，曾向罗斯福总统建议美国应当抢在纳粹德国前面研制出原子弹的世界著名科学家爱因斯坦痛心地表示，当初致信罗斯福提议研制核武器是他一生中最大的错误和遗憾。他甚至懊悔其当初所从事的科研，“早知如此，我宁可当个修表匠”。[③]

核武器的出现，所带来的影响是复杂而微妙的，实际上乃是集潜在的巨大威胁与客观的有力威慑于一身。一方面，人类在进

① ［美］沃尔特·拉塞尔·米德著，曹化银译：《美国外交政策及其如何影响了世界》，北京：中信出版社，2003年版，第234页。

② 转引自［美］威廉·富布赖特著，简新芽等译：《帝国的代价》，北京：世界知识出版社，1991年版，第7页。

③ 徐焰：“爱因斯坦自认为犯下一生最大的错误”，载《北京青年报》，2002年8月2日。

入原子弹被用于军事目的的核时代之后，核武器所具有的巨大破坏力和杀伤力可能把战争推到毁灭整个人类文明的极端界限。一旦爆发世界性核战争，没有任何国家或团体或个人能够成为最终的胜利者，核爆炸的烟云会长时间阻隔阳光，气温骤降会形成全球的“核冬天”，即使有少量幸存者，人类几千年创造的物质、精神文明成果也将毁灭殆尽。因此，核武器的出现极大地改变了人类以往国际冲突和传统外交的模式，对国家外交政策的制定和实施也构成了前所未有的巨大冲击，使得此后任何国家的决策者在制定对外政策时都不得不以核时代为背景了。[①] 另一方面，核武器因其巨大的杀伤力而在一定程度上改变了国家间特别是冲突国家之间的行为预期，从而在事实上对国际争端起到了某种缓和制约作用。核武器的作用主要体现在政治层面的有效震慑，而非军事领域的直接应用，而迄今为止核武器对国际政治的影响也主要还是体现在大国之间的政治博弈中。基辛格就认为核武器“充其量不过起了一种威慑作用”，其中一个原因在于，核技术的发展“在历史上首次出现了完全通过另一主权国家领土以内的发展就能够改变势力均衡”这样一种局面，从而形成军备竞赛而不是战争——这是一个“政治战”和“心理战”的时代。[②] 而这一切都根源于人们对核武器可能造成的骇人听闻的灾难结局的恐惧，以至于人们认为战争已经不再是一种合理的行动途径。这正如摩根索所说的，“由于军事帝国主义本身包含有升级为一场自我毁灭的核战争的危险性，所以，公开和大规模地追求军事帝国主义不再是外交政策的理性工具了。于是，一心想以帝国主

① 王逸舟：《当代国际政治析论》，第145页。

② 转引自［美］亨利·基辛格著，北京编译社译：《核武器与对外政策》，北京：世界知识出版社，1959年版，第18页。

义方法扩展其权力的方法便常常使用经济和文化方式代替军事方式”。[①] 新现实主义大师肯尼斯·沃尔兹（Kenneth Waltz）甚至认为核武器是“最有防御优势的武器，它可以赋予一个国家的重大利益的巨大的保护力量”，而“发动核战争无疑是自杀之举”。[②] 然而，一个无法回避的现实则是，世界和平的前景与人类发展的未来从此就不得不被笼罩在由核武器所带来的世界性核大战危险的阴霾之中，特别是“热战”结束未久，美苏旋即展开了冷战对抗，更是加剧了这种危险。

面对着核武器给世界和平和人类发展所带来的如此巨大的潜在灾难，过去并无和平与世界秩序的模式可仿，亦也无任何经过考验的、能确保文明和人类生存的制度可循。爱因斯坦曾忧心忡忡地指出：“现在除了我们的思维方式之外，一切都变了。因此，我们正在向一场空前的大灾难漂移。假如人类要生存下去，我们就需要一个全新的思维方式。”[③] 因此，二次世界大战以后，反对核战争，渐渐成为世界爱好和平人民的共识。这为现代公共外交的兴起和发展有如注入了一针强力推进剂，公共外交的目的之一便是力图通过增进国家与国家之间、人民与人民之间的相互交流和彼此了解从而达到友好相处、和平共存。此外，以研究美国文化外交见长的著名学者宁柯维奇教授也曾指出，“在大国间军事作用有限的条件下，特别是在现代核战争中无法严密保护本国不受报复的情况下，文化手段尤其成为美国穿越障碍的一种更加重要的强大渗透工具。”[④] 在某种程度上，这无疑也间接反映

---

① ［美］汉斯·摩根索：《国家间政治——寻求权力与和平的斗争》，第94页。

② 谢鹏：“肯尼斯·沃尔兹教授访谈录”，载《国际政治研究》，1997年第2期，第23—27页。

③ 转引自［美］威廉·富布赖特：《帝国的代价》，第7页。

④ 转引自王晓德：《美国文化与外交》，第226页。

出了核武器给公共外交客观上所带来的刺激作用。

本章小结

由以上的条分缕析可以看出，界定什么是公共外交并不是一件很容易的事情；与此同时，清楚地界定公共外交的概念又是十分必要的。综观上述对公共外交内涵与外延的界定与辨析，我们可以对公共外交做一个较为简明的定义，公共外交指的是：一个国家的中央政府及其领导或支持的相关机构，针对广大的外国公众，通过对外信息传播、国际教育文化交流等多种方式，所积极展开的一种公开的、间接的，旨在实现、维护和拓展本国国家利益的外交活动。

公共外交的勃兴发展离不开其时代的大背景以及其他一系列的推动因素。随着全球化进程的不断深入，国家间相互依赖的日渐加深；得益于信息通讯技术的迅猛发展，国家失去了此前对信息的垄断权；一般公众对国家政治生活的参与程度越来越深，在国家对外政策制定过程中的影响力显著增强；第二次世界大战结束以后，核武器的惊人破坏能力使得反对核战争渐渐成为世界爱好和平人民的共识。在这诸多国际国内因素的促动下，公共外交应运而生，越来越多的国家意识到公共外交的重要性和必要性，将其纳入国家外交的总体战略并构成其重要的组成部分。

第二章

见仁见智：公共外交的理论积淀

诚如美国学者伯纳德·罗西科（Bernard Roshco）所言，“公共外交就像是盲人们所试图去描述的那头大象，而他们怎样去描述这个庞然大物仅仅是赖其所触摸到的那一部分”。[①] 他的这一提法实际上是针对公共外交研究领域长期以来各持一端、莫衷一是的状况而有感而发的。

自公共外交这一概念出现之后，无论是官方还是学术界，因各自选取的视角上的差别，对公共外交的理论认知一直处于一种同中有异、繁复杂乱的状态；与此同时，其定义辨析随着时代的发展也经历了一个逐步演变、不断深化的过程。为此，本章将对国内外有关公共外交的研究成果做一个较为翔实全面的梳理与总结，勾勒出公共外交理论的历史发展脉络及最新发展状况，力求将公共外交的理论架构打造得更加厚实与丰满。

---

① Richard F. Staar (ed.), *Public Diplomacy: USA versus USSR*, foreword by W. Glenn Campbell (Stanford, Calif.: Hoover institution Press, Stanford University, 1986), p. 233.

第一节　国外公共外交研究的理论积淀

一、美国官方对公共外交的界定

作为主管美国公共外交的独立机构，美国新闻署（USIA）是这样界定的："公共外交是通过向外国公众解释美国的政策、向他们提供关于美国社会与文化的信息、促成其中的许多人能亲身体验我们国家的多样性、为美国的驻外大使及外交政策的决策者对外国的公众舆论做出评估等这些方式，来补充和加强传统外交。"[①] 显然，正如其口号所宣称的那样，力图"将美国的故事说予世界听"，美国新闻署对公共外交的定义具有较明确的工具性，因而也比较窄。

美国公共外交咨询委员会在1985年的年度报告中指出："公共外交是通过向外国公众解释美国的外交政策，向他们提供关于美国社会和文化的信息，帮助他们中的许多人到美国亲身体验美国生活的多样性，并为美国驻外大使及政府决策者对外国的公众舆论做出评估，以此来补充和加强传统外交。"[②] 严格来说，这并不是给公共外交下定义，而只是指出了公共外交的部分内容和某些方式，但它同时也肯定了公共外交是对传统外交的一种补充

① 详见美国新闻署的主页：http：//www.publicdiplomacy.org/。

② United States Advisory Commission on Public Diplomacy, *Annual Report*（1985），pp. 1－2.

和加强。

有鉴于美国对其他国家所开展的公共外交活动日益频繁，美国国务院于1987年在《国际关系术语词典》中正式地给出了一个公共外交的官方定义：“由政府发起交流项目，旨在告知、获悉或影响其他国家的公众舆论；它的主要工具包括出版、动画、文化交流、广播电视等传播方式，以减少其他国家公众对美国产生错误观念，避免引起关系复杂化，提高美国在国外公众中的形象和影响力，进而增加美国国家利益的活动。”① 相较于古里恩的定义，这一官方定义明确将公共外交限定在“由政府发起”这一范畴，对于实施公共外交的“对象是谁?”、“手段怎样?”、“目的为何?”这几个要素概括得比较简洁明了。另外，它在当时自然没可能将其后数年才蓬勃发展的互联网列入公共外交的主要手段之一，这无疑是能够被理解的。美国公共外交咨询委员会在1989年的年度报告又进一步明确地指出：“公共外交是用来指美国政府的国际信息、文化和教育项目。美国新闻署主要负责开展美国的公共外交活动并就外国公众的态度和认识对美国政策的影响向政府提出建议，美国公共外交咨询委员会监督美国新闻署的工作和美国政府的其他公共外交活动。”②

在美国新闻署因政府机构重组而于1999年10月1日被正式并入了美国国务院一年之后，美国官方在2000年10月对公共外交重新进行了定义：公共外交是一种“通过国际交流、国际信息活动、媒体、民意测验以及对非政府组织的支持等，了解、获悉和影响外国公众，扩大美国政府、民众与外国民众之间的对

① U. S. Department of State, *Dictionary of International Relations Terms*, Washington D. C., 1987, p. 85.

② United States Advisory Commission on Public Diplomacy, *Annual Report* (1989), pp. 1 - 3.

话，减少他们对美国的错误观念，提升美国在外国公众中的形象和影响力，进而增进美国国家利益的外交方式。”[①]

但2001年“9·11”恐怖袭击事件发生以后，在这一史无前例的血腥事件令全世界都在深思“为什么美国会被仇视?”的同时，美国政界和学界的许多有识之士纷纷建言献策，呼吁政府重新审视公共外交的重要性和必要性，加大对公共外交的支持与投入，以改善美国在国际社会中的印象从而保护美国的安全与利益。2001年10月2日，曾担任过两家世界十大广告巨头的主席、有“品牌制造皇后”美誉的夏洛特·比尔斯女士（Charlotte Beers）被任命为负责公共外交与公共事务的副国务卿，意在重振美国的公共外交。[②] 2002年9月，小布什政府向国会递交了题为《美国国家安全战略》的报告，对美国安全战略作出了重大调整，“我们将要发起一场思想的战争以赢得反对国际恐怖主义战役的胜利”，其主要措施之一即为“运用有效的公共外交来推动信息和思想的自由流动，以燃起那些由全球恐怖主义的发起人统治下的社会中对自由的希望与渴求”。[③] 作为对冷战结束后轻视公共外交政策的反思以及对“9·11”事件之后来自各界批评的回应，美国政府对公共外交提出了三个战略性目标：“给全世界的人们提供一种积极向上的植根于美国的自由、正义、机遇与尊重的信仰之上的希望和机会；对暴力的极端分子进行孤立并使之边缘化，对抗他们的意识形态暴政和仇恨，并通过加强主流喉舌的作用与展现对穆斯林文化与贡献的尊重来削弱他们将西方描

① United States Advisory Commission on Public Diplomacy, *Consolation of USIA into the State Department: an Assessment after One Year*, Washington D. C., October 2000, p. 2.

② Available at: http: //www. leadingauthorities. com/9367/Charlotte_ Beers. htm.

③ The White House, *The National Security Strategy of the United States of America*, September 2002, p. 6.

绘成伊斯兰的对立面的企图；培植一种美国人民与世界上不同的国家、文化和信仰的人民之间的共同利益与共同观念的意识。”[1]这些举措都凸显了“9·11”事件后加强公共外交的重要性和紧迫性，与此同时我们也可以看到，这里的公共外交实质上是被看作是一种近似于危机处理的应急机制而被采用的，其追求在较短时间内取得较快效果的近期目标的指向性不言自明。

二、国外学术界对公共外交的研究概况

较之于美国官方对公共外交的这种相对简明的“工具性”界定，各国学术界对公共外交的解读则可谓是同异交错，众说纷纭。诚如一位学者所言，“‘公共外交’一词，对于不同的人，其含义不同，有时甚至是相互对立的”。[2]

与美国新闻署对公共外交那种比较狭窄的界定相反，南加利福尼亚大学公共外交研究中心似乎走上了另一个极端。它主张：公共外交不仅在行为者（Actor）上囊括了政府、非政府组织以及私人机构这三大主体；而且在内容上也几乎无所不包，从大众文化到流行时尚，从新闻体育到电脑网络；在影响上则对外交、国家安全、贸易、旅游以及其他国家利益都有一定的影响。[3]1968年，阿瑟·霍夫曼（Arthur S. Hoffman）也认为，大众传播工具的革命催生了公共外交这一“新的外交”，它指的是“政府、个人及团体直接或间接地去影响那些能对其他政府的外交政策决策直接施加压力的外国公众的态度和舆论”。开展公共外交

① 详见美国国务院主页：http：//www. state. gov/r/。

② Richard F. Staar（ed.），*Public Diplomacy*：*USA versus USSR*，p. 107.

③ 详见南加利福尼亚大学公共外交研究中心主页：www. uscpublicdiplomacy. org。

的主体超越了传统外交的主体范围，不仅包括一国政府，而且还包括个人和团体。[①] 显而易见，这样的界定过于宽泛，其解释自然会较为乏力而难以令人信服。

1976 年戴维·阿波夏尔（David M. Abshire）在苏美关系的大背景下突出了国际广播的作用。他认为，源自他称之为“新的通讯外交”的这种思想和信息在世界范围内的自动流通，使政府与民间这两种外交形式之间的冲突得以摆脱，并将二者整合成国际关系的和谐之道。阿波夏尔认为国际广播的重要性在于它为不同的国家和民族之间建立必要的沟通从而搭起一个可靠的和平架构提供了一个主要的渠道，单靠国际广播就能“维持对话机制以达到一个更为宽广和更具建设性的共存水平”。[②] 阿波夏尔提及了公共外交是有别于政府外交和民间外交的“新的通讯外交”，不过他无疑是过于夸大了国际广播所能取得的实际效用。

1977 年，波尔斯特·丹尼尔·扬克洛维奇（Pollster Daniel Yankelovich）在提交给美国新闻署的题为《让公共外交运作起来》（Making Public Diplomacy Work）的报告里提出公共外交就是要进行对话。“与发展政府间关系的传统外交相较而言，公共外交是就双方共同关心的问题建立不同社会之间的对话。它的目的在于改善美国人民和其他国家的民众之间的相互认识和理解。”[③] 虽然扬克洛维奇主张进行对话是公共外交的一项要素，但他并没有就具体如何进行对话展开论述。

1981 年，肯尼思·阿德尔曼（Kenneth L. Adelman）在其发

① Arthur S. Hoffman, *International Communication and the New Diplomacy*, p. 3.

② David M. Abshire, *International Broadcasting: a New Dimension of Western Diplomacy* (Beverly Hills, CA: Sage Publications, 1976), p. 10.

③ Quoted in Allen C. Hansen, *USIA: Public Diplomacy in the Computer Age*, p. 2.

表在《外交》杂志上题为“话说美国：我们这个时代的公共外交”一文中准确地预言了旨在将美国的信息向外传播的公共外交将会成为华盛顿此后四年主要的生长产业。他认为，美国在六、七十年代缩减美国的领馆、基地及诸如图书馆、杂志和展览等信息渠道的做法是很不明智和相当愚蠢的。他呼吁美国应大力加强对外宣传活动，以便为美国在国际上塑造更好的国家形象；他还指出，就一般来说，公共外交是一种预防性外交，有助于防止友好国家的人民及其领袖与美国脱离一切联系。[①] 阿德尔曼指出了公共外交有利于国家形象的塑造，但他把公共外交的客体局限在了美国的友好国家。

1983 年，理查德·伽德纳（Richard N. Gardner）撰文指出，公共外交乃是“一国向其他国家的公众宣传本国的价值观、目标、利益及政策，同时也了解对方国家的价值观、目标、利益及政策的活动”。公共外交是要使本国与外国保持有效的“思想联系”。[②] 与扬克洛维奇一样，伽德纳也强调了公共外交的双向互动这一方面。

1986 年，美国新闻署负责教育文化事务的副主任马克·布里茨（Mark Blitz）提出，“公共外交是使用没有故意虚假的手段对其他国家的公众开展公民教育。尽管它经常使用非政治手段，但公共外交的主要目的仍然是为政治服务的”。[③] 布里茨对公共外交的界定有意与“宣传”拉开一定的距离，并点明了公共外交背后的政治推动力。

---

① Kenneth L. Adelman, “Speaking of America: Public Diplomacy in Our Time,” *Foreign Affairs*, Vol. 59, Spring 1981, pp. 913 – 936.

② Quoted in Kenneth W. Thompson (ed.), *Rhetoric and Public Diplomacy: the Stanton Report Revisited*, p. 97.

③ Quoted in Richard F. Staar (ed.), *Public Diplomacy: USA versus USSR*, p. 96.

1987年格伦·费希尔（Glen Fisher）在其所著的《全球社会中的美国传播》（American Communication in a Global Society）一书中指出，鉴于我们处在一个公共外交的时代，“政府所采取的行动日益有必要对其人民的意愿和判断做出响应，特别是当媒体机构发挥它们的影响以及公共组织更有效地表达它们的关切时”。不管这些公众的看法是否客观或理性，他们如何得到这些信息以及他们将对此倾向于何种反应，在外交中都是一个与权力政治战略或国家领导人的个人看法同等重要的必须加以考虑的方面。此外，他还认为由于非政府组织的跨国联系和活动已然成为国际关系进程中的一部分，公共外交变得更为重要。①

1988年，曾任职美国新闻署的吉福德·马隆（Gifford D. Malone）认为公共外交已经成为外交政策的一个重要元素。他将公共外交宽泛地界定为针对外国的公共活动，主要是在信息、教育和文化领域。马隆相信，“假如许多国家能得以存续并繁荣发展的话，一个日益缩小的世界需要有更好的沟通和相互理解”。在他看来，公共外交是理想地与外国公众直接沟通，从一些对彼此都有益处的途径来影响他们的思维方式。它的目的是通过影响一国民众的态度来影响该国政府的行为。因此，公共外交的目标是个人而不是政府。② 马隆并简单地回溯了美国不同政府时期的公共外交历史，认为美国政府的公共外交活动涵盖了一个宽广的范围，能够被分成信息领域和教育文化领域。此外，马隆回顾了公共外交所面临的困难与挑战，探讨了公共外交意欲达到何种目的以及何种政府结构最适合开展公共外交。他还分析了为

① Glen Fisher, *American Communication in a Global Society* (Norwood, N. J.: Ablex Publishing Cooperation, 1987), pp. 8 - 9.

② Gifford D. Malone, *Political Advocacy and Culture Communication: Organizing the Nation's Public Diplomacy*, pp. 2 - 7.

某项特定的政策意图而实施的公共外交与那种长期的“非政治本质”的公共外交之间的兼容性。

曾从事公共外交工作长达30多年的艾伦·汉森（Allen C. Hansen）在他的《美国新闻署：计算机时代的公共外交》一书中强调了公共外交在取得美国外交政策目标的重要性。他说，尽管人们对公共外交的兴趣和知识都在增长，但这并不必然意味着对其有更深的理解。相反，由于它的意义难以捉摸，这个术语近年来被滥用了。①

1990年，汉斯·塔克（Hans N. Tuch）认为，古里恩对公共外交的定义“显得过于宽泛，大大超出了人们通常所理解的‘外交’这一概念的含义。它囊括了几乎所有跨国、跨文化之间的交流过程，而公共外交仅仅是其中的一个重要组成部分”。②在对上述概念进行批判的基础上，塔克提出了他自己对公共外交的定义：公共外交是“一种为了更好地增进对美国的理想与理念、机构与文化以及国家目标与当前政策的理解，而由政府开展的与外国公众交流的努力”。③塔克的观点在美国学者中较为典型，他的这一定义在日本学者中也得到了一定的认同，如日本国际关系学者松村正义在其所著的《国际交流史——近现代日本的公共外交与民间交流》一书中就直接采用了塔克的定义。④

美苏两大集团之间的冷战对抗以一种出乎大多数国际关系学者意料之外的方式谢幕，其复杂而又深远的影响辐射到了国际关

① Allen C. Hansen, *USIA: Public Diplomacy in the Computer Age*, pp. xiii-xiv.

② Hans N. Tuch, *Communicating with the World: US Public Diplomacy Overseas*, p. 8.

③ Ibid., p. 3.

④ ［日］松村正义：《国際交流史——近現代日本の広報文化外交と民間交流》（东京：地人馆），2002年新版，第9页。

系的每个角落。在对公共外交的认识上，也随之被赋予了一些新的东西。

在加洛尔·曼海姆（Jarol B. Manheim）看来，冷战结束之后，那些由美国主导的媒体、公众和政府事务处理机构对外国政府和公司所开展的公共外交实践在规模和复杂程度上都有了较大的拓展。尽管总体来看公共外交尚未成为政治日程中一个较高优先级别的课题，但它已经摆脱了模糊卑微的状态。曼海姆提出有两种形式的公共外交：民众对民众的联系与政府对民众的联系。前者以文化交流为特征，被用来解释和维护政府政策以及向外国公众描绘该国，如富布莱特项目和媒体发展倡议等；而后者则是一国政府为了使对象国的外交政策朝向自己有利的方向转变而努力去影响该国的公众或精英舆论。曼海姆的分析侧重于后者，他特别强调一种“战略性公共外交”，“公共外交开展起来与其说是一种艺术，莫若看作是一门人类行为的跨国应用科学”。“公共外交是最早意义上的宣传，不过它受惠于半个世纪对人类意图和行为的经验研究。”①

1994 年，国际传播学者罗伯特·福特纳（Robert S. Fortner）通过考察国际短波电台如何报道美苏超级大国的峰会以及 1987 年里根—戈尔巴乔夫华盛顿峰会的附属会议和 1990 年布什—戈尔巴乔夫华盛顿峰会，来审视公共外交中媒体工具的运用。他认为，公共外交就是力图通过公众传播手段去影响其他国家的民众，进而影响其国家政策。它寻求使外国的民众建立或改变对该国行为的看法，或者影响他们对该国的政治体制、经济体制、意识形态和生活方式所持的态度。“开展公共外交，就是利用本国

① Jarol B. Manheim, *Strategic Public Diplomacy and American Foreign Policy* (New York: Oxford University Press, 1994), pp. 4 – 10.

广播直接向外国公众解释本国政府的外交政策或观点。凡是旨在为了国家利益而对某个事件、人物或协议施加影响的新闻报道的努力都可归入公共外交之列。”①

1994 年，美国战略与国际问题研究中心国际研究理事会（International Research Council at Center for Strategic and International Studies）主席、历史学家沃尔特·拉克（Walter Laqueur）在《外交》杂志上发表题为“拯救公共外交”一文，宣称公共外交正被美国外交政策所遗忘并在很长一段时期内呈下滑趋势。他批评一些很有影响的国会议员对公共外交的态度从漠视到敌视。随着财政预算的削减，美国新闻署的不少项目被迫中断或缩减规模。拉克认为公共外交的弱势在于因在冷战期间没有达成需求上的共识而缺少强大的国内支持者，而冷战后这种需求比之前更强烈。针对有怀疑者所声称的公共外交是一柄双刃剑，会将美国的错误及缺乏外交政策的弊病放大化时，拉克辩称，这种狭隘的观点没有远见因而太值得一提。因为公共外交并不只是关心日常事务和把美国政策装扮得好看，而是投射出一种与日常事务无关的美国生活方式和价值观念的形象，因此美国的公共外交必须从长远的视角来评价。他还认为公共外交不应交由私营部门去开展，他嘲笑这种提议“就好比建议私营部门去负责美国的国防、健康、教育和街道清扫一样明智和现实”。②

在“9·11”事件发生之前，人们对公共外交的学理关注略显滞后。对此，早在 1994 年，拉克就曾预言将来会有一场大的

---

① Robert S. Fortner, *Public Diplomacy and International Politics: The Symbolic Constructs of Summits and International Radio News* (Westport, CT: Praeger Publishers, 1994), pp. 1 –35.

② Walter Laqueur, “Save Public Diplomacy: Broadcasting America's Message Matters” *Foreign Affairs*, Vol. 73, September/october 1994, pp. 19 –24.

国际危机能减少对当今世界所处状态的错觉，增强对美国所面临的威胁的意识，并结束对公共外交的了麻木和漠视。非常不幸的是，“9·11”事件印证了他的先见之明。在“9·11”事件后的反恐战争中，公共外交再次回到了外交政策的前沿，并且这次势头迅猛。

在战略与国际问题研究中心国际安全计划（International Security Program at the Center for Strategic and International Studies）的主任库尔特·坎贝尔（Kurt M. Campbell）和高级顾问米歇尔·弗拉诺伊（Michele A. Flournoy）看来，有两个原因导致了美国的声音在阿拉伯伊斯兰世界在很大程度上未被听到：伴随着普遍的官方审查和宣传，缺乏自由流通的信息；美国公共外交的失败。他们认为如果美国不能从那些同情本·拉登和“基地”组织的民族和国家得到理解，即便不是支持的话，这就会强化恐怖分子从他们当中得到庇护、支援甚至继任者的基础。他们强调“观念之战美国将会取得胜利。现在是认真对待这个问题的时候了”。要想赢得对恐怖主义的战争保卫和平，劝服和威压将是同等重要，而这里公共外交理应充当一个核心角色。在他们看来，公共外交在冷战时是西方军火库中一件非常有效的武器。但“随着意识形态战争的胜利，决策者们开始认为公共外交是一个代价高昂的时代错误”。[①] 那些主张削减公共外交的倡导者们宣称私人媒体通过卫星和因特网足以把美国的形象向外传播，对此，坎贝尔和弗拉诺伊反驳道，因为这些私营媒体大多侧重于报道美国成功的物质方面，很少涉及外交政策事务，也没有涵盖世界上一些非常重要的地方。

---

① Kurt M. Campbell and Michele A. Flournoy, *To Prevail: An American Strategy for the Campaign against Terrorism* (Washington D. C.: The CSIS Press, 2001), pp. 143–151.

在《世界新闻多棱镜：恐怖主义时代的全球媒体》中，威斯康星大学麦迪逊分校新闻与大众传播学教授威廉·哈奇顿（William A. Hachten）认为，公共外交和政治战争在和平时期有点被忽视和减少，而在战时则被政府动员起来以期赢得追随者和反对者的民心。哈奇顿指出，在反恐战争中公共外交和宣称都将扮演重要角色。“9·11”事件之后，许多人担心由于美国新闻署已于1999年被撤销，美国开展公共外交的能力会大打折扣，与此同时法国、西班牙等许多其他国家则加大了对公共外交的投入。对此，哈奇顿强调公共外交在一个国家处于战争状态时才被需要。他将公共外交纳入他称之为的国际政治传播（International Political Communication），它包括四个类别，其中第一个类别即是意在影响外国公众的官方交流（公共外交）。他声称如同第二次世界大战及冷战时一样，短波电台在反恐战争中仍是首选工具。[①]

美国资深外交官员约翰·布朗（John Brown）在“美国公共外交的意图与各说各话”（The Purposes and Cross-Purposes of American Public Diplomacy）一文中提出公共外交是美国外交政策延伸的一个重要力量。在布朗看来，这一领域主要包括信息、教育和文化三个主要方面。信息提供有关美国及其外交政策的“真相”并反击敌对者的谎言和有意的虚假情报；教育包括旨在提升世界对美国的更好理解、增强合作性的国际关系的各种交流；最后，文化则由展现美国艺术成就精髓的众多表现形式所构成，尽管冷战后许多这样的项目被取消掉。布朗指出，虽然有时候这些功能相互之间的目的不尽一致，但是它们有利于更加有效

① William A. Hachten and James F. Scotton, *The World News Prism: Global Media in an Era of Terrorism*, 6th edition (Ames: Iowa State Press, 2002), pp. 103 – 112.

地把美国的故事向世界呈现出来。[①]

戴维·霍夫曼（David Hoffman）在“超越公共外交”一文中主张美国必须在穆斯林世界支持当地开放的媒体、民主和市民社会。他突出了公共外交在国家安全中的合适位置，与其实行审查制度和反宣传，美国国务院应当在那些压迫滋生恐怖主义的地方推动独立的媒体。针对本·拉登在穆斯林世界仍有广大支持者这一现实，霍夫曼认为美国显然在宣传战中吃了败仗。而要扭转这一不利局面，最好的方法就是支持那些力图创建现代民主和使法治制度化的穆斯林力量。开放的媒体为能抗击反西方宣传的温和派声音的出现提供了舞台。霍夫曼坚持认为“言论自由和信息交流不只是奢侈品，它们还是全球商业、政治和文化日益倚重的通货。”他强调指出，为了减少恐怖主义，比起那些数不胜数的关于美国价值观的广告，穆斯林世界更需要信息渠道、言论自由和妇女及被剥夺公民权的少数民族的声音。[②] 与霍夫曼一样，克里斯托夫·罗斯也强调了国家和跨国媒体，将之视为公共外交的重要支柱之一。在他看来，美国必须把那些重要的信息反复地向广大的外国民众而不只是一些意见领袖传递。[③]

近年来对公共外交的研究和应用做出重大贡献的一位学者是世界知名国际关系学者、曾任哈佛大学肯尼迪政府学院院长的约瑟夫·奈（Joseph S. Nye, Jr.）。“9·11”事件发生以后，奈认为反对伊斯兰恐怖主义的战争并不是文明的冲突，而是与伊斯兰

---

① John Brown, “The Purposes and Cross-Purposes of American Public Diplomacy,” *American Diplomacy*, August 15, 2002, available at: http://www.unc.edu/depts/diplomat/archives_roll/2002_07-09/brown_pubdipl/brown_pubdipl.html.

② David Hoffman, “Beyond Public Diplomacy,” *Foreign Affairs*, Vol. 81, March/April 2002, pp. 83-95.

③ Christopher Ross, “Pillars of Public Diplomacy: Grappling with International Public Opinion,” *Harvard International Review*, Vol. 25, 2003, p. 25.

文明内部温和派和极端分子之间的内战紧密相连的一场斗争。最终，美国及其盟国只能通过公共外交有效地与那些温和派沟通才能赢得战争。但让奈感到十分痛心的是，美国用于公共外交的经费与法国或英国相差甚远，这导致了美国身为当今世界唯一的超级大国与信息革命的领袖却“时常在宣传战中被藏身在洞穴里的宗教极端分子击败”①。

需要指出的是，“9·11”事件发生之后，在对公共外交的研究方面有一个倾向较为明显，那就是学者对公共外交的界定较多强调公共外交的重要性和有效性并批评冷战结束以来对公共外交的忽视或蔑视，而较少就公共外交这一概念本身进行辨析阐释。这突出反映了公共外交作为一件强大有力的外交工具日益得到人们的认同，同时在一定程度上也表明人们在对公共外交的认识上出现了“存小异、趋大同”的态势。

此外，不同于上述学者主要批评的是美国政府不够重视公共外交的不明智无远见，也有少数学者对美国公共外交本身进行了相当严厉的批判。如韦恩·内尔斯（Wayne Nelles）就于2004年在《国际政治》杂志上发表了题为“作为伪教育的美国公共外交：令人生疑的国家安全与反恐工具”一文。在他看来，美国公共外交长期以来一直是一个单边的以武力为后盾的意识形态工具，但“9·11”事件之后它变得更具宣传性和教条主义，以所谓的国家安全与反恐为名，主要服务于美国导向的全球化，同时强化了美国相较于弱国和潜在对手的文化、经济、军事等方面的优势。因此，美国公共外交是“伪教育”，背离了联合国教科文

① Joseph S. Nye, “The Decline of America's Soft Power: Why Washington Should Worry,” *Foreign Affairs*, Vol. 83, May/June 2004, pp. 16 – 20.

组织所主张的以教育为核心价值的原则和多元论。①

第二节 国内公共外交研究的理论积淀

一、中国官方对公共外交的认识

冷战结束之后，中国官方对公共外交的认识经历了一个逐步深入的过程。1991 年，中国政府设立了国务院新闻办公室，其职能是向外国介绍和说明中国，不再提对外“宣传”中国。1997 年，中共中央宣传部发出通知，“宣传”一词的英文翻译由此前的 Propaganda 改为 Publicity，并逐步引入更加成熟的宣传方式。“这两大变化标志着中国的公共外交实践日渐摆脱传统的‘宣传’观念的影响，愈来愈认同、接近现代公共外交理念。”② 2004 年，中国外交部在新闻司下设了“公众外交处”。但就其当时的主要职责来看，其着眼点在于通过外交部门与本国的公众之间的互动，向公众宣传和解释国家的外交政策来积极引导公众舆论，意在争取公众对本国外交政策的理解与支持。③ 因此严格意义上来说，名虽“公众外交处”，实则“公共事务处”。

① Wayne Nelles, “American Public Diplomacy as Pseudo-Education: A Problematic National Security and Counter-Terrorism Instrument,” *International Politics*, 2004, Volume 41, Issue 1, pp. 65 – 94.

② 钟龙彪、王俊：“中国公共外交的演进：内容与形式”，载《外交评论》，2006 年第 3 期，第 67—68 页。

③ “专家学者座谈中国公众外交”，中华人民共和国外交部网站，2004 年 3 月 19 日，http://www.fmprc.gov.cn/chn/wjb/zygy/shenguofang/zyhd/t80125.htm。

2005年，被外国媒体誉为“中国政府的公关总管”的国务院新闻办公室主任赵启正在《向世界说明中国——赵启正演讲谈话录》一书中介绍了公共外交，他在该书的序言中写道：公共外交作为一种“两国间跨越外交途径的接触”，它“不是负面的宣传，而是能够对中国的历史和社会发展有信心地予以说明的途径”。[①]

2007年“两会”期间，时任全国政协外事委员会副主任的赵启正又做了“加强公共外交，建设国际舆论环境”的发言，他的这一表态基本上可以被认为是代表了中国官方对公共外交的总体认识。公共外交在主体上包括了非政府组织、民间团体等诸多角色，而在目的上更多强调向外国公众介绍中国以赢得理解、改善舆论。[②] 赵启正在具体建议上特别指出，需要国家的指导与适当的经费支持，这在当前中国对公共外交投入还十分有限的情况下具有较强的现实意义。此后又是在已升任全国政协外委会主任的赵启正的积极呼吁和精心组织下，经全国政协批准，由全国政协外委会主办、察哈尔学会承办，发行了中国第一本公共外交期刊——《公共外交季刊》，创刊号亦于2010年3月1日出版。

在2009年7月于北京召开的第11次驻外使节会议上，中共中央总书记、国家主席、中央军委主席胡锦涛强调，要加强公共外交和人文外交，开展各种形式的对外文化交流活动，扎实传播中华优秀文化。坚持统筹国内国际两个大局，不断提高外交工作能力和水平，努力使中国在政治上更有影响力、经济上更有竞争

---

① 赵启正：《向世界说明中国——赵启正演讲谈话录》，北京：新世界出版社，2005年版。

② 赵启正：“加强公共外交，建设国际舆论环境”，载《对外大传播》，2007年第4期，第22—23页。

力、形象上更有亲和力、道义上更有感召力。[①] 中国最高领导人的这一表态，无疑为加强和改进中国公共外交工作起到了极大的催化作用。同年底，外交部新闻司下属的“公共外交处”升格为“公共外交办公室”，其日常工作主要包括：协调外交部部内部属单位及外交部与其他部委间的公共外交工作；负责外交部公众信息网及204个子网站建设，管理外交论坛；协调指导各驻外使领馆公共外交工作；进行公共外交调研等。这一机构名称的变化，显示了中国外交工作新的开拓方向——公共外交。

二、中国学者对公共外交的研究现状

尽管中国尚没有比较成熟的公共外交理论，公共外交实践与西方发达国家相比也较为薄弱，但是源远流长的中国传统文化中蕴含了某些公共外交思想的元素，如“得道多助，失道寡助”中的“道”、“天时、地利、人和”中的“人和”以及“名不正则言不顺，言不顺则事不成”中的“名”等思想理念，这些思想理念反映到外交实践中就可能产生不少与现代意义上的公共外交非常近似的案例。有学者认为，这表明“从思想渊源看，中国传统文化中早有公共外交思想的萌芽”。[②] 更有一篇硕士学位论文宣称“早在战国时期就出现过公共外交的先例”。论文里将中国历史上著名的长平之战视为公共外交的一个典范，在长平之战中，赵王听信秦国有意散播的“闲言”而起用只会纸上谈兵的赵括来取代擅长用兵的老将廉颇从而最终导致几十万赵军被秦

① “胡锦涛等中央领导出席第十一次驻外使节会议”，参见新华网主页，2009年7月20日，http：//news. xinhuanet. com/politics/2009-07/20/content_ 11740850. htm。

② 唐小松：“中国公共外交的发展及其体系构建”，载《现代国际关系》，2006年第2期，第43页。

军生擒活埋。作者分析后认为“在这场战争中，秦国当时所使用的‘反间计’就是通过向赵国的公众发出‘闲言’，然后间接地影响当时赵国‘政府’（即赵王）的决策，从而获得了巨大的国家利益”。[①] 到历史中去追寻现实的依据，这种方法原本司空见惯，亦无可厚非，但有必要指出的是，过犹不及，我们并不宜过多地用公共外交的概念去对历史上的事件进行生搬硬套，毕竟这些历史事件与今天所说的公共外交存在着这样或那样的差异，如上述长平之战的例子更多地可以看作是“宣传”（特别是其中的“黑色宣传”）而区别于公共外交。在公共外交的研究上这种过于牵强附会式的溯古思源，似乎非要以此来证明中国的公共外交思想源远流长，有时既不见得非常恰当，恐怕也于今天我们对公共外交的认识意义不大。

就笔者目前搜集到的资料来看，中国学术界对公共外交的研究始于20世纪80年代后期，较之西方国家尤其是美国学术界要晚近30余年。不仅如此，与中国的整个国际关系学科的总体发展轨迹相类似的是，对公共外交的研究很长一段时期内在较大程度上主要是翻译介绍西方的观点或理论，与此同时近年来也开始了一些从中国视角看公共外交的积极探索。

具体来说，中国最早公开提到公共外交这一概念的是中国社会科学院美国研究所前所长资中筠研究员。她在1988年春季号《美国研究》上发表了“略论美国战后外交的若干特点”一文，其中在论及美国推行外交政策的手段时将公共外交视为“文化宣传”的手段之一，并引用了艾伦·汉森的观点，认为公共外交的首要任务是“支持美国外交政策，换言之，就是政治宣

① 龙邦：“试析公共外交与国家形象建构之间的关系——以美国为个案”，暨南大学硕士学位论文，2006年6月，第6页。

传”。在她看来，美国历来有重视文化教育的传统，对外文化教育事业差不多是与美国开始海外扩张同步进行的。“由于美国外交中意识形态因素较强，文化宣传工作有其特殊意义，‘冷战’时期尤其如此。”此外，她还特意指出，“对外文化事业方面很广，其目的也不都是直接为美国政策作宣传。但是从长远看，大量的、广义的交流基本上朝着一个总的方向，就是增进对美国的了解和好感，因此作为一项总的政策，是美国政府积极推动的。”“各国人民之间内容丰富的文化、学术、教育等各方面的交流并不一定直接为外交服务。本文所涉及的只是美国以文化交流作为外交手段那一部分。”[①] 可见，尽管公共外交并不是资中筠先生文章论述的主体，但对公共外交的作用及范围还是做出了相当深刻的分析和比较严谨的限定。

1990 年，周启朋、杨闯等几位学者编译的《国外外交学》一书里引介了国外关于公共外交的研究，主张公共外交乃是指“国际事务中新闻与其他媒体的作用，政府培育的公共舆论，私人团体和一国利益集团与他国利益集团之间的非政府组织间的互动，和跨国进程中对于政策制定和执行外交事务的影响”。[②] 这一定义明确了公共外交并不指向本国公众，而只有一国政府针对外国公众舆论的培植才被纳入公共外交的范畴。同时，他们对公共外交的界定明显可以看出一些埃德蒙德·古里恩 1965 年对公共外交所给出的宽泛定义的影子，如将非政府组织包括在公共外交的主体之中、强调公共外交对外交政策制定和执行的影响等。此外，它对开展公共外交的具体形式也没有做出较为明确的阐述。

---

① 资中筠：“略论美国战后外交的若干特点”，载《美国研究》，1988 年第 1 期，第 13—14 页。

② 周启朋、杨闯等编译：《国外外交学》，北京：中国人民公安大学出版社，1990 年版，第 124 页。

1994年中国政法大学的杨铮教授在其主编的《美国大辞典》中指出，公共外交是第一次世界大战结束之后美国对外政策的一种新的方式，它体现了威尔逊“十四点和平计划”所带有的理想主义色彩。美国政府将公共外交视为其对外关系的一个有机组成，主管美国公共外交的美国新闻署的使命即为加强外国对美国政策与行为的理解和支持，增进他们对美国社会文化和价值观的认识，并使他们更加理解美国的对外政策及目标，以此来增进美国的国家利益和反击那些歪曲或破坏美国的政策及目标的企图。[①] 作为一本介绍美国的工具书，公共外交在其间只是作为美国外交的一个方面被简单提及，采用的也基本上是美国新闻署对公共外交的界定。

2000年，南开大学法政学院的韩召颖副教授在其博士论文的基础上修改完成了《输出美国：美国新闻署与美国公众外交》[②] 一书，这是中国第一部、也是截至2007年底唯一的一部关于公共外交的学术专著。他在书中“主要探讨美国新闻署与美国公众外交的历史发展脉络、主要活动，考察其主要目的和使命，以揭示美国公众外交与美国对外政策之间的联系及其在美国整体外交中的地位”。[③] 在对美国公共外交的历史渊源与美国新闻署的发展演变进行了较为系统的回顾之后，他将美国新闻署的主要公共外交活动按其目标的不同分为信息活动与教育文化交流活动两大类并分别做了较为详尽的介绍，最后则对冷战期间美国对苏联的公共外交活动和1979年至1999年间美国在中国的公共

① 杨铮主编：《美国大辞典》，北京：中国广播电视出版社，1994年版，第71页。

② 韩召颖：《输出美国：美国新闻署与美国公众外交》，天津：天津人民出版社，2000年版。

③ 同上，第1页。

外交活动分别作了个案研究。全书除了少量引文或数据存有一些不当或错误，使用的资料相当丰富，提供的信息量比较大，对于全面了解和深刻认识美国公共外交有较大的帮助。正如书名所揭示的，韩召颖认为，美国公共外交已成为美国对外政策不可忽视的组成部分并受到历届政府的重视，其实质是进行意识形态的对抗和输出美国的价值观念和生活方式。不过，他在书中也特别指出，“尽管公众外交已成为美国对外关系的一个组成部分，但军事、政治、经济方面仍然是美国对外政策的重点，公众外交所起到的只是辅助作用”。[①] 当然，由于它是国内第一部有关美国公共外交的专著，该书还主要是介绍性质的，而对这些美国公共外交活动背后的推动因素及其所产生的影响并没有进行更深层次的研究，少数地方涉及到一点但也多是一笔带过。

紧随着“9·11”事件之后美国对其公共外交政策的深刻反思及重新审视，中国对公共外交的研究也进入了一个相对繁荣的时期，从2003年开始较为集中地出现了不少这方面的研究文章，其中一些不乏有其颇为独到的见解。

赵可金在“美国公共外交的兴起”一文中批评了那种认为公共外交不过是一国政府为自己的国家进行“政治化妆”从而将公共外交置于一种无足轻重的外交附属地位的观点，认为它“受到了传统现实主义实力外交理论的局限，没有看到公共外交具有的内在社会价值和文明意义”。他认为，“公共外交所反映出来的是一国政府着眼于沟通不同思想文化，促进彼此的理解和交流的外交努力；或者说从根本上昭示了一国政府增进不同文化实体之间的相互理解和认知的社会责任，是一种开展国家行销，

① 韩召颖：《输出美国：美国新闻署与美国公众外交》，天津：天津人民出版社，2000年版，第3页。

塑造一个良好国家形象的战略策划”。他并指出公共外交是21世纪外交理念转型的一个趋向，应该引起各方面的高度重视。[①]

在王宏伟看来，公共外交是指这样一种活动：“它通过有选择地向其他国家的人群、组织解释和宣传美国所奉行的政策来赢得其对美国外交政策的理解和支持。一般地讲，公共外交借助信息媒体、教育和文化交流活动直接与公众交流。也就是说，信息媒体、教育和文化交流活动是公众外交的基本工具。”[②] 他将美国发起反恐战争在阿拉伯世界所激起空前高涨的反美主义视为“9·11”事件之后美国公共外交发生转变的重要背景，并指出“从本质上看，所谓‘反美主义’的滋生并非美国战略失误所致，也不是忽略了‘公众外交’的结果，而是人们对美国长期以来肆无忌惮地推行霸权主义、强权政治的一种反动”。而美国开展公共外交的实际效果如何则“取决于美国是否能够真正在国际事务中彻底抛弃单边主义和强权政治，即‘革面’的同时是否‘洗心’”。[③]

齐前进认为，公共外交是指“一国政府针对外国非官方的公众、媒体和组织，通过沟通、对话等途径，取得对本国政策和行动的了解、理解直至支持”。他探讨了公共外交产生的原因，认为“信息化催生了外交的变化。外交不再是少数人的职业，它开始从幕后走到前台。这意味着，外交不再只停留在政府与政府间的交流，还要重视、回应公众的意见”。并且在他看来，公众与外交之间是一种良性互动关系，“这种关系不仅可以增加公众对外交政策的理解与支持，也可提高外交决策的科学性和透明

---

① 赵可金：“美国公共外交的兴起”，《复旦学报》2003年第3期，第86—92页。

② 王宏伟：“‘9·11’后的美国公众外交”，载《国际论坛》，2003年1月第5卷第1期，第46页。

③ 同上，第50页。

度，是当代外交发展的趋势”。[①]

郭海儒在回顾美国早期对苏联开展的公共外交活动的基础上，对公共外交进行了内在的划分。他认为，公共外交是指一国政府通过直接或间接方式接触他国公众，借以改善本国形象并影响他国公众的活动，可以大致划分为建设性公共外交与破坏性公共外交两个类别。前者以增进友谊、促进友好往来为宗旨；后者则主要以蛊惑宣传、强行输出对目标国有破坏性和瓦解性影响的价值观和生活方式为手段，以改造目标国政治经济制度和文化价值视为宗旨，甚至以颠覆目标国现行政府及社会制度为其目的。[②]

2003 年，唐小松、王义桅两位学者连续发表了“美国公共外交研究的兴起及其对美国对外政策的反思”、“从‘进攻’到‘防御’——美国公共外交战略的角色变迁”、“试析美国公共外交及其局限”及“公共外交对国际关系理论的冲击：一种分析框架”四篇文章，对美国公共外交作了较为广泛的探讨。他们将公共外交界定为一国政府对国外民众的外交形式，即通过情报信息和教育交流项目引导外国公众及舆论制造者，从而增进美国国家利益和战略目标的行动。[③] 在其看来，美国的公共外交战略发生了由冷战时期的“进攻性”向冷战结束之后的“防御性”二者之间的角色变迁，而在“9·11”事件发生之后则具有很强的防御性和应急性。[④] 美国试图通过公共外交改变外国公众对美

① 齐前进：“公众外交：政府决策与公众参与”，《世界知识》2003 年第 15 期，第 58—59 页。

② 郭海儒：“美苏关系疏远探源——20 世纪 30 年代美驻苏人员公共外交活动的实质”，载《学海》，2003 年第 6 期，第 153 页。

③ 唐小松、王义桅：“美国公共外交研究的兴起及其对美国对外政策的反思”，第 22—27 页。

④ 唐小松、王义桅：“从‘进攻’到‘防御’——美国公共外交战略的角色变迁”，载《美国研究》，2003 年第 3 期，第 74—86 页。

国的看法，但由于小布什政府奉行的是一种“先发制人”的强权政策，公共外交就显得苍白无力，“反映了美国现行外交政策的一种悖论”。[①] 而在探寻公共外交的理论归属问题时，他们指出，“主流国际关系理论的基本前提是国际体系的‘无政府状态’，这一状态中冲突常有而合作不常有，从而使以信息和语言为主导、以非行为体国外民众为对象、强调‘合作度’的公共外交难以获得概念上的支持”。他们并宣称“随着全球化和信息化的深入发展，特别是愈来愈多的学者和决策者正把国际体系定义为‘信息交流空间’而不是外部无序状态，公共外交可以实现其理论回归，融入国际关系理论”。[②]

2004 年，唐小松又发表了“公共外交：信息时代的国家战略工具”一文，认为信息社会的深入发展不但加强了各国经济的相互依赖，同时也引发了一场新的外交革命，即公共外交“这种外交形式将被许多国家的决策者视为征服人心和心灵的超级工具，在处理外交事务的过程中，越来越多的国家将拿‘征服精神’换‘精神征服’”。[③] 李新华也把公共外交在美国重新崛起的原因归结为“9·11”事件是其直接诱因，而经济全球化和信息化时代乃是其时代背景。[④] 2005 年，高飞在分析公共外交形成的条件时，也把信息传播手段的进步视为推动当代公共外交发展的首要条件，另外在他看来，国际行为主体的多元化、国际竞

---

① 唐小松、王义桅：“试析美国公共外交及其局限”，载《现代国际关系》，2003 年第 5 期，第 27 页。

② 唐小松、王义桅：“公共外交对国际关系理论的冲击：一种分析框架”，载《欧洲研究》，2003 年第 4 期，第 62—72 页。

③ 唐小松：“公共外交：信息时代的国家战略工具”，载《东南亚研究》，2004 年第 6 期，第 60—63 页。

④ 李新华：“试析美国公众外交的重新兴起”，载《思想理论教育导刊》，2004 年第 6 期，第 37—40 页。

争的新特点以及全球市民社会的发展都为公共外交的兴起创造了有利的条件。[①] 2006年，李艳艳在基本套用唐小松、王义桅等人对公共外交所做界定的基础上，也认为公共外交在世界范围内的传播和蔓延，主要得益于全球化和信息化的发展。她对西方几个主要国家公共外交的特征和差异进行了简单的归纳和比较，并从西方国家推进公共外交的努力中找出可资发展中国家开展公共外交借鉴之处，即"发展中国家开展公众外交，必须将公众外交机制化、规范化，避免公众外交成为危机外交"。[②] 可以看出，他们均强调了信息化对于公共外交极为重要的催化促进作用。

在关注美国公共外交的同时，也有不少国人其中主要还是学者和学生对于中国应当如何开展公共外交做了有益的探索，纷纷献计献策。2003年，王义桅的"'三个代表'与中国的公共外交"一文指出了当前对国家形象的理解所存在的一些错误认识，并就如何构建中国特色的公共外交体系提出了自己的见解。[③] 然而，几乎不言自明的是，该文的应景色彩比较重，学理上的意义因而也就理所当然地打了较大的折扣。2005年3月，中国知名调查公司零点调查集团董事长袁岳撰文指出，中国有如下公共外交资源："第一，民众就是资源"；"第二，民间精英资源"；"第三，空白也是资源"；"第四，兴趣是人才资源的凝聚地"。[④] 黄超于2005年10月发表的"试论发展中国公共外交"是较早的一篇专门论述发展中国公共外交的文章，她认为公共外交是塑造一

① 高飞："公共外交的界定、形成条件及其作用"，载《外交评论》，2005年第3期，第105—112页。

② 李艳艳："关于西方国家公众外交的几点比较"，载《国际论坛》，2006年第8卷第1期，第6—9页。

③ 王义桅："'三个代表'与中国公共外交"，载《学习月刊》，2003年第10期，第17—18页。

④ 袁岳："中国可以有怎样的公众外交?"，载《商务周刊》，2005年3月20日第6期，第85页。

国国际形象、提高一个国家“软实力”的新外交形式，指出发展中国的公共外交已经具有强烈而迫切的现实意义，并提出了树立起重视公共外交和“走出去”的观念、整合协调公共外交的各种资源建立健全公共外交体系等几条具体的措施建议。① 唐小松在“中国公共外交的发展及其体系构建”一文中提出：“中国公共外交的目标是培植中国形象和营造经济增长的良好国际环境，追求‘和为贵’的境界。自信、务实、开放、负责的中国，是中国公共外交的基本目标定位，长远看是服从于中国国家发展目标的定位，积极配合‘三步走’的经济发展目标，循序渐进地促进中国在国际社会中的形象从中性到正面、亲近的转换。”为适应变化的国际社会和时代要求，中国公共外交需要：改变传统思维模式，构建具有中国特点的公共外交机制；有的放矢地改变“观念市场”；确立“精英效果理论”；并将公共外交视为“合法”事业来培植，转守势为攻势。② 而钟龙彪、王俊认为新中国公共外交实践的演进经历了三个阶段，在各个阶段有不同的目标、任务和特点：第一阶段，宣传新中国，支持世界革命；第二阶段，促进改革开放，维护世界和平；第三阶段，介绍说明中国，倡导和平发展。具体就当前中国公共外交的状况而言，他们认为，“从总的发展进程看，中国的公共外交实践日渐摆脱传统的‘宣传’观念的影响，愈来愈接近现代公共外交理念”。在大力开展公共外交的同时，理念一定要不断创新，摒弃传统的“宣传”概念，并与双边外交、多边外交、经济外交及首脑外交等多种形式结合起来，方能相互配合，相得益彰。③ 江泽民同志

① 黄超：“试论发展中国公共外交”，载《成都纺织高等专科学校学报》，2005年第22卷第4期，第30—32页。

② 唐小松：“中国公共外交的发展及其体系构建”，第42—46页。

③ 钟龙彪、王俊：“中国公共外交的演进：内容与形式”，第64—69页。

在中国共产党第十六次代表大会的报告中曾指出，“纵观全局，21世纪头20年，对我国来说，是一个必须紧紧抓住并且可以大有作为的重要战略机遇期”。[①] 对此，李志斐认为，在这重要战略机遇期中，公共外交在中国的发展具有一定的必然性，也成为一种时代的必需。开展中国公共外交不但要加强公共外交主体的建设、协调公共外交的各种资源、健全公共外交体系和机制，还要改善公共外交的方式、开展多层次多方面的公共外交活动。[②]

除了以上诸种观点或视角，在2004年至2006年的两年间，共有十多篇硕士和博士学位论文专门论述或间接论及公共外交这一课题。[③] 其中，比较重要的有下述三篇博士学位论文：廖宏斌的“文化、利益与美国公共外交”一文认为，文化与利益是促使美国政府开展公共外交的两个根本动因。美国公共外交既受其文化的影响，也受美国国家利益的推动，因而它是受美国文化和

---

① 江泽民：《全面建设小康社会，开创中国特色社会主义事业新局面》，北京：人民出版社，2002年版，第3页。

② 李志斐：“重要战略机遇期与中国公共外交”，载《青海社会科学》，2006年第3期，第9—12页。

③ 刘华：“中国公共外交的理论与实践——以对外涉藏问题为例”，外交学院硕士学位论文，2004年6月；胡腾蛟：“美国对华文化外交研究（1970—1979）”，湖南师范大学硕士学位论文，2005年4月；危玮：“Analysis of U. S. Public Diplomacy——Concept, Development and Resurgence after 9/11”（美国公共外交浅析——概念、发展及9/11后的重新兴起），外交学院硕士学位论文，2006年5月；刘炳香：“公共外交：理论、实践及对中国的借鉴”，中共中央党校硕士学位论文，2006年6月；程亮：“中国公共外交析论”，广东外语外贸大学硕士学位论文，2006年6月；龙邦：“试析公共外交与国家形象构建之间的关系——以美国为个案”，暨南大学硕士学位论文，2006年6月；门艳玲：“中国文化外交初探”，东北师范大学硕士学位论文，2006年10月；林玲：“Projecting Soft Power through International Education: An In-depth Study of the Hopkins-Nanjing Center”（软权力与中美文化交流——南京霍布金斯中心个案研究），上海外国语大学博士学位论文，2004年6月；廖宏斌：“文化、利益与美国公共外交”，外交学院博士学位论文，2005年5月；胡文涛：“美国对华文化外交的历史轨迹与个案分析——宗教与国家的二元使命”，暨南大学博士学位论文，2005年10月；缪开金：“中国文化外交研究”，中共中央党校博士学位论文，2006年5月。

国家利益双重驱动的产物。无独有偶，胡文涛在“美国对华文化外交的历史轨迹与个案分析——宗教与国家的二元使命”中提出，宗教与国家的二元使命是美国对华文化外交（公共外交）的基本动因。美国对华文化外交经历了文化渗透、文化援助、文化遏制、文化合作等几个复杂的历史过程，具有相互性、诚实性和长期性等三大属性。他以官方的富布赖特中国项目和非官方的福特基金会中国项目为个案，揭示了美国对华文化外交呈现出行为体多元化与强烈的意识形态色彩的特征。林玲的论文“软权力与中美文化交流——南京霍布金斯中心个案研究”（英文），以南京大学—霍布金斯大学中美文化研究中心为个案，较为深入地分析了美国国际教育在实施软权力上如何实现制度化的问题及作为美国文化价值载体的美国国际教育机构的运作模式和主导因素等。虽然几篇硕士论文则主要是围绕美国公共外交的历史实践与中国公共外交的体系构建展开，但总体上看，宏观论述多于微观分析，并且大体上都遵循了“总结几大特点，点明存在问题，提出改善建议”这个基本套路。此外，还有一些中国学者就美国针对中国之外的国家或地区的公共外交以及中日之间开展公共外交等课题进行了一定的探讨，也取得了一些研究成果。[①]

① 杨友孙、胡淑慧：“美国公众外交与东欧剧变”，载《俄罗斯研究》，2005年第3期，第38—42页；杨友孙：“美国文化外交及其在波兰的运用”，载《世界历史》，2006年第4期，第51—59页；尹继武、李江宁：“美国对伊斯兰世界强化推行公众外交及其局限”，载《国际问题研究》，2006年第2期，第45—49页；严波：“浅析美国对阿拉伯世界公众外交之悖论”，载《兰州学刊》，2006年第11期，第116—119页；仇朝兵：“‘九一一’事件后美国对印度尼西亚的公共外交”，载《美国研究》，2007年第2期，第83—100页；王晓德：“拉丁美洲与美国文化外交的起源”，载《拉丁美洲研究》，2007年第29卷第3期，第10—17页；仵胜奇：“美国在伊拉克开展公众外交的困境——历史与现实”，载《兰州学刊》，2007年第4期，第35—38页；张声海：“公共外交与中日关系”，载《当代亚太》，2005年第4期，第43—47页；刘国华、李阵：“浅析日本的公共外交及其局限”，载《日本学论坛》，2006年第4期，第40—46页；刘国华、李阵：“公共外交：实现中日关系和谐发展的根本出路”，载《东北亚论坛》，2007年第16卷第2期，第90—94页；刘国华、李阵：“透视二战后日本对华公共外交”，载《长江论坛》，2007年第2期，第81—85页。

2010 年 8 月 26 日，北京外国语大学国际关系学院成立了“公共外交研究中心”，成为国内高校首家专门的公共外交问题研究机构，旨在推动公共外交领域的学术研究，向政府公共外交实践提供智力支持，提供公众参与公共外交活动的平台。[①] 这应该说是中国学术界在公共外交研究方面的一个可喜进步，相信未来会有更多的公共外交专门研究机构涌现出来。

本章小结

总体来看，国外对公共外交的研究已经进入到了一个比较成熟的阶段。首先，尽管国外公共外交理论研究并没有一个固定的模式，但是在这种多样化的研究背后，隐藏着对于公共外交一些基本面上的共识，例如公共外交的基本目标、主要手段以及重要意义等。这种基本共识提供了对公共外交进行更深入研究的一个基本脉络，并可初步对纷繁复杂的公共外交实践进行梳理、定焦，从而发现这些现象之后所隐藏的一些基本逻辑。其次，在研究方法上，美国公共外交研究既重视历史与哲理考察，也注意应用定量分析与实证考察等社会科学研究方法。作为一种悠久的传统，这种研究方式深切把握历史脉搏，同时又关注现实，因而往往能够为公共外交理论的构建发掘出深厚而坚实的历史与哲学基础，因而可以使理论在逻辑上更加严密和完整。同时，新方法的引入，使得公共外交研究的成果更为令人信服。但是，需要看到的是，系统的公共外交研究迄今为止不过短短的几十年时间，还有不少空白与模糊，甚至是疏漏与错误之处，需要更进一步的探究与补充、优化与校正。

---

① “北外公共外交研究中心成立发布会”，详见国务院新闻办公室门户网站，http：//www.scio.gov.cn/xwfbh/qyxwfbh/201008/t748457.htm（2010－09－11）。

相较之下，目前国内的公共外交研究正处于全面认识与学习的阶段，成果大致可以分为三类：第一类是以挖掘中国古代公共外交思想为己任，希望通过对中国传统思想的挖掘以找出中国独特的公共外交思想；第二类学者主要关注对西方公共外交理论的源流与内涵进行研究与分析，并将之运用于中国公共外交实践的研究；第三类学者偏重于公共外交的实证分析，其中尤以美国公共外交分析最为多见。总体来看，国内学者对于公共外交的认知还处于初始阶段，对公共外交的界定也比较混乱，这既与国内的研究起步较晚有关，也与学者的思想观念以及语言障碍等因素有一定的联系。综观中国学者对公共外交的研究，可以看出正反两个方面的特点：一方面，虽然中国对公共外交的研究起步较晚，但是随着近年来无论是官方还是学界对公共外交的重视程度都日益提高，相应地研究也取得了较快的进步，主要是引介国外的研究成果，尤其是美国的公共外交研究，近几年也对中国的公共外交展开了一些有价值的探讨；另一方面，尽管单从研究学者数量及相关的研究文章数量来看不可谓不多，然而对公共外交的研究方面“低水平重复建设”、“虚假繁荣”等问题比较突出，这在一定程度上都直接阻碍了研究的实质进展，同时也间接影响了研究的深度和广度。

第二部分

美国对华公共外交战略的现状剖析

第三章

错位调适：美国对华公共外交战略的发展脉络

美国是冷战对抗期间当仁不让的两大主角之一，又是冷战结束以后当世仅存的唯一超级大国。尽管美国在西方发达国家中开展公共外交的时间相对较晚，但得益于历届政府的高度重视与积极运作，美国公共外交发展得相当快，呈现出后来居上之势。

本章在简要回顾美国开始涉足公共外交领域的历史背景之后，对美国公共外交大战略做一粗线条的总体概览。在此基础上，重点把握美国对华公共外交战略的发展脉络。

第一节　美国公共外交大战略

在过去两百年中，文化交流随着通讯技术的不断革新而在广度上和深度上都有了突飞猛进的发展。尽管公共外交这一概念是在二战之后才出现的，但公共外交活动的萌芽则远在此之前，而广义上的文化交流则是其最重要的载体。其他一些西方国家在美国之前多已参与了这种萌芽式的公共外交活动，不过美国的对外文化交往则相对有限，而美国的公共外交大战略也正是在这一历史大背景之下奋起直追、后来居上的。

一、美国公共外交的发展概况

（一）美国开展公共外交的时代背景

在西方大国中，法国无疑是欧洲大陆上第一个对双边文化关系进行大规模官方支持以提升其海外形象的国家。19 世纪后半期，法国外交部投入了大约 2000 万法郎，供法国天主教教士团在中近东地区开展一项宗教、教育和慈善项目，目的是为了深化巩固法国在该地区的政治、经济影响。[①] 20 世纪初，法国政府将对外文化关系的重心转移到教育上来，于 1910 年在意大利的佛罗伦萨创办了第一家法语学院以提升“国外的大学生对于法国文化的精华的了解与品位”。到 1933 年，类似学院及法语中小学的用款已然达到了法国外交部整个财政预算的 10%，1936 年这一比例则增加到了近 20%。[②] 法国政府的资助有助于它的影响力在世界范围内的传播，这样不仅满足了外国公众的需求，而且实现了自身的国家利益。

19 世纪末 20 世纪初，德国、英国等其他国家也纷纷效法，开始积极投身于文化交流事业，逐步开展公共外交活动。到 19 世纪末，德国就建立了世界瞩目的现代教育制度，赢得了国际范围内的好评。德国的对外文化活动不像法国那样有具体的政策和机构，政府对国际文化关系的支持主要体现在对德国在海外学校

---

① Ruth E. McMurry, “Foreign Government Programs of Cultural Relations,” *Annals of the American Academy of Political and Social Science*, Vol. 235, International Frontiers in Education (Sep., 1944), p. 55.

② Ibid., p. 56.

活动组织如“海外保护德意志精神德国学校协会”等提供必要的帮助，1913 年政府给外交部的预算拨款中即有高达 150 万马克的款项用于支持这些活动。[①] 面对轴心国德国、意大利咄咄逼人的国际文化交流势头，英国于 1934 年成立了从事国际文化关系的半官方机构英国文化协会（British Council），其目的是建立英国与其他国家之间的互利关系，促进对英国文化和成就的理解。[②] 英国文化协会的主要经费来源于政府的拨款，其实质是英国外交部领导下开展公共外交的准官方组织。它的活动包括资助英语语言文学教学、设立图书馆以及在世界各地举行大型社会文化活动等。

在 20 世纪初西方大国中，美国可以说是对文化往来实施政府大力支持、积极参与国际文化交流最晚的国家之一。国际文化交流过去常被美国政府看作是公民个人、非官方组织或地方政府为了促进普遍教育或扩大慈善公益的活动，“这些活动通常是更宽泛项目的一部分或救济扶助、机构建设、社会开拓或宗教活动等，无论基于上述哪一种目的，学生和学者在美国和其他国家之间穿梭往来”。[③] 这在某种程度上反映了美国的孤立主义传统，直至第一次世界大战前夕，孤立主义思潮盛行于美国，反映到外交上则是美国对美洲大陆以外的事务摆出一副事不关己、高高挂起的姿态。早在 19 世纪初，就有不少虔诚的美国人参与到向海外传播基督教福音、宣扬教义的工作；以及 20 世纪早期，美国的许多私人机构和个人、慈善基金会和教育机构等在世界各地为文化和人道主义事业积极奔忙。但即便如此，在对外文化关系领

① 韩召颖：《输出美国：美国新闻署与美国公众外交》，第 24—25 页。

② 参见英国文化协会主页：http：//www. britishcouncil. org/history. htm（2007－02－17）.

③ Walter Johnson and Francis J. Colligan, *The Fulbright Program: A History*, p. 15.

域，联邦政府依然鲜少涉足。一方面，美国政府认为宗教团体、慈善机构以及其他一些私人组织完全可以胜任上述这些活动，并且俨然视之为他们的份内之事而不愿插手。另一方面，这也从一个侧面反映出美国人对于政府可能对文化事业、思想自由加以政治操控的警惕和对所谓“官方文化”的反感。在此情形下，较之于许多欧洲国家，美国的公共外交实践起步略晚。

20 世纪 30 年代，纳粹德国以贸易、宣传等手段在美国的“后院”——拉美地区发动了一系列“文化攻势”（Cultural Offensive）。美国政府很快觉出了这种威胁，当时的一位美国文化关系官员判定纳粹德国在拉美地区的扩张是经过“精心组织策划，投入大量金钱，旨在反制和削弱美国与拉丁美洲国家的文化关系，损害美国在这一地区的声誉度与影响力”。[①] 于是，美国政府在文化交流上的立场开始松动，美国针锋相对地实施了“好邻居政策”（Good Neighbor Policy）。1936 年，美国政府积极促成了在阿根廷首都布宜诺斯艾利斯召开的“美洲国家间维持和平会议”（The Inter-American Conference for the Maintenance of Peace），最终在会上通过了由美国代表团提交的《促进美洲国家间文化关系公约》（Convention for the Promotion of Inter-American Cultural Relations），号召为了增进美洲国家的人民和机构之间更好的相互了解和理解，努力推进美洲国家间的教授、教师以及学生的交流，并进一步鼓励那些对公众舆论的形成颇有影响的非政府组织之间密切合作。[②] 美国政府的意图相当明确，它期望这些

① Milton C. Cummings, Jr., *Cultural Diplomacy and the United States Government: A Survey* (Washington, D. C.: Center for Arts and Culture, 2003), p. 1.

② Department of State, *Report of the Delegation of the United States of America to the Inter-American Conference for the Maintenance of Peace*, *Buenos Aires*, Argentina, December 1–23, 1936, p. 167.

交流能增进美国与其他国家之间的关系并提升美国在国外的形象。

1938 年，国务院设立了文化关系处（Division of Cultural Relations），这是美国第一个正式负责对外文化关系的机构，这也成为美国政府把文化关系正式纳入其外交政策的标志。国务院官员阐述了设立这一部门的目的是“为政府领导层在制定和执行那些意在增强美国与其他国家的文化联系的有效的、协调的、长期的努力提供便利，首先是与那些有文化条约的拉美国家”。[①] 但在英国著名历史学家爱德华·卡尔（Edward H. Carr）看来，“尽管美国在两次世界大战期间坚持不懈地参与世界事务，但美国的国际主义在本质上还是力图保持现状”。[②] 截至 1941 年，美国对外文化关系的活动一直局限于拉美地区，而在此之后，文化关系处才开始逐步把项目的触角伸到了西半球之外。

1941 年 12 月日本偷袭珍珠港事件（Pearl Harbor）击溃了美国孤立主义者的迷梦，美国卷入二战日深，其各项公共外交活动也得以相继展开，美国为此还成立了战时信息局（Office of War Information）。与强调双向交流理念的文化项目不同，战时信息局的首要工作是向世界解释美国的意图与目标，这代表了美国文化与信息项目强硬的一面。

早在二战行将接近尾声之前，美国就已开始精心筹划战后国际秩序的安排，着手建立联合国及其他一些国际组织。当战争在 1945 年结束之时，欧洲和亚洲的大部分地区都饱受战火的严重摧残，美国崛起为当时世界上最为强大的两个国家之一，正如保

① Milton C. Cummings, Jr., *Cultural Diplomacy and the United States Government: A Survey*, 2003, p. 2.

② Edward H. Carr, *The Twenty Years' Crisis, 1919 - 1939: An Introduction to the Study of International Relations* (London: Palgrave Macmillan, 2001 [1939]), p. 191.

罗·肯尼迪（Paul Kennedy）在《大国的兴衰》一书中所言，“‘美国主宰’的时代已经来临”。[①] 这种形势既为美国积极去谋求其长远国家利益提供了大好机遇，也为它提供了强大刺激。二战结束之后不久，杜鲁门总统决定将一些战时机构的国际信息职能转移到国务院，与文化关系处的职能合并组建了“国际信息与文化事务局”（Office of International Information and Cultural Affairs），一年之后又改名为“国际信息与教育交流局”（Office of International Information and Educational Exchange），该局直接向主管公共事务的助理国务卿汇报工作。[②]

冷战的幕布徐徐拉开，美苏旋即在权力与影响上展开了全球角逐。1948 年，美国国会通过了《1948 年美国信息与教育交流法案》（United States Information and Educational Exchange Act of 1948（Public Law 80 – 402），又称《史密斯—蒙特法案》），宣称其目的是“为了推动政府去促进其他国家对美国的更深理解，增强美国人民和其他国家人民之间的相互理解”。[③] 这是国会第一次在非战争状态下授权政府在全球范围内从事国际信息、教育和文化交流活动，为美国政府在二战结束以后开展对外宣传和文化关系活动确立了重要的法律基础。冠冕堂皇背后隐藏着美国对苏联外交政策目标及美国海外安全的严重关切，同时也表明美国将采取包括信息项目在内的公共外交手段去反击苏联的反美宣传。

随着冷战的气氛越发浓烈，美国日益重视向世界的其他地方

① Paul Kennedy, *The Rise and Fall of the Great Powers: Economic Change and Military Conflict from 1500 to 2000* (New York: Random House, 1987), p. 359.

② Ibid., pp. 4 – 5.

③ United States Educational Foundation in the Republic of China, *Essential Documents Governing the USEF/C Program*, February, 1960, p. 3.

阐明其立场和目标。为此，1953 年艾森豪威尔总统改组成立了美国新闻署（United States Information Agency，USIA）。作为一个独立于国务院的联邦政府机构，美国新闻署囊括了包括美国之音在内的所有信息项目，仅有国际教育交流项目仍保留在国务院。尽管美苏之间的冷战对抗不免使得美国这一时期的公共外交活动时常面临着意识形态化的危险，但是公共外交在美国对外政策中的功能也随之得到了较大的强化，这一状况存续于整个冷战数十年间。

随着 20 世纪 80 年代末 90 年代初东欧剧变、苏联解体，冷战宣告结束，两极格局的土崩瓦解使得美国成为世界上唯一的超级大国，这让美国为首的西方国家久久陶醉于“历史的终结”的狂喜之中。美国公共外交在冷战结束之初的十余年中被认为不再重要进而遭受了相当程度的轻视和冷落，甚至长期主导公共外交事务的美国新闻署于 1999 年 10 月也因机构改革被合并进国务院而不复存在。直至 2001 年“9·11”恐怖袭击事件的血腥气令美国政府如梦初醒，方始惊觉美国在外国公众眼中的国家形象远非“美丽的国家”，公共外交终于又得以回归美国对外决策的前台。

（二）美国公共外交的发展概况

前文在论及公共外交的构成要件时，曾将美国公共外交活动粗略地分为下述两大类别：一类侧重于对美国信息的国际传播活动，通常被称为“信息活动”，如采用新闻出版、国际广播、电视电影以及电脑网络等新兴通讯手段等，去宣传美国的政策；一类则侧重于国际教育文化交流，如英语教学、各种图书项目、学者学生交流、艺术展览等，去增进人们之间的理解。下面将以点带面，分别对二战结束之后美国的对外信息传播与国际教育文化交流活动做一简要概述。

1. 对外信息传播后来居上

20 世纪 30 年代，国际广播电台在欧洲和亚洲逐步发展起来。到 1939 年德国入侵波兰时，除美国之外，几个主要的强国都已有了各自的国际广播机构。直到 1942 年美国正式参加二战之初，罗斯福总统为鼓舞士气，才决定组建美国历史上第一个由政府创办的国际广播电台“美国之音”（VOA）。当时使用的发射机来自于哥伦比亚广播公司（CBS）和全国广播公司（NBC）的短波设备，以向德国纳粹占领下的欧洲和北非地区提供盟国的新闻节目。美国之音确切的首播日期是 1942 年 2 月 24 日凌晨 2 点 30 分，美国之音在纽约制作了第一期 15 分钟的节目，通过 BBC 转播，播音员用德语对听众说，“从今天开始，我们每天在同一时间谈论美国以及这场战争。无论消息是好是坏，我们会一直对您讲出真相”。①

到 1942 年底，美国之音已经能够每天 24 小时进行播音。1977 年美国之音开始用卫星传送节目，并于 1989 年完成了卫星全球联网。目前，美国之音已发展到每天以 44 种语言，每星期超过 1，300 小时的广播和电视节目向世界各地广播，内容包括新闻时事、专题节目、英语教学节目、美国流行音乐，以及反映美国政府政策及美国理想和制度的声明等。② 尽管它宣称其新闻报道力求准确、客观、全面，但政府背景注定其难以摆脱官方喉舌的形象。虽然由于电视、互联网等其他传播媒介的不断壮大，

① ［法］让－诺埃尔·让纳内著，段慧敏译：《西方媒介史》，桂林：广西师范大学出版社，2005 年版，第 167 页。

② 参见美国之音网站主页：http：//www. voanews. com/（2008—01—14）。

美国之音随着广播通讯的整体式微而有所衰退，但它无疑仍是世界上最为大众所熟知的国际广播之一。

除了美国之音，美国还先后建立了自由欧洲电台和自由亚洲电台，对欧洲、亚洲和中东地区的所谓共产党国家及美国认为的“非自由国家”进行广播，宣扬民主价值观念、宣传美国外交政策。另外，早在1985年，美国还专门建立了针对古巴发动宣传攻势的马蒂广播电台（Radio Marti）；“9·11”事件发生之后又于2002年设立了萨瓦电台（Radio Sawa），使用阿拉伯语针对中东地区进行每天24小时广播。二战期间，美国的国际广播在规模上相对小于其他一些西方国家。而当二战结束以后，美国的国际广播得到了迅速的加强，如今已发展成世界上规模最大、实力最雄厚的国际广播电台，成为美国对外信息传播的喉舌，担当着宣传美国价值观念和生活方式的重任。此外，美国还通过驻外使领馆出版图书杂志和宣传手册、举办各种艺术展览等形式，向所在国的广大公众进行各个层面的交流互动，以增加和深化他们对美国的认知度与亲近感。

2. 教育文化交流遍及全球

1945年9月，来自阿肯色州的参议员威廉·富布赖特向国会提交了一项主张由政府出资并实施管理的国际教育文化交流的议案，作为1944年通过的《剩余物资法》（The Surplus Property Act）的修正案获得通过。该法案的核心内容是授权美国政府利用出售二战结束后美国闲置在世界各地的剩余战争物资所获得的外汇现金，资助美国公民去国外学习、研究、讲课以及支付其他国家的公民到美国大学学习、研究的交通费用，国务院可与其他国家的政府缔结行政协议，以开展学术文化交流。1946年8月1日，该议案经美国总统杜鲁门签署正式成为法律，并沿用该法案首倡者的名字将其称为《富布赖特法案》（The Fulbright Act, Public Law 79 - 584），把在这一法案下进行的教育文化交流活动称为“富布赖特项目”（The Fulbright Program）。

目前，富布赖特项目已发展成为世界上规模最大、影响最广的国际教育文化交流项目，世界著名的历史学家阿诺德·汤因比（Arnold Toynbee）曾盛赞该项目可与振兴欧洲的马歇尔计划相媲美，“是第二次世界大战以来世界上最慷慨、最富有想象力的事情之一”。[①] 1996 年是富布赖特项目成立 50 周年，美国国家人文科学中心（The National Humanities Center）组成一个委员会对该项目进行了评估，该委员会后来提交的报告中十分清晰地道出了包括富布赖特项目在内的文化交流项目支持者的真实意图：

无论奖学金获得者从事何种领域的学习或研究，富布赖特的经历都拓宽和加深了他们成为未来国家甚至国际社会的领导人的视野。它在美国为世界培养了领导者的班底，这些人知识丰富、头脑敏锐、富有同情心。不论在哪个国家，只要参与过富布赖特项目的人担起领导职责，他们都会倾心于美国人所珍视的价值观念。[②]

自 1946 年成立以来，富布赖特项目的足迹已经覆盖了全世界 150 多个国家和地区，迄今为止已有 30 余万人参与过这一项目，“这些人中有 34 人获得过诺贝尔奖、65 人获得过普利策奖、21 人获得过麦克阿瑟基金会‘天才’奖，14 人获得过美国总统

① J. William Fulbright Foreign Scholarship Board, “Fulbright 1995: 32nd Annual Report of the J. William Fulbright Foreign Scholarship Board”, *National Archives*, Group Records 59, 811. 42793SE/1 - 31 - 49, p. 5.

② Milton C. Cummings, Jr., *Cultural Diplomacy and the United States Government: A Survey*, 2003, p. 5.

自由奖章”。[1] 作为美国公共外交的重要工具之一，加强国际学术文化交流、增进美国与其他国家及人民之间的相互理解固然是富布赖特项目非常重要的一个目标，但更为重要的是，美国政府也寄望于在交流的过程中以一种潜移默化的方式推销美国的外交政策，提升美国的国家形象。

除了富布赖特项目之外，比较重要的美国公共外交实践还包括国际访问者项目（The International Visitor Program）和和平队计划（The Peace Corps）等国际人员交流活动。国际访问者项目是邀请外国专家、学者以及政府官员等到美国进行短期参观访问。这些国际访问者人选均由美国各驻外使领馆挑选确定，一般多是所在国政界、商界、传媒、教育及其他领域中当前或未来的精英领袖。该计划的目的在于通过提供机会让这些国际访问者与他们的美国同行直接接触和双向交流，使其身临其境、耳濡目染，亲身感受美国社会的多样性与文化的吸引力，希望他们能了解进而理解美国的制度与政策。迄今已有200多位现任或前任外国政府首脑、1500多位内阁级别的部长以及许多著名的政府和私人组织的领导者参与过该计划的国际交流活动。[2] 与国际访问者计划的邀请外国人访美的形式相反，和平队是约翰·肯尼迪（John F. Kennedy）总统于1961年设立的向海外派遣志愿者的政府机构。为了达到“促进世界和平与友谊”的使命，和平队有如下三个非常简明的目标：（1）帮助那些对和平队有兴趣的国家和地区满足它们对训练有素人员的需求；（2）帮助促进接受服务的那些民族的人更好地了解美国人；（3）帮助促进美国人

① 张立平：“富布赖特与中国”，载《南风窗》，2005年第15期，第66页。

② 参见美国国务院主页：http：//exchanges. state. gov/education/ivp/overview. htm（2007－03－21）。

更好地了解其他各族人民。[1] 截至2007年9月30日，共有19万名美国人作为志愿者在139个国家从事过志愿服务。目前有8000多名志愿者在74个国家和地区参与教育、健康、商业、农业等项目。[2] 和平队常被不少学者视为美国推行遏制战略的冷战工具，但实际上，它因肯尼迪政府设立和平队时的非冷战动机、和平队组织自身超越冷战的努力以及和平队员在海外服务期间所展现的独立性等因素而具有了超越冷战的一面。[3]

此外，美国政府开展的许多国际教育文化交流活动，如图书项目、对外英语教学、美国教育交流中心等等，也都以丰富多彩、各具特色的形式向世界上其他国家和地区积极传播美国的制度文化，大力宣传美国的外交政策。

二、美国公共外交大战略的四大发展阶段

美国公共外交活动的雏形，在中国学者韩召颖看来，甚至可以“追溯到200多年以前殖民地晚期和美国建国初期的开国元勋本杰明·富兰克林（Benjamin Franklin）和托马斯·杰斐逊（Thomas Jefferson）的外交活动”。[4] 他们二人在出使英、法两国时与当地知识分子广泛进行交往，经常发表演讲，积极宣传和介绍北美人民为自由、民主和独立事业而展开的斗争，为赢得英法两国民众对美国的同情与支持发挥了重要作用。但总体而言，截

---

① 参见和平队主页：http：//www. peacecorps. gov/index. cfm？shell = learn. whatispc. mission（2007－05－15）。

② 同上。

③ 赵红权：“超越冷战：神话还是现实？——非冷战视角下的美国和平队（1961—1974）”，北京大学硕士学位论文，2005年5月，第1页。

④ 韩召颖：《输出美国：美国新闻署与美国公众外交》，第40页。

至20世纪30年代初，美国政府在对外文化关系活动中介入较少，也没有一个较为明确的对外文化关系战略。

美国公共外交大战略的调整与转变大体可以分为四个阶段。20世纪30年代末至1945年二战结束为第一阶段，针对纳粹德国在拉丁美洲开展的“文化攻势”，美国迅速展开了一系列公共外交活动予以反击。1946年冷战开始至1991年冷战结束为第二阶段，美国公共外交活动的重点是对抗苏联在世界范围内的扩张与宣传，意识形态色彩较为浓重。冷战结束至2001年“9·11”事件为第三阶段，由于东欧剧变、苏联解体，美国赢得了冷战，公共外交被认为不再重要甚至不再需要，预算连年减少，机构也被合并入国务院。“9·11”事件以后至今为第四阶段，恐怖袭击事件击碎了美国上上下下的迷梦幻境，各界有识之士纷纷呼吁政府高度重视公共外交的能动作用，美国公共外交重新勃发生机。

（一）防守反击阶段（20世纪30年代末至二战结束）

20世纪30年代，纳粹德国在拉丁美洲展开了咄咄逼人的“文化攻势”。美国视之为对其政治后院的巨大威胁，迅速针锋相对地对拉丁美洲国家开展了一系列公共外交活动，人员往来和文化交流非常密集。1938年，国务院在与一些大型慈善机构、教育和文化团体进行密切磋商之后宣布设立文化关系处，其职责在于“为政府领导层在制定和执行那些意在增强美国与其他国家的文化联系的有效的、协调的、长期的努力提供便利”，并表示希望依靠私人组织作为文化关系处发起公共外交项目的重要伙伴。①

---

① Milton C. Cummings, *Cultural Diplomacy and the United States Government: A Survey, 2003*, p. 2.

珍珠港事件以后，为了有效抗击德国和日本法西斯在欧洲和亚洲地区的侵略暴行，1942 年罗斯福总统对负责对外新闻、文化活动的机构进行了调整和重组，将其合并成立了战时信息局(Office of War Information)。尽管战时信息局在宣传美国的对外政策时具有浓重的意识形态色彩，但其采用心理战战术配合美国的军事行动，对摧毁德日法西斯的士气，赢得战争胜利发挥了一定的作用，也为战后美国政府的对外宣传和文化交流活动在组织、机构、人员等方面奠定了基础。[①]除了与同盟国开展军事和经济合作之外，美国还与同盟国之间全面展开了教育文化合作，以反击德日的反动宣传和教育文化殖民行为。1941 年至 1943 年，美国共在 22 个驻外使馆设立了文化事务官（Cultural Relation Officer)，专司与所在国开展各种交流项目。[②]

（二）冷战对抗阶段（1946 年冷战伊始至 1991 年冷战结束）

二战的“热战”硝烟刚刚散去，美国和苏联旋即进入了延续长达半个世纪的冷战对峙状态。战后国际秩序和时代背景发生了深刻的变化，美国公共外交活动在这一时期也最为活跃。

1946 年，富布赖特法案催生了迄今世界上规模最大的一项公共外交项目——富布赖特项目。1948 年，美国国会通过了《史密斯—蒙特法案》，国会第一次授权政府在和平时期在全球范围内进行信息、教育和文化交流活动，该法案是对《富布赖特法案》的增强与扩充，它为包括富布赖特项目在内的美国公共外交活动的展开提供了重要的法律依据。

① John W. Henderson, *The United States Information Agency* (New York: Prager Publishers, 1969), pp. 28 – 36.

② 胡文涛：“美国对华文化外交的历史轨迹与个案分析——宗教与国家的二元使命”，暨南大学博士学位论文，2005 年 10 月，第 36 页。

1948 年第一次柏林危机中，以美国为首的西方国家与苏联之间发生了直接的军事对峙，掀起了战后东西方关系上的第一次冷战高潮。在此背景下，杜鲁门总统于 1950 年 4 月宣布发动一场“真理之战”（Campaign of Truth），以与苏联在世界范围内争夺人的思想和心灵（to win mind and heart）。他宣称：“自由事业今天正在全世界受到帝国主义式的共产主义力量的挑战，比其他一切都更重要的是，这是一场争夺人的思想和心灵的战斗。宣传是共产党国家在这场战斗中使用的最有力的武器之一，欺骗、歪曲和谎言被他们系统地用来为精心策划的政策服务。……这种宣传只能被人们所信任的报纸、广播以及其他渠道提供的浅显明了、不加文饰的真理所击退。”① 同年 6 月朝鲜战争爆发更是加剧了美苏两大阵营之间的冷战，美国对外信息活动的实质已发生了显著的变化，从强调让全世界准确、公正地了解美国社会文化转变为更加注重十足的意识形态宣传。

20 世纪 50 年代初，由于麦卡锡主义（McCarthyism）在美国国内肆虐，公共外交活动也受到了较大的冲击而难以满足新形势发展的需要。艾森豪威尔遂决定设立一个独立的专门机构来全面负责美国的公共外交活动。1953 年 8 月美国新闻署（USIA）成立，除教育交流项目保留在国务院，其他包括“美国之音”在内的所有宣传机器、文化机构都归其领导，这是美国公共外交趋于稳定的一个重要标志。美国新闻署的任务是向外国公众解释和宣传美国的政策，介绍与传播美国政治经济制度与社会文化，并就外国公众对美国政策的反应向政府决策者提供必要的咨询，目的是为了赢得外国公众对美国政策的了解、理解乃至支持。

在肯尼迪政府时期，美国国会于 1961 年 9 月通过了《教育

---

① John W. Henderson, *The United States Information Agency*, p. 44.

与文化相互交流法案》（Mutual Educational and Cultural Exchange Act，Public Law 87－256），又称《富布赖特—海斯法案》（Fulbright-Hays Act）。《富布赖特—海斯法案》经肯尼迪总统签署成为法律，法案最突出的地方就是为美国国际教育文化交流活动提供可靠的政府经费保障。它吸收了《富布赖特法案》、《史密斯—蒙特法案》的主要内容，扩大和加强了美国对外各种文化交流活动的范围和灵活性，成为美国公共外交逐步迈向成熟的一个里程碑，至今仍然是美国政府开展公共外交活动的重要法律依据。1963年1月肯尼迪总统特别发布了一项行政命令，主张美国新闻署应更为积极地参与美国对外政策的制定和实施，重申美国新闻署的使命是“帮助实现美国对外政策的目标”，方式是通过“影响其他国家的公众舆论”，并“就外国公众舆论对于美国现行的和拟行的政策、项目、官方声明等的反响向总统及其在国外的代表和各政府部门提出建议”。[①] 此外，肯尼迪总统任期内还创建了著名的和平队组织（Peace Corps），政府招募美国的年轻人到世界各地，尤其是第三世界国家进行英语教学和卫生服务等志愿活动，总体上受到了受援国的热烈欢迎，为美国在海外良好的国家形象的构建做出了较大的贡献。

随着美国陷入越南战争的泥淖日深，公共外交被美国政府用作政策工具的实用主义特征表现得尤为突出：一方面，包括美国之音在内的主要对外信息传播活动的都集中火力为美国政府的对外政策及战争行为大加辩护，对苏联及北越政权的邪恶与威胁横加指斥；另一方面，由于战争军备投入不断加大及美国国内反战运动日益高涨，用于国际教育文化交流的政府预算被大幅压缩，

① Gifford D. Malone, *Political Advocacy and Culture Communication: Organizing the Nation's Public Diplomacy*, pp. 19－20.

严重影响了国际教育文化交流活动的展开。越南战争还赋予了美国新闻署一个新的特殊使命，它“要负责协调美国在越南所有的心理战略活动”。[1] 而越南战争也给予了美国新闻署一个惨痛的教训，那就是“仅靠宣传是不会使原本糟糕的政策一下子变得广受欢迎的”。[2] 可以看出，这一时期的美国公共外交明显产生了一定程度的扭曲。美国的一些有识之士意识到，在20世纪60年代不结盟运动兴盛、第三世界崛起的国际新形势下，有必要对美国的公共外交活动在政策上、组织上进行适时适度的调整。

1978年，宣扬“人权外交”哲学的卡特总统在吸收一些专门委员会、听证会对于机构改革意见的基础上，不顾许多政界人士的批评与反对，对主管美国公共外交的机构进行了大幅调整重组，将美国新闻署与国务院教育与文化事务局的职能合并，成立了“美国国际交流署”（United States International Communication Agency,. USICA）。美国之音仍然保留在该机构中，同时还改组成立了美国公共外交咨询委员会（United States Advisory Commission on Public Diplomacy）。卡特政府除在管理机构上进行调整外，还明确提出美国国际交流署的使命应不同于其前身美国新闻署，指出美国国际交流署负有双重职能，一方面“向世界宣传美国的社会与政策，特别是我们所信奉的文化多元主义与个人自由”。另一方面“为美国人民提供世界各地的信息，丰富我们自己的

① 韩召颖：《输出美国：美国新闻署与美国公众外交》，第105页。

② Thomas C. Sorensen, *The World War: The Story of American Propaganda* (New York: Harper and Row, 1968), p. 292.

文化，搭建起与其他国家之间解决问题的理解基础”。[①] 卡特强调的第二点常被称为“第二使命”（the Second Mandate）[②]，主张美国公共外交活动能成为一个真正的双向交流的过程，尽管这一目标在其任内并没能取得实质性的进展。

20世纪80年代初，里根总统上台，为了平息美国国内对前几任政府对苏缓和政策的批评，他对美国的对外政策进行了重大调整，采取以对抗为主、缓和为辅的强硬立场，试图遏制苏联的扩张势头，争夺世界霸权。为此，里根任命其密友查尔斯·威克（Charles Z. Wick）为美国国际交流署署长，并于1982年8月将美国国际交流署（USICA）改回其原来的名称——美国新闻署（USIA）。表面上看来只是机构名称的简单更改，但其实质上表明了里根政府突出公共外交的意识形态功能，意欲在与苏联的意识形态对抗中利用公共外交作为其冷战政策的宣传工具。威克赞同里根公开指责苏联为“邪恶帝国”（an evil empire）的观点，因而他以抵制苏联共产主义宣传的必要性作为游说国会增加对美国新闻署拨款的正当理由，同时他又利用其与里根总统的亲密关系之便，大大提升了美国新闻署在美国对外政策制定和实施上的话语权和影响力。不过，与卡特政府时期强调美国与外国之间交流的双向性（two-way street）、相互理解（mutual understanding）不同，里根政府时期美国公共外交的重点已经发生了转变，虽然它并未完全放弃着眼于长期的美国国家利益的国际教育文化交流项目，但却更加注重美国公共外交中直接用之于宣传美国外交政策的对外信息传播职能。由于里根政府对美国公共外交的高度重

① Juliet Antunes Sablosky, “Reinvention, Reorganization, Retreat: American Cultural Diplomacy at Century's End, 1978 - 1998,” *The Journal of Arts Management, Law and Society*, Vol. 29, No. 1 (March, 1999), pp. 31 - 32.

② 韩召颖:《输出美国：美国新闻署与美国公众外交》，第122页。

视，财政拨款逐年增加，这为加强美国的对外信息传播与国际教育文化交流活动提供了有利的条件，这一时期甚至被有些学者认为是自美国新闻署设立以来美国公共外交发展的“黄金时代”。①

（三）被边缘化阶段（1991 年冷战结束至 2001 年“9·11”事件）

从 1989 年到 1991 年，国际政治舞台上发生了一连串重大事件，柏林墙倒塌，东欧剧变，苏联解体。冷战在电光火石般的剧变中宣告结束，其变化之迅速、方式之特别、结果之意外几乎是所有西方政治家、学者所始料未及的。对此，英国的一名记者评论道，放弃社会主义制度“波兰花了 10 年，匈牙利花了 10 个月，民主德国花了 10 个星期，捷克斯洛伐克也许只要花 10 天时间”。② 冷战刚结束的一段时间，一下子丧失了与之争斗长达半个多世纪的敌人和对手的美国，在外交政策领域显示出几分茫然和些许混乱。

后冷战时代美国的国家利益和外交政策究竟该如何定位？对此，美国的决策者和研究者都必须面对这一课题。很快，美国国内的保守主义势力重新抬头，出现了新的孤立主义思想。福山等一些学者宣称已然出现了“历史的终结”：冷战以苏败美胜收尾标志着意识形态斗争已经终结，资本主义已经战胜共产主义并成为人类最后的意识形态。在这种大的氛围下，美国政府的高层决策者认为，公共外交已经完成其使命而在冷战结束以后不再被需要，公共外交在美国外交政策中开始迅速被边缘化。在 1992 年

① Fitzhugh Green, *American Propaganda Abroad* (New York: Hippocrene Books, 1988), p. 200.

② 转引自张玉国：《国家利益与文化政策》，广东人民出版社，2005 年版，第 174 页。

的美国总统大选期间，人们关心的主要是美国的国内问题，外交政策几乎没有引起美国公众的认真关注，克林顿用来批评老布什政府政策的一句著名竞选口号就是“蠢货，经济才是关键!”(It's the Economy, Stupid!)。最终克林顿赢得了大选，入主白宫，在其担任第一任总统期间，美国公共外交的项目和经费均被大幅削减。

在克林顿总统的第二个任期里，美国国会仍一再要求改组政府机构、减少政府职员、压缩政府开支。为了缓解这些压力，主管美国公共外交事务的美国新闻署出台了1997—2002年战略计划（USIA Strategic Plan，1997 - 2002）[①]，主动进行一些内部调整和改革。例如，为了减少人员和开支，美国新闻署充分利用互联网和海外信息资源中心将美国外交档案与政策声明等建成网络资源数据库、大量发行电子期刊、开发全球联网的电视电话会议直播各种学术讲座或专家座谈会的实况，为外国公众了解美国提供便利，以实现“将美国的故事告知世界”的政策意图。[②] 但这些改革并没能打动国会共和党议员的心，1998年国会向美国新闻署拨款不足1993年的30%，工作人员的编制减少了29%。[③] 这种局面对美国公共外交活动的展开产生了非常直接的负面影响。

1997年4月，副总统戈尔正式宣布将美国新闻署并入国务

① 详见藏于伊利诺伊大学芝加哥分校（University of Illinois at Chicago，UIC）联邦寄存图书馆有关美国新闻署的历史资料。Available at：http：//dosfan. lib. uic. edu/usia/abtusia/stratplan/pland. htm（2007 - 10 - 12）。

② Juliet Antunes Sablosky，“Reinvention，Reorganization，Retreat：American Cultural Diplomacy at Century's End，1978 - 1998，” p. 40.

③ U. S. Information Agency，*Program and Budget in Brief*：*Fiscal Year 1998*（Washington D. C.，1997），p. 11. 转引自胡文涛：“美国对华文化外交的历史轨迹与个案分析——宗教与国家的二元使命”，第45页。

院，其职能移交国务院教育与文化事务局，国务院新设一个负责公共外交的副国务卿职位。根据为期两年的改组方案，美国新闻署已于1999年10月1日完成合并而不复存在，同日，伊夫林·利伯曼（Evelyn S. Lieberman）作为美国政府首任负责公共外交与公共事务的副国务卿宣誓就职。对此，美国的不少政界人士和民间组织尽管无力改变这一既成事实，仍纷纷发表看法，主张美国外交机构的改组虽是为了适应新的国际形势而有其必要性，但未来美国的公共外交只能加强而不能削弱，至少也应该继续维持在现有水平上。①

尽管美国新闻署并入国务院使其丧失了作为一个独立的联邦政府部门的地位，直接导致了美国公共外交某些方面的活动有所减少，但这并非意味着美国政府完全放弃了它的公共外交战略。美国新闻署时期的多数活动仍在继续开展，只是其受重视程度较冷战时期相比有所下降，这种状况一直持续到2001年“9·11”恐怖袭击事件发生之前。

（四）重焕生机阶段（“9·11”事件后至今）

2001年9月11日，在美国本土，伊斯兰极端恐怖主义分子劫持数架民航班机撞毁纽约世界贸易中心双子塔等几处标志性建筑，造成了巨大的财产损失和人员伤亡，也打破了美国人心中“美军力量无可匹敌、美国本土绝对安全”的神话。“9·11”事件无疑可以看作是国际关系中一个历史的分水岭，也是美国公共外交史上一个重要的转折点。

这一史无前例的血腥事件在令整个世界都在深思“为什么美国会被仇视?”的同时，也使美国人开始反思其对外政策，许

① 韩召颖：《输出美国：美国新闻署与美国公众外交》，第145页。

多政界名流、智囊机构和学界精英纷纷建言献策，呼吁政府重新审视公共外交的重要性和必要性，加大对公共外交的支持与投入，以改善美国在国际社会中的国家形象从而保护美国的安全与利益。在这种情况下，公共外交在很大程度上扭转了冷战结束以来日益被边缘化的颓势，迅速焕发生机，重返外交舞台。

“9·11”事件之后，美国公共外交的重心在于打造美国国家形象、打击国际恐怖主义，其目标主要指向中东地区和伊斯兰国家。2001年10月10日，在众议院国际关系委员会举办的一场名为“公共外交在反恐行动中的作用”听证会上，许多议员指出，“对恐怖主义的战争不仅要通过强硬的军事手段，而且要通过具有进攻性的公共外交方式去反击海外对美国的扭曲认识”。[①]小布什政府迅速采取了一系列大的举措，以图重振美国的公共外交。在白宫设立分管公共信息的“战争室”（War Room），配合政府处理国内外的日常情报和信息，向世界推销反恐战争，并联合英国、巴基斯坦建立了联合信息中心（Coalition Information Center），旨在与盟国一起合作反恐；成立了“全球外交办公室”（Office of Global Diplomacy）、“全球交流中心”（Office of Global Communication）及“战略影响办公室”（Office of Strategic Influence）三个机构以协调美国公共外交、反击国际恐怖主义。[②]小布什总统还提名在美国广告业中享有“品牌制造皇后”美誉的夏洛特·比尔斯（Charlotte Beers）女士出任主管公共外交与公共事务的副国务卿，着力在海外打造一个良好的美国国家形象。此外，2002年3月，美国设立了针对中东地区的萨瓦电台（Ra-

① “Beers, Legislators Say Public Diplomacy Vital in Fight on Terror,” Available at: http://usinfo.state.gov/topical/pol/terror/011010014.htm (2003-12-11)。

② 程亮：“中国公共外交析论”，广东外国外贸大学硕士学位论文，2006年6月，第15—16页。

dio Sawa)，使用阿拉伯语进行每天 24 小时广播，内容主要是西方和阿拉伯新闻和音乐节目，覆盖 FM、AM、短波、卫星频道和互联网等所有媒介。[①] 随着美国先后发动了阿富汗战争和伊拉克战争，公共外交更是转变为美国政府的一项“赢取民心”工程，肩负着向外国公众解释和说明美国进行反恐战争的正义性、合理化的使命，极力展示美国的软实力和试图重塑美国的国家形象。而当前的奥巴马政府更是紧紧跟进时代的发展步伐，注重运用网络外交来向外国公众主动宣传推销美国的国家形象及内外政策。

第二节　美国对华公共外交战略

在 20 世纪 30 年代以前，中美两国 100 多年的历史交往与文化交流是在美国国力逐步上升而中国国力渐趋衰落的力量对比下展开的。“以宗教文化渗透为内容的美国对华文化活动是一种文化攻势（cultural offensive）。而因为国力衰退、思想保守的清政府在无法捍卫自己的文化主权的情况下面对西方列强的文化进攻只能采取文化自卫（cultural defensive）或者文化自强。”[②] 不过，中美这 100 多年的往来互动严格来说还不属于公共外交的范畴，而只能被宽泛地看作是一种文化交流关系。一般认为，1938 年美国在国务院设立文化关系处是美国政府开始投身于实施公共外交活动的标志，因此本研究也将其视为美国对华公共外交的逻辑

① 张玉国：《国家利益与文化政策》，第 176 页。

② 胡文涛：“美国对华文化外交的历史轨迹与个案分析——宗教与国家的二元使命”，第 50 页。

起点。

作为美国公共外交整体战略的重要组成部分之一，美国对华公共外交的发生、发展，不仅会受到美国公共外交大战略调整或政策转变的影响，更与中美两国关系的实际发展状况息息相关。下面将主要从中美关系互动的角度，来考察美国对华公共外交战略在不同历史阶段的基本态势。

一、双向合作阶段（二战期间至新中国成立）

尽管1938年美国已成立了文化关系处，但截至1941年，美国公共外交活动一直局限于拉美地区，在那之后才逐步将其触角伸到了西半球之外，首先触到的就是中国。[①] 1937年抗日战争全面爆发之后，中国成为世界反法西斯战争的主战场之一；而1941年珍珠港事件发生之后，美国也全面卷入第二次世界大战，中美两国进而发展成为世界反法西斯战争的友好盟国。美国“在远东的主要目标是在首先打败德国的全面战略中实现日本的无条件投降”，“为了达到这一目的，美国遵循了一条拖住中国的政策，以便在共同作战的努力中，最大限度地利用中国的军事潜力和地理上的战略位置”。[②] 国务卿科德尔·赫尔（Cordell Hull）后来在他的《回忆录》中写道：“我们在中国有两个目标：第一个目标是采取共同行动，有效地进行战争。第二个目标是在战争之中和战争之后，承认中国是大国，她享有与强大的西方盟国——俄国、英国和美国平等的地位并得到复兴。这不仅是

① Wilma Fairbank, *America's Cultural Experiment in China 1942 – 1949*, p. 5.

② ［美］邹谠著，王宁等译：《美国在中国的失败，1941—1950》，上海：上海人民出版社，1997年版，第30页。

为建立战后的新秩序作准备，而且是为了在东方实现稳定和繁荣。”[①] 正是在二战的这种背景下，美国出于其自身对于远东利益及国际格局的综合考量，不仅向中国提供了大量的军事援助、经济援助，同时还通过多种形式与中国展开公共外交上的双向合作。

1941年5月，罗斯福总统批准《租借法案》（Lend-Lease Act）适用于中国，由此中国开始得到美国的公开援助。同年7月，文化关系处决定设立中国项目，1942年罗斯福总统从其所掌握的总统紧急基金（The President's Emergency Fund）中拨款15万美元专门用于开展对华公共外交活动。文化关系处中国项目的预算1942年为50万美元，1943年则增至70万美元。[②]

信息传播方面。除了美国之音在开播伊始即开通了对华广播节目外，主要是通过赠送图书、报刊杂志及电影作品等方式来实施。1938年6月，美国图书馆协会（American Library Association，ALA）这家私人机构应中国北平国立图书馆馆长袁同礼的邀请，向中国捐献了2.5万册图书。[③] 美国图书馆协会的经验给了文化关系处莫大的启发，自此美国开始有意识地以图书、报刊、电影及缩微胶卷等这些有形载体形式对中国开展公共外交活动。例如，1944年3月美国副总统华莱士来华访问时的专机就特地携载了大约640磅的“书籍、地图、动画片、艺术复制品及实验设备等”，这些是国务院文化关系处应驻华使馆的要求打算

---

① 转引自［美］邹谠著，王宁等译：《美国在中国的失败，1941—1950》，上海人民出版社，1997年版，第30页。

② Gary E. Kraske, *Missionaries of the Book: The American Library Profession and the Origins of United States Cultural Diplomacy* (Westport, CT: Greenwood Press, 1985), pp. 94－95.

③ 胡文涛：“美国对华文化外交的历史轨迹与个案分析——宗教与国家的二元使命”，第55页。

送给中国的。[①] 其后，美国的多名官员在来华时也都像华莱士那样随机携带了不少用来赠给中国的书籍。1944 年，美国国务院拨款 10 万美元给美国图书馆协会用于购买和运输图书、期刊等送给中国的大学、医学院和研究所。截至 1947 年 12 月 31 日，美国图书馆协会从近万条的书目中，选出了医学类的每种 20 册、其他学科的各 10 册以及 1945 年至 1947 年间的期刊 1，100 多种运抵中国。[②] 美国还利用其设在驻华使馆的美国信息服务中心（American Information Services）借阅图书、放映电影以及发行《中国评论周报》（China Weekly Review）等报纸，积极传递美国社会生活的正面信息，其中美国电影的渗透力和影响力尤其显著。美国之音对华广播在后文里将有详述，这里先不赘论。

教育文化交流方面。由于受日本全面侵华战争影响，1938 年至 1941 年间中美教育文化交流受到严重影响。中美成为战时盟国之后，出于国民党政府与美国政府的各自盘算与相互借重，教育文化交流事业得到两国政府的大力支持，1945 年至 1949 年之间出现了一股赴美留学热潮。一份统计表明，“1948 年，在美国大学的中国学生有 2710 人，分布于全美 45 个州；1949 年，中国留美学生比上年增长了 40%，达到 3797 人，成为近代留美运动的最高峰”。[③] 这期间特别值得一提的应该要算是 1947 年 11 月 10 日美国驻华大使司徒雷登与中华民国外交部长王世杰代表两国政府在南京签订了《教育交流协议》（Educational Exchange Agreement），启动了世界上第一个富布赖特项目。1948 年 8 月至

---

① Wilma Fairbank, *America's Cultural Experiment in China 1942 - 1949*, p. 52.

② Ibid., p. 54.

③ 元青：“民国时期的留美学生与中美文化交流”，载《南开学报》（哲学社会科学版），2000 年第 5 期，第 64 页。

1949 年 8 月，共有 27 名美国的学者和学生来到中国研究和学习[①]，同时也有 24 名中国的学者和学生赴美从事研究和学习[②]。鉴于后文对中美富布赖特项目将有专门论述，此处亦只点到即止。此外，美国还通过其在华的教育文化机构尤其是教会组织及教会学校，直接在中国兴办教育，传播基督教教义、介绍西方科学知识及美国生活方式等，并对中国共产党控制的地区进行尝试接触，这些举措无疑都在一定程度上“对亲美的中国知识分子的储备做出了贡献”。[③]

由于美国政府坚持其扶蒋反共的政策，无论是赫尔利使华，还是马歇尔调停，都是在这一基本原则指导下行事的。不过 20 世纪 40 年代末期中国的革命形势已非美国所能左右，与国民党政权的节节败退形成鲜明对照的是，中国共产党的势力得到了快速的扩大和巩固。尽管后来杜鲁门政府对蒋介石政权也失去了信心，减少了对其的援助，并试图从中国内战中“脱身”，但美国对华政策的实质并未改变。在 1949 年底之前，美国对刚刚宣布成立的中华人民共和国采取了观望的态度，并阻止美国的其他盟国承认新中国，此即国务卿艾奇逊所谓的“等待尘埃落定”策略。[④] 在这种剑拔弩张的对立下，美国对华公共外交的密切双向合作阶段宣告结束。

---

① “First Fulbrights,” *Time Magazine*, February 2, 1948.

② “First Grantees under the Fulbright Act, P. L. 584, signed August 1, 1946,” *Memorandum for the File, 10/29/1963*, Special Collections, Mullins Library, University of Arkansas (Fayetteville), Box 103, File 15, p. 1.

③ Beverley Hooper, *China Stands Up: Ending the Western Presence, 1948 - 1950* (Sydney: Allen & Unwin Pty., 1986), pp. 16 - 17.

④ 王晓德：《美国文化与外交》，第 368 页。

二、单向输出阶段（朝鲜战争至中美关系正常化）

新中国成立后，以美国为首的西方资本主义国家对其极端敌视，不仅在外交上对其不予承认、继续承认已退守台湾的国民党政权，而且实施军事、经济乃至文化上的封锁政策。与此同时，在冷战的国际大背景下，中国共产党领导下的新中国也审时度势，主动选择了向以苏联为首的社会主义阵营"一边倒"的方略，于1950年2月与苏联签订了《中苏友好同盟互助条约》。由于中美关系实际处于一种僵硬的冷战对抗状态，直接的教育文化交流与人员往来已无可能，而后随着两国国内形势的深刻变化，美国对华公共外交在这一时期呈现出的特征总体表现为美国向中国的单方面的信息输出，除了通过美国之音不断向中国地区大肆播送"乱国之音"外，美国还努力寻求通过其他途径去影响中国公众。

1949年国共政权发生更迭前后，中国有大批的留学生滞留在美国，或因战事或因经济等各种原因而无法返国。美国政府对这批滞留在美的中国留学生给予了极大的关注，试图通过与他们建立起紧密的联系进而对中国未来的经济和政治发展施加美国的独特影响，并在一定程度上抵消苏联对中国青年一代的意识形态灌输。[①] 为此，美国国会先后在1949年、1950年授权总统拨款400万美元、600万美元作为紧急援助款（Emergency Aid），用

① Taifa Yu, "A Neglected Dimension of Sino-U. S. Cultural Relationship: Cultural Exchanges, Cultural Diplomacy and Cultural Conflicts Since 1979," (Ph. D. Dissertation), University of South Carolina, 1988, p. 32.

于支付滞留在美的中国留学生的学费、生活费及返国旅费。[①] 而为了获得这笔援助款，受援的中国留学生必须签署一份声明，"一旦有可能将我在美国所学到的知识和技能运用到中国的经济重建中，我将马上回到中国"。[②] 美国的用意几乎显而易见，因为如果这些留美学生不回到中国，其立足未来影响的计划就要落空。这一政策一直持续到1950年9月，几乎惠及当时在美的所有中国留学生。

不过，在1950年10月朝鲜战争爆发、中美两军在朝鲜战场上兵戎相见之后，美国政府的态度立刻发生了180度的大转弯。美国一改要求中国留美学生学成回国的政策，严密监视中国留美学生的行动，美国司法部移民局并发布"禁止中国学生出境之命令"，规定所有理、工、医、农等学科的中国留美学生一律不准回国，违者将"被判处5000美元以下的罚金或5年以下的徒刑，或同时予以两种处分"。[③] 其后更是发展到公然以"于美国不利"为由，极力阻挠那些在美国受过原子能、火箭及武器开发等教育并希望回到新中国的留美学生如钱学森、赵忠尧等人离美返国的正当权利。[④] 有的学者认为，美国采取这些措施的目的是着眼于在一个战乱时期"为中国储存潜在的政治领袖，他们

① International Educational Exchange Service, Department of State, *The Program of Emergency Aid to Chinese Students 1949 – 1955* (Department of State Publication 6343, Released June 1956), pp. 25 – 26.

② Joyce K. Kallgren and Denis Fred Simon, *Educational Exchanges: Essays on the Sino-American Experience*, p. 27.

③ 李滔主编：《中华留学教育史录：1949年以后》，北京：高等教育出版社，2000年版，第35页。

④ 王炳南：《中美会谈九年回顾》，北京：世界知识出版社，1985年版，第28页。

有朝一日会在中国重建一个对美国友好的政权做出实际性贡献”。[①] 这种论断似是而非，虽然并不能完全排除美国此举有些许可能出于对将来“实际性贡献”方面的盘算，但在当时，美国政府更不愿看到这些在美国受过严格训练的专门人才回到中国大陆为新中国的建设贡献才智。

在与中国大陆的直接联系中断之后，美国迅即加紧在香港、台湾等大陆外围地区展开针对中国的公共外交活动。20 世纪 50 年代初期，美国通过香港将成千上万本《时代》(Time)、《生活》(Life) 以及《新闻周刊》(News Week) 等杂志设法运入中国大陆分送给个人或者学术机构，以便“美国的思想”(American Ideas) 仍然可以传递到中国。例如《读者文摘》(Readers' Digest) 送到南京大学、圣约翰大学和苏州大学。《今日美国》(America Today),《美国今日画报》(America Today Pictorial) 等送到中国大陆近 500 个机构，包括教育和商务领域的主要机构。[②] 1957 年 11 月 30 日，美国政府与台湾当局在台北签署了关于富布赖特项目的换文 (Exchange of Notes)，在台湾地区也启动了富布赖特交流项目。1958 年至 1973 年间，共有 176 名美国教授在台湾进行教学和研究，同时有 336 名中国台湾的学者和学生前往美国教学、研究和学习。[③] 台湾中央研究院的一名研究学者认为，美国这样做有利于“在台湾社会、政治的领袖阶层中，培养一大批亲美人士，以维持甚至扩大美国在台湾政治、社会中之影响力，特别

---

① Taifa Yu, “A Neglected Dimension of Sino-U. S. Cultural Relationship: Cultural Exchanges, Cultural Diplomacy and Cultural Conflicts Since 1979,” p. 34.

② U. S. Department of State, Distribution to Communist China, March 1, 1950. 转引自胡文涛：“美国对华文化外交的历史轨迹与个案分析——宗教与国家的二元使命”，第 59 页。

③ Norman Wood and Walter Hugins, “The Fulbright Program in the Republic of China, 1947 - 1973”, p. 128.

是刻意培植华府与本省政治、社会领袖之友谊与特殊关系”。[①]

在美苏冷战争霸的国际背景下，美国政府视新中国为苏联的“附庸”。杜勒斯1957年6月28日在旧金山的一次关于对华政策的长篇演说中强硬表示不承认中华人民共和国，坚持对中国实行禁运，不与新中国发生文化交往的立场，指责中国“破坏它的国际义务”，“有连续进行武装侵略的记录”，甚至宣称“我们可以有信心把这样一种假设作为我们政策的根据：国际共产主义强求一致的统治，在中国和其他地方一样，是一种要消逝的，而不是一种永久的现象”，美国应该尽其所能使“这种现象消逝”。[②]到了肯尼迪政府和约翰逊政府时期，美国尽管不再将中苏关系看作是铁板一块，但依然没有从根本上改变遏制中国的政策。由于美国受越南战争所困以及中国受“文化大革命”所扰，尽管美中两国的一些非政府组织和个人在这期间进行了一些尝试性接触和零星的交流，但美国对华公共外交更多只限于美国之音对华广播那种单向的“狂轰滥炸”，这种状况大体持续到了1972年尼克松总统访华。

1971年4月，美国乒乓球队访问中国，中国总理周恩来亲自接见美方代表团全体成员时说，“你们这次应邀来访，打开了两国人民友好往来的大门。我们相信中美两国人民的友好往来将会得到两国人民大多数的赞成和支持”，这可谓是中国政府把握时机对美国公众实施了一次别开生面的公共外交活动。[③]“乒乓

① 趙綺娜：《美國政府在臺灣的教育與文化交流活動（一九五一至一九七〇）》，载《歐美研究》，民國九十年三月第三十一卷第一期，第80页。

② ［美］杜勒斯著，世界知识出版社编辑：《杜勒斯言论选辑》，北京：世界知识出版社，1959年版，第306—314页。

③ “中美关系30年图片展”，详见中国外交部网站：http：//www.fmprc.gov.cn/chn/premade/26714/sino-us2.htm（2007-04-03）。

外交”令整个世界为之瞩目，还演绎了“小球转动大球”的佳话。1972年2月21日至28日，美国总统尼克松在美中外交关系中断23年之后访问了中国，正如尼克松在其回忆录中所说的，“一个时代结束了，另一个时代开始了”。[①] 1972年2月28日，作为尼克松总统此次访华之旅的成果，中美在上海发表了《中美联合公报》（又称《上海公报》），中美关系开始踏上正常化的进程，这也为重启中美之间的文化交流提供了政治基础。

在《上海公报》精神的指引下，美国政府指定“与中华人民共和国学术交流委员会”（The Committee on Scholarly Communication with the People's Republic of China，CSCPRC）这一非政府组织作为美国与中国进行学术交流活动的美方代表；相应地，中国政府确定“中国科学技术协会”（The Scientific and Technical Association of the People's Republic of China，STAPRC）作为负责与美国开展学术交流事宜的中方机构。[②] 尽管随后尼克松总统因涉“水门事件”而下台，中美未能实现更早建交，在两国政府的默许或推动下，在许多非政府组织和个人的支持和努力下，20世纪70年代中美之间的文化交流以一种“名为民间自发，实乃官方促成”的形式取得了较快的进展。例如，1972年4月，中国乒乓球队回访美国，受到美国人民的热烈欢迎，并在白宫受到了尼克松总统的接见；1973年9月，世界著名指挥大师小泽征尔率费城交响乐团访华，数千名中国观众陶醉在久违了的贝多芬的乐声中，等等。“1972年至1976年，大约有1.2万名美国人

① ［美］尼克松著，裘克安等译：《尼克松回忆录》（The Memoirs of Richard Nixon），北京：世界知识出版社，2001年版，第672页。

② “Hearing on U. S. Scientific Exchange Program with China Subcommittee on Science, Research, and Technology”, *Testimony by Chairman of CSCPRC Lewis M. Branscomb in the House of Representatives*, Monday, May 7, 1979, p. 1.

访问了中国，其中大多数为科技界人士，其中有一大批是对美国科技做出重大贡献的美籍华裔科学家”，如诺贝尔奖得主杨振宁博士等；与此同时，“有700多位中国科学家、教育界人士访问了美国，其中大部分是受过西方教育”，如著名社会学家费孝通先生等。①

然而，毕竟中美两国此时尚未正式建立起外交关系，故自20世纪50年代初至70年代末这二十多年时间里，美国对华公共外交总体上仍然可以看作是美国针对中国大陆单向输出的“努力”。

三、恢复稳定阶段（中美正式建交至冷战结束）

1978年10月，也就是中美建交前夕，以中国科学技术协会主席周培源为首的中国教育代表团访问美国，与美方签订了《中美关于交换学生和学者的谅解书》（The Understanding on Exchange of Students and Scholars Between the People's Republic of China and the United States），中美两国达成互派留学生和访问学者的协议，这是自1949年新中国建立以来中美两国第一次以官方形式宣布进行教育交流。12月15日，首批50名中国留学人员到达美国首都华盛顿，美国对华公共外交开始升温回暖。

1978年12月16日，中美两国政府同时发表了《中华人民共和国和美利坚合众国关于建立外交关系的联合公报》，美国政府在联合公报中接受中国提出的建交三原则：同台湾断交、撤出军队和设施、废除美蒋条约，宣布两国从1979年1月1日起正

---

① 顾宁：“评冷战的文化遗产：中美教育交流（1949—1990）”，载《史学月刊》，2005年第12期，第81—83页。

式建立外交关系，这是两国关系中具有历史意义的重大转折。[1]中美建交后，1月28日至2月5日中国国务院副总理邓小平出访美国。1月31日，《中美文化交流协定》作为中美之间最先签署的三个重要文件之一，确立了两国政府间教育交流与合作的基本框架。此后，为落实该文化交流协定的精神，中美两国又相继签署了6个文化交流执行计划，保证了文化交流与合作沿着互惠互利、平等合作、健康积极的方向发展。1985年7月，中美在1979年1月所签《中美科学技术合作协定》的框架内签署了《中美教育交流合作议定书》，为两国的教育交流合作确定了指导原则、合作范畴和主要内容。

在中国的改革开放进程不断深入及美国里根政府决意与苏联竞赛争霸的时代背景下，美国对华公共外交迅速恢复并开始蓬勃发展，虽然其间中美关系因对台军售等问题起了一些波折，但美国对华公共外交总体发展较为稳定。

新中国成立之后在大陆中断达30年之久的中美富布赖特项目在中美建交后得以迅速恢复，中方每年派遣20名左右人文与社会科学领域的访问学者和研究生赴美研究或攻读学位，相应地，美方每年派遣约20名人文与社会科学领域的学者来华讲学。从1980年到1984年，共有18名中国富布赖特学者赴美讲学，内容涉及中国地理、中国文学、中国历史、中国法律、中文等；同时共有73名美国富布赖特学者来华讲学，内容涉及英语作为第二语言、语言学、美国文学、美国研究、美国历史、教育、法律、经济学、政治学、贸易和图书馆学等多个学科。[2] 此外，中

① “中美关系30年图片展”，详见中国外交部网站：http：//www.fmprc.gov.cn/chn/premade/26714/sino-us4.htm（2007-04-03）。

② David M. Lampton, *A Relationship Restored: Trends in U.S.-China Educational Exchanges, 1978-1984*, p. 191.

美之间还有其他一些交流计划：国际访问者计划自1978年开始在中国实施；休伯特·汉弗莱奖学金项目（The Hubert H. Humphrey Fellowship Program）于1982年开始在中国实施；中国教育部与美国教育部及美中关系全国委员会合作，从1985年开始实施政府代表团交换项目；中美双方还就美国派遣和平队志愿者来华任教的“美中友好志愿者项目”（US-China Friendship Volunteers）于1988年达成了原则协议。①

在美国对华公共外交活动中，图书交流与翻译一直起着十分重要的作用。1980年，美国国会图书馆与中国国家图书馆建立起了馆藏资料相互交流关系。“1981年5月，美国出版商协会、美国大学出版社协会、美国学术协会理事会和美国政府印刷署联合在中国6大城市同时展出1万8千册图书，这是美国在中美复交后首次在中国举行的大型图书展出。”② 中美建交至20世纪80年代中期，美国新闻署挑选了一批美国研究的图书并主持将其翻译成中文，由美国驻华大使馆文化处分赠给中国大陆各高等院校图书馆、研究机构甚至个人，这10多种介绍美国的书籍包括：“《美国历史文献选集》(1985年)，《美国地理简介》(1981年)、《美国经济概貌》(1986年)、《美国政府简介》(1981年)、《杰斐逊传》(1985年)、《杜鲁克：开创企业社会的人》(1985年)、《美国教育的演进》(1984年)、《掌握方向：美国是怎样制定政策的》(1984年)、丹尼尔·布尔斯廷的三部曲《美国人：建国历程》、《美国人：开拓历程》(1987年)、《美国人：民主历程》

① 参见中华人民共和国教育部国际司美大处主页：http：//www.moe-daoa.edu.cn/artlist.php? tid=3（2007-04-29）。

② 胡文涛：“美国对华文化外交的历史轨迹与个案分析——宗教与国家的二元使命”，第66页。

(1988年)等等。”[1] 美国驻华大使馆新闻文化处还从20世纪80年代初就开始编辑出版中文的《交流》季刊，内容涉及美国的政治、经济、艺术、科技教育等，目的是向中国读者全面介绍美国的社会与文化，“在中国高等院校中曾经是中国大学生十分喜欢的了解美国的一份杂志”。[2] 此外，美国还通过亚洲基金会(The Asian Foundation)等非政府机构间接向中国高校赠送美国图书，1986年12月，中国国家教委与亚洲基金会达成协议，同意中国所有的高校都可以接受亚洲基金会的赠书。

美国之音对华广播在中美建交后也取得了较大进展，1981年美国之音在北京设立了记者站，还与中国国际广播电台进行了相互交流，并且其英语教学节目随着中国的对外开放而备受中国广大青年学生的青睐。

但是，1989年春夏之交，中国发生了一场众所周知的政治风波。美国政府事后对中国政府横加指斥并带头在国际社会上孤立中国，中美关系降至了建交以来的最低点。同时，国际方面，20世纪80年代末期，东欧诸国纷纷演变、苏联大厦行将倾覆。在这样的国内国际背景中，美国对华公共外交也即将步入一个新的调整与发展阶段。

四、调整发展阶段（冷战结束以来）

冷战以一种出人意表的方式宣告结束，中国也因对那场政治风波的处置方式而遭致了以美国为首的西方国家的诟病与孤立，但这种状况并没有持续很久，中美关系在实质层面上很快就开始

① 韩召颖：《输出美国：美国新闻署与美国公众外交》，第276页。
② 同上，第283页。

得到恢复。而在冷战结束之初的一段时间里，美国因陶醉于取得冷战争霸的大捷而对开展公共外交热情不再，如前文所述，整个美国公共外交在这一时期处于被边缘化的尴尬境地。毋庸置疑，美国对华公共外交不仅直接受到中美关系的影响，也在一定程度上受到美国公共外交大战略调整的影响。因此，一方面，随着冷战结束以后中美关系日益密切、时有波折、总体向上的发展趋势，美国对华公共外交也处于不断发展之中；另一方面，随着冷战结束以后整个美国公共外交的战略调整和政策转变，美国对华公共外交也处于积极调整当中。简而言之，冷战结束以来的美国对华公共外交进入了一个“调整中发展、发展中调整”的阶段。

中美富布赖特项目在1989—1990年中断一年之后，第二年旋即恢复，不过“自此中国各类赴美人员的受助比例发生了很大的变化，资助重点从1989年前的以研究生为主转变为此后以研修学者为主”，“个中原因既需要联系当时国际国内的政治环境来认识，这种变化也可视为是中美双方经过讨价还价达成的某种妥协”。[①]

1998年6月25日至7月3日，克林顿总统对中国进行国事访问。6月29日，中美双方续签了《中美教育合作议定书》，并签署了《中美两国政府关于在中国实施美国志愿者项目的协议》，同意美方派遣友好志愿者（Friendship Volunteers，实际即是和平队员，应中国政府要求改称此名）来华从事英语教学等工作。根据协议，美中友好志愿者主要在四川、重庆、贵州和甘肃等西部省市大专院校从事基础英语和环保课程的教学，任期两

① 檀有志：“美、日两国对华公共外交之比较研究（1972－2001）”，载北京大学亚洲太平洋研究院编：《亚太研究论丛》（第四辑），北京：北京大学出版社，2007年6月第1版，第233页。

年。“1993 年首批教师来华。2002 年 6 月，第 9 批 85 名志愿者（其中 63 人从事英语教学，22 人从事环境教育）来华任教。目前该项目已累计有 9 批 262 人次来华，分布在 55 所院校工作。”[①] 在帮助这些西部地区的院校提高教育和英语水平以及公众的环保意识等方面，美中友好志愿者的辛勤努力起到了一定的推动作用。

2002 年 10 月江泽民主席访美期间，“时任中国教育部副部长周济（现教育部长）和美国联邦教育部部长佩奇分别代表两国政府于 10 月 21 日在美国首都华盛顿签署《中华人民共和国教育部和美利坚合众国教育部开展网络语言教学合作项目谅解备忘录》”。[②] 中美网络语言教学合作项目（US-China E-Language Learning System，ELLS）通过中美专家合作，应用网络、多媒体和模拟等先进技术，开发出一套国际一流的网上英语和汉语学习及教学系统，为美国中学生学习汉语和中国学生学习英语提供良好的学习资源。[③] 它是中美建交以来双方教育主管部门开展的最具实质性的合作项目之一，对于促进中美两国相互了解和开展教育文化交流及推动两国长期友好具有重要意义。

2006 年 4 月胡锦涛主席访美期间，中美两国政府续签了《中华人民共和国政府和美利坚合众国政府教育交流合作协定》，两国教育部并在该协定的框架下于 2006 年 11 月在北京签署了《关于进一步扩大教育合作与交流的谅解备忘录》。中美两国商

---

① “美中友好志愿者项目”，参见中华人民共和国教育部国际司美大处主页：http：//www. moe-daoa. edu. cn/artread. php? aid = 5（2007 – 05 – 03）。

② “中国与美国教育交流简况”，参见中华人民共和国教育部国际司美大处主页：http：//www. moe-daoa. edu. cn/artread. php? aid = 13（2007 – 05 – 05）。

③ 参见中美网络语言教学合作项目主页：http：//www. ells. edu. cn/（2007 – 05 – 05）。

定将在教育高层磋商机制、语言教学、高层次人才联合培养和联合科研以及基础教育领域进一步加强合作，标志着两国教育合作与交流上了一个新台阶。[①]

美国之音在冷战结束以后也经历了一段调整适应过程，对华广播的论调屡有转换，其背后则是中美关系的起伏变化。“从1989年的政治风波、最惠国待遇、银河号事件、人权斗争、李登辉访美、美国轰炸中国驻南联盟使馆、李文和事件、考克斯报告、南海撞机事件、美国对台军售……一系列不负责任的报道与评论，使美国之音本已不多的公信力一落千丈。”[②] 加之，在手机电视、电脑网络等传播信息的新兴媒介的强势冲击下，中国公众对于广播这一传统媒介的注意力较之以前更为分散了，美国之音对华广播的影响力自然也就在走下坡路。

本章小结

较之于其他西方大国，美国的公共外交实践起步略晚。不过，美国公共外交大战略发展较快，后来居上，美苏冷战对抗更使得公共外交在美国对外政策中的地位得到了较大的强化。美国公共外交大战略先后经历了防守反击、冷战对抗、被边缘化以及重焕生机四大阶段的调整与转变，这些调整与变化基本上都是其时美国政府的决策者依其判定的国内外形势以及自身利益的需要而做出的，其初衷也都可以被看作是为了提高美国对华公共外交的效用进而更好地实现、维护和拓展美国的国家利益，尽管其实际收到的效果并不尽然。

---

① “中国与美国教育交流简况”，参见中华人民共和国教育部国际司美大处主页：http：//www. moe-daoa. edu. cn/artread. php? aid = 13（2007 - 05 - 05）。

② 周庆安：“美国之音‘转战’65年”，载《国际先驱导报》，2007年3月5日。

作为美国公共外交整体战略的一大有机组成部分，美国对华公共外交战略也经历了双向合作、单向输出、恢复稳定以及调整发展这四个阶段的历史演进。随着中美双边关系的起伏跌宕，美国对华公共外交战略的演进脉络呈现出较为明显的阶段性特征，针对公共外交运作过程中出现的预期目标与实际效果之间的错位不断地进行相应的调适。有鉴于公共外交在内容上大体包含信息传播与教育文化交流这两个方面，而美国之音对华广播和中美富布赖特项目各自相较于美国对华公共外交中其他项目更具代表性，下文将就此二者作为美国对华公共外交战略的典型个案加以深层审视，以期管中窥豹、以点带面。

第四章

相时而动：
"美国之音"对华广播的调整轨迹

这里是美国之音。从今天开始，我们每天在同一时间谈论美国以及这场战争。无论消息是好是坏，我们会一直对您讲出真相。

——1942年2月24日凌晨2点30分美国之音用德语开始第一次播音

国际广播诞生于20世纪二三十年代，之后不断发展壮大。按照其内容上的差别，国际广播主要可以分为以下五种类型：第一种，也是最重要的一种，是由政府提供资金设立、针对外国听众的广播台，如苏联时期的莫斯科广播；第二种是一些商业国际广播，如在欧洲众人皆知的卢森堡广播；第三种重要的类别是宗教广播，几乎所有这样的广播台都是从属于基督教，最早的一家就是1931年建立的梵蒂冈广播；第四种类别是以播送那些专门针对通常是操同一语言的邻国民众的节目的国内广播台为代表，这类电台在中东、巴尔干地区较为常见；最后一类则是短期广播台，通常是代表一些国家的政治反对派组织从国外向该国国内进行播音。①

诞生于第二次世界大战期间的美国之音（Voice of America, VOA）就属于第一种类型。美国之音是美国政府对外传递信息的一个重要管道，卡特总统就坦陈，“国际广播是美国对外政策的一个关键性因素”，而美国之音是美国“所拥有的最有价值的工具”。② 从二战后期的反法西斯宣传，到冷战期间的意识形态攻防，再到“9·11”事件之后的反恐新使命，美国之音在各个时期扮演过多种不同的角色。多年来，美国之音的宣传策略总是随着美国外交战略重点的转向而不断做出相应的调整，几乎可以被视为美国外交战略转换的一个风向标。

作为美国在世界范围内开展公共外交活动最有力的武器之一，美国之音在开播之后不久即设立了中文部，半个多世纪以来对华广播一直都是美国对华公共外交的重要组成部分。因此，本章在系统介绍美国之音的基本概况之后，通过拉近镜头来认真审视美国之音对华广播的调整轨迹，看其在过去六十多年的历程中是如何相时而动、怎样进行调整，以图不断提升美国对华公共外交的效用，最终服务于美国的国家利益。

第一节　“美国之音”的发展历程与角色转变

美国是西方发达国家中较晚进行国际广播的国家之一，直到

① Graham Mytton and Carol Forrester, “Audiences for International Radio Broadcasts,” *European Journal of Communication* (SAGE, London, Newbury Park and New Delhi), Vol. 3 (1988), pp. 457 - 481.

② 张一凡：“略谈‘美国之音’”，载《世界知识》，1981 年第 7 期，第 27 页。

1942年才组建美国历史上第一个由政府创办的广播电台，即"美国之音"。自成立始至今60多年的发展历程中，美国之音进行了多次政策调整与角色转变，下文就将分阶段纵览美国之音的发展历程及其间的角色转变。

一、二战期间的"美国之音"——反击法西斯的"无形利剑"

在第二次世界大战爆发以前，由于国内长期存在的孤立主义思潮以及国民对思想自由为政府控制的警惕，美国政府一直没有官方主办的广播电台，广播行业一开始均由私人机构或个人掌控和经营。作为私人商业广播电台，他们通过在国内播出广告和销售节目时段来获取利润，对于向美国之外地区进行广播的兴趣不大。直到20世纪30年代中后期，美国对外广播活动才开始逐渐增加。到30年代末美国的哥伦比亚广播公司（CBS）、全国广播公司（NBC）、通用电器公司（GE）等多家公司都开办了国际广播业务。不过，"它们的节目很少是专门为外国听众所制作的，只有CBS和NBC两家对拉美地区用西班牙语进行一些新闻广播和偶尔播出一些纪实节目。而且大部分电台缺少对其他国家有亲身了解的工作人员，发射设备功率不足，收听效果不如多数欧洲国家进行国际广播的电台。"[①] 20世纪30年代纳粹德国在拉美地区发动了强大的"文化攻势"，曾有国会议员提出议案建议美国海军设立一个短波电台"以促进美洲大陆共和国之间的深入了解"。但这一提案遭到了美国全国广播协会（National Association of Broadcasting）及几家广播公司的强烈反对，因为它们担心那

① 韩召颖：《输出美国：美国新闻署与美国公众外交》，第161页。

样做就会使“政府可以随时使用私人机构的设备”，最终未获通过。[①] 就这样，美国的国际广播迟迟没有建立，这种状况一直持续到1941年底。

1941年12月7日，日本偷袭珍珠港从而引发了太平洋战争，将美国最终全面拖入了第二次世界大战。为了及时地报道战争的进程，更好地进行国内战争动员，以及有力地反击德日法西斯的宣传攻势并鼓舞盟国军队的士气，罗斯福政府遂决定建立一个美国自己的国际广播电台。据说最早提出这一设想的，就是的美国中央情报局的创始人、与罗斯福总统私交甚好的威廉·多诺万（William Donovan）。[②] 政府征用了几乎所有进行国际广播的私营广播电台，临时拼凑成了代表美国政府的对外广播电台。在美国参战之后的第79天，1942年2月24日美国之音开始其第一次播音。美国之音的开场曲是铜管乐队演奏的“Yankee Doodle”，通常播音之前会有一句英文开场白：“This is the Voice of America, signing on.”（“这里是美国之音，现在开始广播”）。“美国之音”即由此得名。

美国之音最初是通过征用国内的私人商业广播电台进行播音，到了1942年底，美国政府获得了美国当时全部14个发射塔的控制权，美国之音也就变成了一个名副其实的短波电台，已经可以每天24小时播音了。二战期间，法语部是美国之音最大的外语部门，因为法语不仅在法国、比利时、瑞士等国使用，也在欧洲政治和社会精英圈子里广泛使用。而随着战争的进展，美国之音的语言种类也有了明显的增加。“当盟军在卡萨布兰卡举行

① Donald R. Browne, *International Broadcasting: The Limits of the Limitless Medium* (New York: Praeger Publishers, 1982), p. 94.

② 张辛欣：《我知道的美国之音》，中国社会出版社，2000年版，第59页。

最高级会议时，美国之音已拥有23座发射台和27种语言节目。到战争结束时美国之音用41种语言对全世界广播。"①

在二战后期，美国之音的任务主要是为了粉碎法西斯轴心国的宣传攻势。作为美国政府对外宣传的喉舌，美国之音竭力宣传美国的对外政策，并有专门为美军服务的节目。同时，为树立全面客观的信誉以图取得更好的宣传效果，美国之音也经常播出一些如"美军在缅甸战场遭受失败"等事实性、平衡性的新闻报道，进而呼吁世界各国团结一致以击败德日法西斯。这一宣传策略收到了很好的效果，迅速帮助美国之音在世界范围内，尤其是在被法西斯国家占领下的地区吸引了不少的听众。对于这样做的目的，美国之音的第一任台长约翰·豪斯曼（John Houseman）后来在其回忆录中写道："真实的情况是，1942年美国之音问世的时候我们别无选择，报导的消息几乎全部是坏消息。日本人正一个接一个地攻占各地，纳粹军队在深入俄国和近东，我们不得不如实报告，在空中回荡着自我哀歌，毫无含糊其辞。因为只有这样，我们才能建立诚实的信誉，以期望在如此距离上得到回报，就是说，终有一天可以开始报告我们的攻占和我们的胜利。"② 尽管还存在这样那样的不足，但在整个二战后期，美国之音犹如一把"无形利剑"，有效地发挥了反击法西斯宣传、振奋同盟国斗志的功用。对此，深研美国对外政策的中国著名学者刘金质教授给予了十分严肃且相当中肯的评价："战时美国之音无论是在揭露、戳穿法西斯的阴谋上，还是在报道同盟国胜利，动员与组织人民投入反法西斯战争方面均有建树。从总的方面而

① 温飚摘译："美国之音简史"，载《中国广播电视学刊》，2005年第12期，第77页。

② 转引自张辛欣：《我知道的美国之音》，第92—93页。

言，它展开的宣传攻势具有积极向上的进步意义，为最后粉碎法西斯势力作出了一定的贡献。”

二、冷战时期的“美国之音”——反苏搞演变的“破城之椎”

二战结束之初，对于是否继续保留一个由政府经营的广播电台，即美国之音的去留，杜鲁门政府与美国国会之间产生了激烈的分歧：前者坚持二次大战虽已结束但美国仍有对外宣传的必要，而后者则认为战后政府已无须再对国外进行广播并且不应垄断短波广播。在国会的一次听证会上，有议员狠批包括美国之音在内的广播所造成的“弊大于利”，称其“并没能遏制住共产主义的扩散。原本是为了赢得对美国尊敬的宣传，却被用来批评私营企业、表达政党的主张以及歪曲真实的美国生活”。[①] 在这种情况下，尽管1946年、1947年国会通过的拨款方案使美国之音暂时没有灭顶之虞，但其经费遭到缩减，人员编制减少，语言种类和广播时间也大为缩短，面临着很大的生存危机。

不过，美国之音的这种窘况很快就出现了巨大的转机。随着丘吉尔“铁幕”演说与“杜鲁门主义”的先后出笼，美苏之间的冷战幕布逐渐拉开。1947年2月，美国之音开始对苏广播，而苏联及受其操控的卫星国纷纷加强了对外广播攻势。在这种情况下，国会中先前反对美国之音继续存在的声音迅即被要求维持甚至扩大美国之音的呼声所淹没。1948年4月，国会通过了《1948年美国信息与教育交流法案》（即《史密斯—蒙特法案》），

① Donald R. Browne, *International Broadcasting: The Limits of the Limitless Medium*, p. 97.

正式授权政府在全球范围内从事国际信息、教育和文化交流活动，确立了美国政府在二战结束以后继续进行对外信息传播与国际教育文化交流的合法地位。该法案授权政府经营属于官方的广播电台，用以支持美国的对外政策，这为美国之音在二战结束后的继续存在并大步发展提供了重要的法律依据。为了避免受到在美国国内开展"宣传"的责难，法案同时也明确规定，美国之音的节目只能对外，其内容不准在国内传播和转载，目的是为了"保护美国人民免受政府宣传的影响"。其时，冷战的需要成为美国之音免于解散的一根救命稻草；而在随后的四十余年中，美国之音也成为美国进行冷战对抗的一件重要工具。

在冷战之需的名下，国会不断增加对美国之音的拨款用以改善设备、扩大对外宣传活动，美国之音因此获得了重大的发展。1950年4月，杜鲁门总统发起了"真理运动"（Campaign of Truth），要求强化国际广播，对抗苏联的宣传，继而用"真理"去唤醒铁幕之后人们的觉悟、诱导他们对于现状的不满情绪。很快，美国之音在菲律宾、冲绳、慕尼黑等地先后修建了多座大功率发射台。朝鲜战争爆发后，美国之音随即加强了对中国的广播。20世纪50年代初，美国之音已使用46种语言进行广播，其中有几种甚至是在全天的任何时段同时播送。所有节目都由美国本土的短波发射信号，大多数再通过设在欧洲和远东的基地的短波或中波进行转播，世界各地许多独立的地方电台还对其提供额外的转播或重播。①

1953年，艾森豪威尔政府为加强美国的对外宣传工作，创

① Joseph T. Klapper and Leo Lowenthal, "The Contributions of Opinion Research to the Evaluation of Psychological Warfare," *The Public Opinion Quarterly*, Vol. 15, No. 4 (Winter, 1951 - 1952), pp. 651 - 662.

建了美国新闻署（USIA），主管美国的公共事务和对外宣传项目。美国之音随即被纳入美国新闻署的管辖之下，成为该署最大的一个部门。一年之后，其总部即由纽约迁到了华盛顿，这在一定程度上标志着美国之音在美国政府机构中的地位有所上升，其主要任务是利用国际广播与共产主义作斗争，重点针对苏联、东欧以及中国等所谓“铁幕和竹幕背后”的国家。20 世纪 50 年代末 60 年代初，匈牙利事件、苏伊士运河危机、第二次柏林危机、美苏最高级首脑会晤等一系列重大国际事件，都为美国之音提供了广阔的“用武之地”。美国之音在这期间极尽煽风点火之能事，大肆进行反共宣传，成为美国推行冷战政策的急先锋。

这一时期，美国之音的报道以强硬的、赤裸裸的反苏仇共宣传为主，完全放弃了其在开播之初所宣称的客观报道的原则，带有强烈的意识形态色彩。这一做法引起了不少国家政府的强烈抗议与人民的极度反感，其实际效果可以想见，不但没能拉过去一些苏东阵营中的听众，而且还导致失去了一些中立的甚至潜在的亲西方的听众。

为了扭转这种不利的局面，美国政府不得不开始筹划对美国之音在宣传策略及报道手法等方面进行一些调整和转变。1960 年美国新闻署署长乔治·艾伦（George Allen）起草了《美国之音宪章》以作为今后美国之音的广播准则，宪章中写道：

通过广播与全世界人民直接交流符合美国的长远利益。为了有效地达到这个目标，美国之音必须赢得听众的关注和尊重。因此，美国之音的节目应严格遵循以下原则：

（1）美国之音将始终作为一个权威性的、听众信任的信息来源。美国之音播送的新闻必须准确、客观、全面。

（2）美国之音将代表整个美国，而不是美国社会的个别阶层。所以，美国之音在介绍重要的美国思想和体制时应做到平衡、全面。

(3) 美国之音将清晰而有效地阐明美国的政策，以及关于这些政策的负责任的讨论和意见。[①]

经历了肯尼迪政府的恢复调整与越南战争期间的加强管理，美国之音作为意识形态斗争重要工具服务于美国对外政策的本质并未改变，只是方法上更为灵活。1976 年 7 月 12 日经福特总统签署，《美国之音宪章》正式成为一项联邦的法律（Public Law 94-350）。这是美国之音改革的一个重要转折点，此后美国之音在宣传策略上将保有较强的延续性，不会再因领导人的更迭和国际形势的演变而出现摇摆不定的状况。随后美国之音又据此在报道手法上进行了许多改革，迅速发展成为世界上几大国际广播电台之一。从 1977 年开始，美国之音成为第一个利用人造卫星的 5 条线路，从华盛顿的播音室向海外转播站 24 小时传送节目的国际广播电台。[②]

里根总统上台后，面对 20 世纪 70 年代末以来苏联咄咄逼人的攻势，改变了六七十年代美苏缓和的政策，转而采取了对苏强硬的立场，誓言要与苏联在世界的每一个角落对抗到底，在其全面遏制战略中就包括了国际广播宣传这颗棋子。在其"广播星球大战计划"中，里根将美国之音、自由欧洲电台及自由电台誉为"真理的灯塔、自由的象征，是告诉铁幕后面的人们不要放弃希望的工具"；在 1982 年 2 月 24 日美国之音成立 40 周年的纪念仪式上，里根盛赞美国之音"给那些生活在共产党政权之

① "美国之音简介"，参见美国之音中文网主页：https：//www.voachinese.com/chinese/aboutvoa.cfm（2007-07-27）。

② 张一凡："略谈'美国之音'"，载《世界知识》，1981 年第 7 期，第 27 页。

下的人民和独裁暴政统治之下的牺牲者带来了希望”。[①] 里根寄希望于美国之音在新的历史条件下发挥“破城之椎”的作用，通过强大高效的广播宣传，首先在一些共产党国家撕开口子，继而引发整个苏东社会主义阵营的分崩离析。1983 年，国会通过了一项美国之音的现代化计划，总耗资多达 15 亿美元，预定在 1991 年或 1992 年完成。[②] 在里根的高度重视下，美国之音的许多陈旧系统设备得到更新，实力有了较大的加强，节目的可听性也有了一定的提高。美国之音特别重视争取青年听众，试图在社会主义国家的下一代中播下“自由的种子”，努力在他们中培养亲西方的价值观念和思想体系。[③] 为此，美国之音采用了很多丰富活泼的节目形式，系统介绍美国社会的方方面面。1987 年 2 月 24 日，在美国之音成立 45 周年的纪念会上播放了里根总统发表祝贺讲话的录像带，他又在讲话中重申，他将“像肯尼迪重视太空计划那样重视美国之音的现代化”。[④] 截至 1988 年 10 月，美国之音广播所使用的语言种类已从 1981 年的 39 种增加到了 43 种，每周的播出时长也从 904 小时猛增至 1209 小时。[⑤]

前人栽树，后人纳凉。里根政府时期在国际广播宣传上“辛勤的耕耘”，在布什政府时期终于得到了巨大的收获。“出于某些历史原因，社会主义国家在东西方的和平竞赛中相形见绌，思想战线上的西攻东守之势十分明显。全世界范围内的反美情绪

① 毕波编写：《美国之音透视》，青岛：青岛出版社，1991 年版，第 51 页。

② 同上，第 185 页。

③ 杨伟芬主编：《渗透与互动：广播电视与国际关系》，北京：北京广播学院出版社，2000 年版，第 189—190 页。

④ 毕波编写：《美国之音透视》，青岛出版社，1991 年版，第 185 页。

⑤ United States Advisory Commission on Public Diplomacy, *Annual Report*, *1989*, p. 37.

逐渐下降，美国的思想、文化影响在全世界急剧传播。"[①] 美国之音的影响力不断扩大，其在和平演变中的作用也日渐增强。20世纪80年代末至90年代初，东欧国家纷纷剧变，苏联大厦轰然垮塌，中国也受波及而发生了一场政治风波。在此过程中，美国之音在冷战对垒的意识形态战场上扮演了攻城拔寨的"破城之椎"，加速促成了西方在冷战中的胜利。

三、冷战结束以后的"美国之音"——肩负新任务的"乱国之音"

随着东欧剧变、苏联解体，冷战宣告结束，整个国际格局发生了根本性变化，旧已破而新未立。随着两极格局的土崩瓦解，美国成为世界上唯一的超级大国，与俄罗斯、中国、日本、西欧等国家或国家集团构成了"一超多强"的国际力量结构。世界经济全球化和国际政治多极化共同发展，以科学技术为先导的经济发展日益成为民族国家关注的重心，国家间相互依赖加深，全球性问题逐渐增多。冷战期间美国之音为和平演变苏联东欧集团立下了赫赫战功，出色完成了它的根本宗旨和历史使命。在注重以经济和科技为基础的综合国力较量的今天，美国之音似乎有必要退出历史的舞台。

然而，经过一番类似于二战结束之初的争论，美国政府再次做出了与四十多年前几乎如出一辙的选择。面对新的国际形势，美国积极调整其全球战略，制定新的外交政策，意欲去领导世界、称霸全球，将其政治制度、价值观念及生活方式在世界范围内推而广之，建立以西方文明为核心的世界秩序和美国世纪。为

① 杨伟芬主编：《渗透与互动：广播电视与国际关系》，第190页。

此，美国政府在冷战结束后对美国之音也相应地做出了重大调整，使其开始肩负起向世界上其他国家和地区宣传“自由世界的胜利”这一新的使命。1996年6月26日，香港《明报》全文刊发了美国之音前任台长杰弗里·科恩“冷战后美国之音六大任务”一文，他在文中全面阐述了美国对外广播的全球战略。这六大任务是：“1. 对抗共产党和极权国家；2. 鼓动美国式的新闻自由；3. 输出美国的价值观；4. 提供广泛学习的机会；5. 向全球解释美国政策；6. 为美国的文化、贸易、旅游等提供服务。”① 美国之音的这六大任务中，除“提供广泛学习的机会”外，都直接折射出美国之音的对外政策工具性质，完全服务于美国的国家利益需要之意图不言自明。从中可以清楚地看出，在全球化、多极化不断走向深入的今天，美国依然没有放弃它那“无硝烟战争”战略，没有放弃它力图使共产党国家改旗易帜的目标，没有放弃它试图用美国模式改造世界的“宏愿”。

在这种情况下，美国之音非但没有萎缩或削弱，而且还得到了进一步的发展。美国一方面通过在海外兴建发射台、转播站或租用干扰台等这些传统方式来增强信号效果和扩大收听范围，另一方面还采用互联网络、电子函件等新兴通讯手段来延展其播音的力度、广度和深度。海湾战争、朝核问题、台海危机、科索沃战争等一系列重大事件中，均可看到美国之音东奔西突的身影。在苏东剧变过后，美国之音还大大加强了对包括中国在内的社会主义国家及广大发展中国家的宣传力度。1998年10月，克林顿总统签署法律，将美国所有公共资助、非军事国际广播置于新机构广播董事局管辖下。1999年10月，美国新闻署被并入国务

① 转自胡耀亭：“美国‘无硝烟战争’的新战略——《冷战后美国之音的六大任务》出台”，载《中国广播电视学刊》，1996年第10期，第79页。

院，跨党派、由9位成员组成的独立的广播理事会正式成立。[①]尽管如此，美国之音传播的依然是美国政府之声，竭力在世界范围内宣扬美国的民主制度和社会生活，力图塑造一个良好的美国国家形象。而对于一些国家来说，美国之音则俨然已成为"乱国之音"。

四、"9·11"事件以后的"美国之音"——为政府补台的"反恐先锋"

"9·11"事件发生之后不久，美国随之在世界范围内发动了反恐战争，导致了许多国家由最初的理解和同情很快转变为怀疑和警惕，尤其是阿富汗战争和伊拉克战争更是把伊斯兰世界反美主义的情绪推向了高潮。伴随着美国以反对国际恐怖主义为目标的全球战略大调整，它的对外广播宣传也进行了大幅战略调整，推出了《2002—2007对外广播战略计划》，从体制上大大加强了政府对国际广播的控制与指导，建立一体化的集中管理体制，形成了目标清晰、功能强大、任务明确、集中指挥、统一管理、分工合作、优势互补的对外宣传网络，其中心指导思想是"要最有效率和最有效果地使用广播资产"，以"赢得人心争思想"。[②]

为了迎合美国反恐战争宣传的需要，美国之音也适时做出了一些调整，其宣传重点从前苏联和东欧地区转移到了中东地区。美国之音阿拉伯语广播的时间由原来的7个小时增加到9个小

---

① "美国之音中文部简介"，参见美国之音中文网主页：https：//www. voachinese. com/chinese/about. cfm（2007-07-27）。

② 温飚："美国国际广播战略策略再次大调整"，载《声屏世界》，2005年第2期，第58—59页。

时，其《即时新闻报道》（News Now）也全天24小时提供英语报道。此外，美国之音还办有波斯语广播，并开办每日播出的波斯语卫星电视节目。[①] 针对阿拉伯和非阿拉伯穆斯林地区广播和电视日益增加的需求，2007年美国之音决定取消其俄语、阿尔巴尼亚语、波斯尼亚语、马其顿语、塞尔维亚语、泰语、乌兹别克语等多个语种的广播节目，并将相关资源用于增加对中东地区的广播。[②] 美国之音的经费来源主要是美国政府，之前每年的活动经费约为1.4亿美元，2003年财政年度拨款开始增至1.6亿美元，其中包括广播和电视经费，但不包括转播等辅助活动的费用。[③] 目前，美国之音已发展到“以44种语言，每周向世界各地广播1300多个小时的广播和电视节目”，内容包括新闻、专题特写、音乐文化、教育和评论等。[④]

“9·11”事件之后，美国之音积极为小布什政府“单边主义”色彩极浓的对外政策进行补台。一方面，它为美国发动反恐战争行为的合理化、正当化极力辩护。例如，即使美国军队在伊拉克已掘地三尺也未找到美国之前所声称的大规模杀伤性武器，美国之音仍然用怀疑的口吻推测伊拉克的大规模杀伤性武器在美军进攻前可能已被悄悄转移或销毁。另一方面也不时做一些贴近穆斯林生活、宣扬美国与穆斯林世界友好相处的节目以图笼络人心。如在宣传中有意把伊斯兰极端分子与伊斯兰教温和信徒分开，指出伊斯兰教和基督教一样都是爱好和平的宗教，“9·11”

---

① 郭景哲：“《美国2002—2007对外广播战略计划》”，载《中国电视》，2006年第4期，第77—79页。

② 刘中伟：“美国之音放弃对俄广播”，载《环球时报》，2006年7月14日。

③ 尚春雁：“‘美国之音’的服务模式”，载《采．写．编》，2003年第6期，第58页。

④ 参见美国之音网站主页：http：//www. voanews. com/（2008—01—14）。

恐怖袭击事件实际上是恐怖主义者背叛、劫持了伊斯兰教。虽然这些"柔性"（soft）的宣传手法常因有些言不由衷而难以令人信服，但是一般来说至少不会引发穆斯林世界激烈的反应，客观来看，这在一定程度上起到了"化敌为友"或"化敌为非敌"的作用。

由于美国之音此前曾犯下了不少或煽风点火、或推波助澜，有时甚至无中生有、颠倒黑白等"前科"，其在外国听众中的公信力自然不免会走下坡路。但纵使如此，只要哪里是美国外交战略的重点所向，哪里就依然会有美国之音。

第二节　"美国之音"对华广播的调整轨迹

在其开播仅仅四个月之后，美国之音于 1942 年 6 月即开通了汉语普通话和广东话节目，对华广播很快成为其重要的组成部分之一。本节首先简述美国之音对华广播的发展历程及其调整概况，接着通过分析对华广播的节目设置来审视其主要意图，最后结合探究对华广播的宣传手法来评估其公共外交效用。

一、对华广播的发展历程与调整概况[①]

第二次世界大战期间美国之音用汉语普通话和广东话每天对

① 此处关于美国之音对华广播的历史调整的部分，其基本内容有一些引自笔者 2007 年已发表的一篇文章的相应部分，本书在引用时已做了必要的删改并补充了不少新的材料，后文不再一一加注，特此说明。详见：檀有志："美、日两国对华公共外交之比较研究（1972－2001）"，载北京大学亚洲太平洋研究院编：《亚太研究论丛》（第四辑），北京：北京大学出版社，2007 年 6 月第 1 版，第 230—231 页。

中国广播 1 小时，后又陆续增加了闽南话和上海话等节目，是美国政府在亚洲对抗法西斯轴心国的有力宣传武器。这对于壮大世界反法西斯势力做出了一定的贡献，因而应当客观看待此举对当时中国战场的正面意义。二战结束之后，美国之音曾一度削减其对华广播规模，直至 1949 年新中国成立。

从 20 世纪 50 年代初直至 60 年代，美国之音对华广播一直服务于美国拒不承认中华人民共和国、孤立和封锁新中国的对华政策，进行反共反华宣传。[①] 新中国成立以后，由于美国政府的拒不承认与顽固仇视，两国之间几乎断绝了一切政治、经济和文化联系。直接的人员交流往来自然无以为继，然而美国对华公共外交活动并没有因此而完全停摆，当时美国国务卿艾奇逊就曾叫嚣“我们的广播决不退出中国”，他所指的主要就是美国之音对华广播。作为美国对中国开展公共外交的重要工具之一，美国之音对华广播不受地理疆域与邦交状况之限，与美国在世界上大肆推行冷战政策的步调相一致，开始对中国发起意识形态攻势。1950 年朝鲜战争爆发以后，为了配合美国政府对中朝两国军民进行心理战，美国之音再度扩大对华广播的规模，除汉语普通话外，不仅恢复了二战后停办的广东话、闽南话、上海话广播，还增加了潮州话、客家话和藏语节目，每天播音时数达十几个小时。[②] 由此带来的实际影响如何，不妨从当年发生的一例案件中管窥一二。“1950 年 11 月中下旬的《人民日报》，集中了一批对美国之音的批判文章，有国营十七棉纺厂的萧达荣表示‘今后决心不再收听反动造谣的美国之音’的，有天津五金工会的于

① 韩召颖：《输出美国：美国新闻署与美国公众外交》，第 285 页。

② 刘继南主编：《大众传播与国际关系》，北京：北京广播学院出版社，1999 年版，第 58 页。

浪痛斥'听反动造谣的美国之音可耻'的，有的报道'上海公安局根据群众检举逮捕美国之音情报员'，还有的报道'燕大教员座谈会致函政务院建议取缔收听美国之音'，等等。"[①] 这些批判文章中的其人其事我们姑且撇开不论，但作为中国官方喉舌之一的《人民日报》连日对美国之音进行批判，至少这也从反面表明了美国之音对华广播在当时的影响力显然不弱，已然引起了中国政府的重视与警惕。在其时，尽管美国之音的广播重点放在苏联东欧地区，但先是朝鲜战场上的短兵相接，随后是台湾的分裂与反分裂斗争，新中国也日益成为美国之音重要的渗透对象。此后，美国之音又先后在韩国、日本、菲律宾、泰国等地增设了一系列中波转播台，拼凑成一个弧形的广播包围圈覆盖整个中国，日夜不停地对中国大陆地区进行广播渗透。

进入20世纪70年代后，随着1971年乒乓外交"小球转动大球"、1972年美国总统尼克松访华，中美关系开始解冻并步入正常化进程。美国之音也相应地做了一些微调，在播音中开始使用"中华人民共和国"而较少再用"共产党中国"、"红色中国"等明显带有敌意的称呼，并注意研究中国听众的心理，增加了不少迎合中青年听众兴趣和口味的节目，报道的侧重点也偏向中美之间的经贸往来和文化交流等。[②] 1979年中美正式建交以后，中国对美国之音的电波干扰基本停止，美国之音中文节目更加易于为中国的民众所接收与接受，而美国之音的英文节目的听众数量也有了较大幅度的上升。"据估计，在80年代，美国之音

① 周庆安："美国之音'转战'65年"，载《国际先驱导报》，2007年3月5日。

② 檀有志："美、日两国对华公共外交之比较研究（1972－2001）"，载北京大学亚洲－太平洋研究院编：《亚太研究论丛》（第四期），2007年6月，第230页。

在中国拥有1700多万听众。”[①] 到了80年代中后期，在国际国内多重因素的交互作用下，中国的一些城市包括北京先后发生了规模不等的学潮，甚至最后遗憾地升级成为一场政治风波。随着那场政治风波的逐步升级，美国之音在增加其短波广播使用频率的同时，还启用了中波广播，并不断加长其对华广播的播出时间。在这段特殊时期里，美国之音扮演了一个十分“活跃”的角色。

冷战最终以东欧剧变、苏联解体而告结束之后，美国之音的战略重心也随之出现明显东移，对华广播在美国之音中的分量越发凸显出来，美国政府也期待美国之音对华广播能像在苏东剧变中那样发挥“破城之椎”的效用。为此，美国之音在一再加强对华广播的前提下，在宣传手法上也更为灵活多变，在继续关注中国政治、军事问题的同时，也对中国的经济、文化方面进行一定的均衡性报道。据《世界广播电视手册》1998年的统计数据，美国之音“每天播出的普通话广播为11小时，广东话广播为1小时；1991年4月开办了藏语广播，从开始时的15分钟增加到现在的2小时。此外，它从1997年还开始试播对新疆广播的维吾尔语和哈萨克语节目。现在它的对中国广播共使用42个短波频率和3个中波频率，总发射功率约为15000千瓦”。[②] 到2007年，美国之音的普通话节目和广东话节目已分别增至12小时和2小时。另外，早在1994年9月美国之音中文部就开播了以卫星频道和广播同步播出的华语电视节目，并于1999年7月开办美国之音中文网，通过电子邮件把中国内外的重大新闻、突发事件

① 转引自韩召颖：《输出美国：美国新闻署与美国公众外交》，第285页。

② 转引自刘继南主编：《大众传播与国际关系》，北京广播学院出版社，1999年版，第58页。

等发送到听众的电子信箱中。[①] 尽管"9·11"事件以后，美国之音因肩负新的"反恐使命"其战略重心向伊斯兰世界有所偏移，对中国进行广播宣传依旧为其重点之一，并且其触角早已延伸到港澳台地区以及遍布东南亚、北美、欧洲、澳大利亚等海外华人地区。

二、对华广播的节目设置及其意图

美国之音的整个体系主要由两支系统构成，一支是财政人事和技术保障系统，另一支则是节目播出系统。后者大体上按照地区和语言的区别又被划分为 11 个部："非洲部、东亚及太平洋部、南亚及中亚部、近东和北非部、英语节目部、欧洲部、拉丁美洲部、欧亚大陆部、新闻部、特别英语和音乐部"，针对中国的广播节目即归属其中的"东亚和太平洋部"。[②] 要想了解美国之音对华广播的节目设置及其意图，我们不妨分别从节目内容的安排与广播语种的选择这两个层面来加以考察。

（一）从节目内容的安排层面上看

笔者根据 2008 年美国之音中文网站主页上所提供的内容，对其做出了下列初步的统计和分析。[③] 首先，从栏目设置来看，主要包括"新闻走廊（国际、中国大陆、台湾、港澳、美国）"、"专题报道（经济金融、科学技术、法律窗口、听众信箱、对比新

① "美国之音中文部简介"，参见美国之音中文网主页：https：//www. voachinese. com/chinese/about. cfm（2007－07－27）。

② 张辛欣：《我知道的美国之音》，第 76 页。

③ 具体请参见美国之音中文网主页：http：/www. voachinese. com（2008－02－14）。

闻、国会报道、排行金曲)”、“英语教学(英语学习、双语新闻、慢速英语)”、“音频视频(现场直播、节目表、网上视听)”、“粤语节目(新闻报道、专题节目)”、“政府声明”及“其他服务(掌上快讯、聚合新闻、订阅新闻)”共七大类别。除了对广播栏目的一般分类外,对节目名称、广播时段、收听方法以及其他阅览方式也都进行了较为详细的说明,目的是为了能尽量提供方便以赢得更多的听众和读者,从而使这些信息更好地被接收并更快地被传播开去。其次,从具体内容来看,此处仅选取其中的“专题报道”这个栏目为例。在这一栏目之下又做了“特别报道分类”,包含有多个方面的题材,按其重要性先后依次是:“美国”、“美国政府报告”、“美中关系”、“中国大陆和港澳及对外关系”、“台海两岸”、“台湾”、“国际热点”、“世界盛会”、“人物”、“体坛赛事”、“专题节目”、“节目和服务信息”及“新年和挂历”。其中,“美国”之下所列的内容,除了近两年的美国总统大选、总统国情咨文及奥斯卡颁奖和飓风火灾的报道外,主要是对“9·11”事件的每一个周年纪念的系列报道;“美国政府报告”之下所列的内容全是近几年美国国务院发布的国际宗教自由报告、各国人权报告、中国人权报告以及美国国防部发布的中国军力报告;而“中国大陆和港澳及对外关系”之下所包括的内容则最为广泛,几乎涉及中国社会各个方面的“问题”,如农村圈地、官民对抗、腐败问题、“文革”、“六四”、西藏台湾、能源污染、户籍制度以及禽流感疫情、黑砖窑事件乃至北京奥运会相关负面新闻等等。这些方面的题材占了美国之音对华广播主要内容的主体论调,其基本意图几乎是显而易见、不言自明的。最后,对华广播的七大类栏目设置中有着十分引人注目的一项即“政府声明”,特别指出它所发布和传播的是“反映美国政府政策及美国理想和制度的声明"，毫不隐讳且绝不含糊地表明了其乃美国政府"官方喉舌"的立场。

美国之音在节目制作方面也不惜花费大量的人力和物力，针对每一个不同国家的听众的不同特点与需求，创建不同的节目模式，编辑不同的内容，从而使对外广播节目具有较强的针对性，最大限度地吸引受众对其的注意力。为了吸引中国听众、提高收听率，美国之音对华广播也制作一些英语教学类节目，如"听和学英语"、"英语 900 句"、"中级美国英语"等等，尤其是"英语 900 句"在听众中产生了较大的影响。有美国之音的工作人员表示，从 1949 年中华人民共和国成立到 1972 年尼克松总统访华以前，美国之音中文部收到寄自中国内地的听众来信总共不到 20 封，而在"英语 900 句"播出以后，"中文部平均每月收到 1000 封左右，甚至包括中国西部边远省份的听众来信"。[①] 此外，还有"慢速英语"（Special English）将每天国际国内发生的重大新闻用常用的词汇、简短的句法、缓慢的语速进行播音，特别适合英语初学者收听，因而收听面也比较广。制作这些成本并不低廉的节目当然不是（至少主要目的不是）为了教会中国人说一口流利的英语，而是意在借此投石以问路，润物于无声。

此外，美国之音对华广播的节目内容还根据实际需要随时进行调整，在某些特定时期或某些突发事件中还经常辅之以延长广播时间、增加发射台和广播频率等多种方式，不断加大其所欲传递的信息总量。如在北京政治风波期间，美国之音取消了除"时事经纬"以外的全部专题节目，每天用 12 小时连续播报新闻和评论。

① 转引自何芳芳："美国之音对华渗透的传播策略"，载《军事记者》，2005 年第 9 期，第 33 页。

（二）从广播语种的选择层面上看

除了在节目内容上的精心设置，美国之音还根据新情况及时增减一些语种的广播，以加强对某些重点地区的宣传。不仅如此，自美国之音成立以来，各外语部还讲究播音员的母语最好是广播所涉及的区域的，或者至少朝这一大方向尽最大的努力。美国之音对华广播的语种上多次增减也可以看出这种“煞费苦心”，有时候是随着美国公共外交整体调整而有所调整，而有时候则是针对某些特定群体或某些突发事件。

美国之音对华广播初期，除了普通话外，选择用粤语广播的重要原因之一就是因为当时“中国在美国最初‘主流声音’是广东话，是修铁路的苦力和唐人街洗衣店主的语言”，它在中国南方的受众较多。[①] 二战后期对华广播的战略需求大大加强，美国之音人员剧增，播音时间延长，广播语种除了之前的普通话和广东话，又增加了闽南语、潮州话和蒙古语等大量方言，目的是为了增加日本侵华军队及伪政权对美国之音中文广播进行干扰的难度，尽可能地扩大收听人群，鼓舞人们反法西斯的斗志。

在冷战期间，美国之音对华广播的语种数量时有增减，以朝鲜战争时期为最，规模大大超过第二次世界大战期间。为了对中国军民进行心理战，除了汉语普通话外，不仅恢复了二战结束之初停办的广东话、闽南话、上海话广播，又增加了潮州话、客家话和藏语节目，每天播音长达 10 多个小时。进入 20 世纪 60 年代，又为集中火力向中国大陆发动宣传攻势，美国之音于 1963 年取消了各种方言节目而倾全力于普通话节目，每天播音 9 小时，仅次于当时针对苏联的俄语广播。

① 张辛欣：《我知道的美国之音》，第 77 页。

冷战结束以来，美国之音对华广播从1989年的只使用汉语普通话和广东话，陆续又增加了藏语、维吾尔语和哈萨克语等向中国境内播送节目，尤其是后三种少数民族语言的目标人群针对性相当明确，意图自然也无须笔者赘言。截至2007年7月底，美国之音中文部"普通话组每天广播十二个小时，每周播音七天；粤语组每天广播两个小时，每周七天"，其"广播节目包括现场叩应、广播/电视同步节目、专家讨论、以及有关美国的各种系列报道"。①

除了上述这两个层面，美国之音对华广播在播音上还努力追求"本土化"。在针对中国一些地方的节目中，美国之音对华广播重点报道当地的新闻、事件和问题。不单如此，为了使播音听起来比较地道，尽可能要求播音员使用当地的语音、语调进行广播。所以美国之音中文部最早的一批播音员多是来自中国大陆的留学生，如美国之音第一位中文播音员谭允义、"英语900句"的主持人何丽达等。而新中国成立之后由于中美两国陷入冷战对峙，"60至70年代，美国之音中文部少数'新鲜力量'都是从台湾来的，直到90年代初才有所改变。90年代美国之音招大陆留学生，专业包括传媒、国际政治、教育、经济、化学等，一般是硕士，也有双学位、甚至3个学位的，大陆人渐渐替代台湾人成为中文部主力。"② 毋庸置疑，这种"本土化"战略也是为了扩大美国之音对华广播在中国听众中的吸引力。

总体来看，美国之音对华广播在节目设置上的这些"良苦用心"，首先当然是为了提高其自身的公信力和影响力，同时也

---

① "美国之音中文部简介"，参见美国之音中文网主页：https：//www. voachinese. com/chinese/about. cfm（2007－07－27）。

② 张辛欣：《我知道的美国之音》，第78页。

有助于提升美国对华公共外交的整体效用。

三、对华广播的宣传手法及其效果

笔者在绪论部分对美国之音所做的文献回顾中已经提到，国外学者对美国之音的研究主要侧重于将其与美苏之间的冷战这一大背景联系在一起，国内学者对美国之音的研究也多突出强调美国之音的意识形态色彩和冷战思维。固然这种认识若只限于冷战的特定背景下不见得有多大的不妥，但总不免给人一种“攻其一点，不及其余”的偏颇之感；而何况冷战结束距今已近二十载，对美国之音对华广播的认识若仍停留在原地似乎也很有些讲不过去。实际上，美国之音对华广播的宣传手法与其节目设置一样，并非只有某个单一层面。下文就将以例证的方式，探究美国之音对华广播三种最主要的宣传手法及其公共外交效用，兼及其在冷战结束前后的调整转变。

（一）“事实性”报道

一如它在1942年开播伊始即宣称的将追求“真实”，美国之音对华广播常用的宣传手法第一招就是——“事实性”报道，主张用事实来说话。新闻报道是美国之音的首要因素，通常占到全部播音时间的一半以上，因而可以称作整个广播的“脊梁”。美国之音宣称十分注重新闻的时效性，凭借其先进的通讯设备、雄厚的经济实力及遍及世界各地的新闻机构和采编记者而声称要“以最快的速度把新闻充分报告给听众”；同时，它也宣称非常重视新闻的准确性，在其“记者手册中规定着：任何新闻作者、专题作者、政治事务作者、驻外记者或特约记者，在以任何语言广播消息之前，一般来说，美国之音要求至少两个独立的（非美国之音）消息来源"。[①] 除了强调新闻报道的时效和准确外，美国之音还规定在报道中必须将新闻和评论严格分开，新闻只讲事实而不加任何评论。这些要求在一定程度上能淡化美国之音的官方媒体色彩，有助于以一种客观中立的"事实性"形象赢得更多听众的信任。当然，理论上是这么回事，不过在实际操作过程中，"事实性"报道往往不见得都像其所宣称的那样，尤其在冷战期间更是走了形变了样。

以 1989 年的北京政治风波为例。随着政治风波的不断升级，美国之音对华广播也不断增加广播时间和广播频率。"广播时间由平时的 9 个小时增加到 11 个小时，后来又增至 14 个小时；广播频率由 5 个增加到 7 个，不仅增加短波频率，而且还启用了中波广播；新闻节目由原来每天 17 次增加到 21 次，长度也大大增加。节目中大量、反复播出大学校园里的大字报、学生集会、游行、绝食等，以及非法组织的头头们的讲话等。"[②] 在此次事件的初期，美国之音即努力迎合青年学生的心理，以一种貌似客观公正甚至对他们较为友善的立场来博取他们的信任，实际上却在报道中流露出明显的倾向性与强大的引导力，起到了推波助澜的负面作用。其实，没有太大的必要去否定美国之音报道中所提及的大字报、学生集会、游行绝食等这些内容的所谓"事实性"，真正需要去否定的是美国之音处理这些内容的方法，即如同在诡辩中我们经常可以听到的那套说辞："我告诉你的都是事实，只不过不是全部的事实罢了。"只有这样，才算是抓住了事物的关键。

---

① 张辛欣：《我知道的美国之音》，第 85—86 页。

② 刘继南主编：《大众传播与国际关系》，第 61 页。

（二）“平衡性”报道

物极必反，“事实性”报道一旦用过了头就常常陷入“片面性”之中而导致公信力不佳，也比较容易授人以柄而备受责难。为此，美国之音对华广播就采用了第二招——“平衡性”报道。“平衡性”手法就是在广播节目中“既报喜也报忧”，它实际上是“事实性”手法的一种引申，因为事实既有于己有利的方面，也有于己不利的方面。这种有褒有贬的方式看似“不偏不倚”、“全面客观”，但对分寸的拿捏则是其诀窍所在——视情形不同，既可以“小贬大褒扬”，又可以“大贬小褒扬”。前者如对于美国，美国之音对华广播既宣扬其民主制度、价值观念，也担忧其经济发展放缓、吸毒人员增多等；后者如对于中国，美国之音对华广播既夸赞中国在经济、文化、体育等领域所取得的一些成就，也指责中国在政治、军事等领域所采取的一些举措。此外，这种“平衡性”报道在某些情形下还被用来获取一种冲淡主题、甚至喧宾夺主的效果。

以1998年克林顿总统访华为例。1998年6月25日至7月3日的克林顿总统访华之旅是冷战结束以来发展极为曲折的中美关系上的一件大事，各国媒体也将其视为具有里程碑式意义的访问，美国之音对华广播也对此进行了相关的报道。笔者特此辑录了6月25日克林顿总统访华第一日美国之音对华广播在当晚22：00—23：00所做新闻报道的全部内容，以对其宣传手法做一简明的考察。在这一时段共播出了12条新闻，其主题及关键句依次如下：（1）克林顿总统抵达中国，这是1989年天安门惨案后，访问中国的第一位美国总统，他在抵达西安时，受到了中国官方的欢迎；（2）中国日报指责美国夸大贸易逆差，但中方计算方法没有考虑到经香港中转的货物出口；（3）李登辉在克林顿总统访问前拒绝了中国的和平协议，认为北京不应为统一设定条件；（4）克林顿总统抵达西安出席当地举行的欢迎仪式，克林顿讲话希望加强中美关系；（5）克林顿总统访华前夕，中国政府对不同政见人士加强管理；（6）北大学生将于6月29日听克林顿总统的演讲并与其对话；（7）美国商人列举了中国应当改善的地方，希望克林顿总统访华能帮助大多数美国人减少对中国的负面看法；（8）北大传出一封据说是中共前任总书记赵紫阳写给中共中央的要求平反"六四"的信；（9）港台保钓人士遭受挫折；（10）台湾陆委会表示，如果二次克（林顿）江（泽民）会谈损害台湾利益，台湾政府会采取断然措施；（11）美国加州中国海外民运团体呼吁克林顿总统应该接见赵紫阳和其他有影响的民运人士；（12）据说中国在克林顿总统访华的城市逮捕了4名不同政见人士。这全部12条新闻不妨按其所表达的主要观点或倾向，对其进行简单的归类：仅有第（1）、（4）和（6）三条直接涉及克林顿总统访华之行的情况，且只有第（4）条最为正面；第（2）和（7）条涉及经贸问题，以批评中方为主；第（3）和（10）条涉及台湾问题，报道台湾方面观点为主；第（5）、（8）、（11）和（12）条涉及人权、民主等问题，另有第（1）条中也有意硬塞进一句提及北京政治风波的插入语；此外，第（9）条涉及的是保卫钓鱼岛活动情况，与前边各项关联不大。由此可以更深刻地领会到"平衡性"报道这一宣传手法的"奥妙"：一方面，它不仅谈政治这一个层面，也谈经济、民主、人权以及文化等多个层面，使其看起来更为平衡；另一方面，它也充分利用这多面报道上的"平均主义"来冲淡主色调，甚至以对一些次要方面的关注来喧宾夺主，进而委婉地表达出其所持的立场或倾向。

（三）“对比性”报道

不管怎么说，“平衡性”报道毕竟仍只是美国之音的一家之言，有时可能还是会因此受到质疑而影响其实际效果。为此，美国之音对华广播中又引入了第三招——“对比性”报道。美国之音认为，直接在报道中表明其褒贬态度有时容易使报道显得过于主观武断而缺乏足够的说服力，故而它经常代之以“对比性”报道凸显出其中的巨大反差，表面上似乎完全交由听众自己根据他们听到的两方面情况再结合其亲身感受来下判断，从而非常巧妙地传达出其所欲表达的信息。

美国之音中文网站主页上的“专题报道”栏目中有“对比新闻”一项，笔者特以其在 2008 年 2 月 29 日发表的一篇题为“对比美中雪灾路况处理和媒体报导”的报道为例，以加深对美国之音对华广播“对比性”报道这一宣传手法的直观理解。[①] 该报道的一开始即道明了表面上的主题是“从雪灾的新闻报导看到了中外媒体处理灾害性新闻事件的不同”，具体展开时则是一组组十分鲜明的对比：（1）“美媒体多方位报道灾情监督政府”，而“中国媒体唱支颂歌给党听”；（2）“不受政府控制的美国媒体在卡特里纳飓风救灾事件中，一如既往地担负起代表民意监督政府的社会责任。对比美国同行，中国记者和中国官方控制的媒体报导雪灾的重点，却是歌颂党和政府领导下救灾取得的成就”；（3）“洪水还没有完全消退，美国媒体已经开始向政府开

① “对比美中雪灾路况处理和媒体报导”（记者：东方，2008 年 2 月 29 日发自华盛顿的报道），详见美国之音中文网：https：//www. voachinese. com/chinese/w2008 -02 -29 - voa60. cfm（2008 -03 -05）。

火，追究政府方面的责任和缺失"，而"一场大雪就造成半个中国陷入瘫痪，其中难道没有任何一级的政府领导出来承担'预警不足、应对不力、救灾缺乏效率'的责任吗?"以及"中国高速公路比美国漂亮但管理较差"、"美国车推雪，中国人扫雪"、"成千上万名解放军在冰冷的雪地上奋战一天，恐怕还抵不上美国铲雪车的功效"，等等。笔者的故乡安徽就是那次雪灾最为严重的省份之一。在回故乡过春节的途中，笔者就因雪灾受阻滞留火车站附近的宾馆达四天之久，可谓亲历了该报道所描述的全过程。而据此来判断，美国之音对华广播的这些"对比性"报道不可谓不令人印象极为深刻而使听众几乎很自然地就会进入它预设的思维轨道。接下来，该报道话锋一转，指出中国"把灾害性新闻的角度扭转成歌功颂德的正面新闻，这种做法是有悠久历史的"，"30 年前发生的渤海二号钻井平台沉船事件就是一个突出的代表"。然后，它再下最终论断"三十年光阴荏苒，中国的新闻改革转了一个圈，又回到了起点"。由于听众的思维已被纳入了它的轨道，美国之音的这一宣传手法所能取得的效果自然也就不容小觑了。

以上谈的这三种宣传方法大体上是按照其构思精巧及操作复杂的程度由低到高递进而展开阐释的，它们基本构成了美国之音对华广播的主要宣传手法。当然，除此之外肯定还有其他一些宣传手法，甚至还包括一些捕风捉影、造谣诽谤等有违职业道德的行为，但笔者以为那些毕竟算不上美国之音对华广播的主流。另外，有两点笔者希望能够加以明确：一是上面提到的所有这些宣传手法并不只限于美国之音一家这样操作，实际上几乎所有的媒体（包括官方媒体）在其实际运作中都会运用到类似这样或那样的做法，撇开纯粹的价值判断不谈，它们都不过是"人可用之、人皆用之”的宣传手法而已；二是美国之音本身一直处于不断的变化和发展之中，以冷战结束为界，在此之前和在此之后我们也应当认识到美国之音对华广播已经发生了较大的调整与转变，层次更为丰富、手法更为灵活、内容也更为多样，套句不甚恰当的话说，其已非“吴下阿蒙”，对其的认识当然也宜“刮目相看”。

四、“美国之音”对华广播在对华公共外交中的地位

上文对美国之音对华广播的调整历程、节目设置及宣传手法做了较为详细的论述，此处则主要对其的公共外交效用进行一个简要的总结和初步的评估，首先是对其自身的发展、影响的一些看法，其次则是对其在整个美国对华公共外交中的作用、位置的一点认识。

（一）美国之音对华广播与中美关系

美国之音对华广播至今已然度过了一个甲子，其发展历程始终与中美关系的发展态势紧紧联系在一起，几乎其每一步调整转变都可折射出其时中美关系的起伏高低，同时中美关系的实际状况也在一定程度上制约与影响了美国之音对华广播的基本导向。

二战后期，为了向中国人民及时报道中国国内、太平洋地区以及世界其他地区的战事发展，以鼓舞中国战场上军民继续抗击“东方法西斯”的斗志，美国之音开始了对华广播，体现了作为战时盟国的中美之间的遥相支援。

中华人民共和国成立之后，中美两国出于各自国家的现实利

益考量随之也步入了意识形态相抗的对峙状态，历时二十载有余。美国之音对华广播进行了大量反共、敌视新中国的宣传攻势，同时新中国也视其为"敌台"而对其信号加以干扰屏蔽。加之由于当时中国国内政治状况的客观限制，美国之音对华广播在这一时期的实际收听者寥寥，大的影响自然也就谈不上。

待到20世纪70年代中美关系开始解冻直至80年代中期，美国之音对华广播在中国听众中的知名度逐渐升高，影响日益扩大。这一现象的出现，需要结合其时国际上与中国国内这两个层面的具体情况来客观看待。一方面，国际上美苏冷战开始呈现出"苏攻美守"的态势，苏联大搞霸权主义也已然威胁到了中国的安全。中美关系的逐步改善在战略上改变了国际力量对比格局，在情感上拉近了两国人民之间的距离，在现实中则为对华广播的放送与接收提供了便利。另一方面，从当时中国的国内环境来看，中国已开始一点点摆脱毛泽东时代的思想禁锢，中美关系正常化并最终正式建交又激起了中国人民此前被长期压抑着的了解外面世界的渴望。此外，还有一个相当具体的促进因素不应被忽视，那就是随着中国开始实行改革开放政策，出国旅游或留学交流成为一种时尚与可能，有相当一部分人正是试图借助收听美国之音纯正的英语来提高自身的英语水平，其中又以恢复高考之后未久的教师和大学生为主要群体。[①] 中美关系因80年代末的北京政治风波而再陷低谷，美国之音对华广播也颇受诟病，随之进入了冷战结束之初的调整转变。

冷战结束以来，中美关系发展的起伏周期似乎大为缩短，总体前进但曲折不断。在此种情形下，美国之音对华广播则似乎与两国关系的实际发展状况保持了一定的距离感、独立性，从形式

① 檀有志："美、日两国对华公共外交之比较研究（1972-2001）"，第230页。

到内容都力求灵活多样，实则宣传功力更为凌厉。一方面依旧显现出对美国国家利益和外交政策极力维护的底色，另一方面也越发显示出对中国国际地位和国家实力严重关切的姿态。

（二）美国之音对华广播与美国对华公共外交

美国之音对华广播从属于美国对华公共外交，是其两大重要组成部分中对外信息传播活动的一个代表项目。美国之音对华广播的发展既与中美关系态势息息相关，也与美国对华公共外交的战略调整与政策转变紧紧相连。

在20世纪50年代初至70年代初中美之间近乎隔绝的20多年里，对华广播甚至可以说是美国对中国开展公共外交最主要的工具，如果不能说是唯一工具的话。不过，囿于当时美苏冷战对抗的国际大背景以及中美两国国内政治状况异常的国内小气候，美国之音对华广播在实施公共外交方面的作为还相当有限。这种状况在中美关系正常化进程开始以后，尤其是中美建交之后得到了极大的改善。美国之音对华广播随着整个美国对华公共外交的恢复而得到了较大的发展，具有一定的影响面和引导力。冷战结束后，也随之进入了调整与转变之中。

美国之音对华广播是美国对华公共外交的一件重要武器，但自冷战结束以来，相较于其他公共外交形式，美国之音对华广播已开始出现了一些相对的劣势。一方面，国际广播这一传统媒体在冷战结束后受到了互联网、卫星电视等新兴媒介极大的冲击，美国之音的目标受众中很大的一块被分流了出去，对华广播也同样面临这种情况；另一方面，冷战结束以后中美之间教育文化交流活动发展势头强劲，双向的人员往来比单向的信息灌输更易为人所接受。因此，随着中美两国相互间在各个层面上的联系交往越发密切，美国之音对华广播在美国对华公共外交中的地位会逐渐下降：短期内相对下降，长期内绝对下降。而唯一的例外是除非中美关系再次出现 1949 年或 1989 年时那样的重大倒退。

本章小结

自成立之日起，美国之音始终与美国的对外政策保持着十分密切的关系。从二战后期刺向法西斯势力的"无形利剑"，到冷战期间攻向苏东阵营大搞演变的"破城之椎"，再到冷战结束以后宣扬自由世界的胜利与美国世纪的"乱国之音"及"9·11"事件之后不断为美国政府四处补台的"反恐先锋"，其在美国外交战略实施中的地位和作用是不容忽视的。

逾半个多世纪里，美国之音始终是美国外交政策的一个风向标，同时也是美国实施公共外交活动的一件重武器。美国之音对华广播一直都是美国对华公共外交的重要组成部分，其发展历程始终与中美关系态势息息相关，折射出每一阶段中美关系的起伏高低；又与美国对华公共外交的战略调整与政策转变紧紧相连，随其处于不断的调整与转变之中。

为了不断提升美国对华公共外交的效用、最终服务于美国的国家利益，美国之音对华广播不断相时而动、随机而变，从节目设置到宣传手法上都进行了较大的调整与转变，力求灵活多样，故此理应用一种发展的眼光去看待它。不过，由于受到新兴媒介的冲击与国际教育文化交流活动日盛的挑战，美国之音对华广播未来在美国对华公共外交中的地位将呈逐步走低之势。

第五章

因势而变：
中美富布赖特项目的转变历程

富布赖特项目旨在为人们在世界事务中带来多一点了解、多一份理性和多一些关怀，进而增加国家之间最终学会和睦相处的机会。

——J. 威廉·富布赖特

富布赖特项目（The Fulbright Program）因其倡导者、美国著名参议员威廉·富布赖特（J. William Fulbright，1905—1995）而得名。它是迄今世界上活动规模最大、涉及人数最多的国际教育文化交流项目，也是美国公共外交领域中知名度最高、影响力最大的活动之一。

作为美国对华公共外交中教育文化交流的典型代表，中美富布赖特项目（The U. S. -China Fulbright Program）是整个富布赖特项目的一个组成部分。尽管就其交流规模和参与人数来看，中美富布赖特项目在全球所有富布赖特项目中并不是最大的，但它却是美国在世界上开展的第一个富布赖特项目，并且它的发生、发展及转变始终与中美关系的发展状况紧密相连，因而也常被看作是一支能敏锐捕捉到中美关系“阴晴雨雪”的晴雨表。

本章在对富布赖特项目的设立过程与管理模式等做一简要概述后，重点考察中美富布赖特项目在1948—1949年国共政权易手之时与1979年中美建交以后，这前后相继而又相对独立的两个发展阶段，紧扣其命运的曲折与转变，探究中美富布赖特项目是如何因势而变，以图发挥出美国对华公共外交的最大效用。

第一节　富布赖特项目的设立过程与管理模式

前文曾提到历史大家汤因比先生高度赞扬过富布赖特项目，美国国务院也不无自豪地宣称该项目是世界上最大、最负盛名的国际交流项目，随之一个常被提起的疑问就出现了，那就是，当时到底是哪些因素促成了这一伟大项目的诞生？为此，本节就主要来回答这一疑问，并附带对该项目的管理模式做一简述。

一、富布赖特项目的设立过程

（一）富布赖特项目的设立背景

对于富布赖特项目的设立背景，许多学者给出了各种各样的解读。有的学者认为，富布赖特参议员提出法案乃是下列因素推动的结果："20世纪40年代中期席卷美国的国际主义运动，富布赖特本人在20世纪20年代作为罗兹奖学金学者（Rhodes scholar）的亲身经历，以及他对美国外交领导阶层的幻灭和培养能领导美国及世界的博学练达之精英的决心。”[①] 而另一些学者则强调第二次世界大战所带来的深远影响，“它的惨烈推动了来自阿肯色州的年轻参议员去寻找出路以避免下一场浩劫，它的遗留物资提供了早期的经费，欧美之间学术交流长达五年甚至更久的中断意味着大量美国大学的饱学之士都渴望尽快回去哺育外国的学生，并且新一代的美国人也有动力、准备和途径去国外学习。”[②] 一名印度学者则将富布赖特项目的创建归功于富布赖特参议员力图与美国在海外的负面形象作斗争的远见。“在赋予富布赖特项目通过文化交流增进相互理解的目标的所有因素中，恐怕没有哪一个因素能像遍及世界的反美主义这一现象那样具有决定意义。……富布赖特参议员确信这种毫无根据的国家形象的长期存在经常妨碍到文化和思想的聚集，意识到去切身感受不同的文化非常重要，于是他开始了这项史无前例的试验”。[③] 这些学者的看法都不无道理，不过他们多只强调某些方面的因素而忽略其他方面，实际上有些因素可以相互补充而并非相互冲突。笔者认为，在其时以下三个最为重要的因素构成了富布赖特项目的设立背景，即：二战结束后美国的国际地位、美国开展国际交流的成功先例以及富布赖特本人丰富的人生经历。

首先，二战后美国的国际地位。二战结束以后，国际格局有了很大的改变，德、意、日法西斯主义崩溃，英、法诸强因战事元气大伤，美国一跃成为当时世界上经济、军事实力最为强大的

---

① Randall Bennett Woods, “Fulbright Internationalism”, *ANNALS*, *AAPSS*, Vol. 491, (May 1987), p. 22.

② Richard T. Arndt and David Lee Rubin (ed.), *The Fulbright Difference*, *1948 - 1992*, p. 13.

③ Sachidananda Mohanty (Introduced and Edited), *In Search of Wonder*: *Understanding Cultural Exchange Fulbright Program in India*, p. 31.

两个国家之一。“财大始气粗”，美国的对外政策旋即发生了很大的转变，从战前的“孤立主义”迅速转向战后的“国际主义”，积极谋求“美国治下的世界”并与战时盟友、战后死敌的苏联展开全球争霸。这种情形下，美国不仅有扩张和炫耀其政治、经济、军事实力的需要，而且也有通过密切与其他国家的文化交流以宣扬其民主自由观念、社会生活方式等的冲动。与此同时，美苏战时合作结束、行将大肆争霸的苗头也使人们对于引发另一场世界大战的担忧与日俱增，毕竟当时美国已经拥有了核武器而苏联也很快就将开发出来。这种情势就为开展国际教育文化交流以促进世界和平的美好设想布下了一幕重大而又特殊的时代背景。

其次，美国从事国际交流的先例。将国际文化交流作为分享知识、打破藩篱的有用工具这一想法并非什么新事物，在富布赖特项目之前，美国历史上曾有三次非常重要的成功先例，分别是1908年的“庚款兴学”、1920年比利时—美国教育基金会（The Belgian-American Educational Foundation）开展的交流活动以及20世纪30年代美国与拉美国家之间的文化交流。1908年美国政府决定退还“庚子赔款”中超出其“实际损失”的部分约计1078.5万余美元，逐年逐月“退还”给中国。[①] 经双方协商，退款的用途是“为格致学生留美之用”，即用于中国政府向美国选送留学生，“自退还之年起，初四年每年遣100名，以后每年至少须遣50名”。[②] 1924年9月，还专门成立了中美共同管理的中华教育文化基金董事会。数十年间，“庚款兴学”运动为中国培

① 陈学恂主编：《中国近代教育史教学参考资料》（下册），北京：人民教育出版社，1987年版，第257页。

② 项立岭：《中美关系史全编》，上海：华东师范大学出版社，2002年版，第104页。

养了许多高水平、高素质的专门人才，这些人在后来对中国迈向现代化都产生了重大而深远的影响。1920 年，当时任比利时救济委员会（The Belgian Relief Commission）会长、后来曾任美国总统的胡佛（Herbert Hoover）利用委员会的清算所得创立了比利时—美国教育基金会，这一机构利用救济基金所余款项在 25 年里共资助了 762 名比利时人和美国人进行交流。到二战爆发前，比利时有四分之一的大学教员、一位首相及六位内阁成员曾到美国学习过。[①] 在前面的章节中提到过，为了密切开展与拉美国家之间的文化交流，美国国务院在 1938 年建立了文化关系处。在其首任负责人本·彻灵顿（Ben M. Cherrington）看来，它为今后开展交流项目立下了两条根本法则："首先，美国开展的文化关系活动必须是互利的，不能将一方的文化强加于人；其次，进行文化交流应当让各国中对此有兴趣的个人和机构都参与进来，也就是项目应当首先从那些已经建起的文化中心开始"。[②] 美国在国际文化交流方面这三个颇为成功的先例，为之后富布赖特项目的创建提供了有益的经验和一定的推动。

最后，富布赖特参议员的个人经历。富布赖特 1905 年 4 月 9 日出生于密苏里州的萨姆纳，1925 年在阿肯色大学获政治学学士学位，后获得罗兹奖学金（Rhodes scholarship）赴牛津大学学习并获文学硕士学位。在这一时期，他还游历了英伦三岛及欧陆大部，这给他留下了终身不灭的印象。"罗兹奖学金使我的世界发生了天翻地覆的变化，仿佛是一场梦似的，那种你在国外所遇到

① Randall Bennett Woods, "Fulbright Internationalism", p. 24.

② Ben M. Cherrington, "Ten Years After," *Association of American Colleges Bulletin*, Vol. 34 (December, 1948), p. 2. Cited from Wilma Fairbank, *America's Cultural Experiment in China, 1942–1949*, p. 5.

的人都是些大同小异的敌人的想法一下子都烟消云散了。”[①] 罗兹奖学金的这一经历极大地打开了富布赖特的眼界，“对于一个来自美国小镇的男孩而言，罗兹奖学金是一张使他能够领略他的家乡以外的大千世界的入场券。若干年后，他创建的一个项目将为世界上成千上万的人提供同样的机会。”[②] 1939 年，34 岁的他出任阿肯色大学校长，成为当时美国最年轻的大学校长。1942 年富布赖特当选众议院议员。作为外交事务委员会的成员，他于 1943 年提出了一项号召美国参与组建一个二战后维持国际和平的国际性组织（此即后来的联合国）的议案，富布赖特议案（The Fulbright Resolution）成功获得通过，这为他赢得了很高的声誉。[③] 1944 年又竞选成功进入美国参议院。他花了很多精力思考第一次世界大战后的战债偿还问题，这触发了他提出议案将美国在二战后的剩余战争物资就地处理所得用于国际教育交流的念头，也希望以教育交流的方式促进世界各国人民之间的理解，减少战争给人类文明造成的灾难。

（二）富布赖特项目的诞生过程

在第二次世界大战的过程中，为了击败轴心国，美国依据《租借法案》在世界上许多美军基地及盟国的兵工厂中存储了大量的战争物资，包括飞机、坦克、火车、电话以及食品、医药等。战争结束以后，几乎一夜之间，这些“战时俏货”即降格为“剩余物资”，具体数量难以确数，粗略估计约有 400 万件遍

---

① Leonard R. Sussman, *The Culture of Freedom: The Small World of Fulbright Scholars*, pp. 53 – 54.

② ［美］霍伊特·珀维斯（Hoyt Purvis）：“J. 威廉·富布赖特：来自美国小镇的国际理解倡导者”，载《交流》杂志，2004 年冬季刊，第 7 页。

③ “Sunday Postscript,” April 30, 1944, *Fulbright Papers*, Box 55, Series 78.

布世界各地。[1] 美国国内的不少利益集团都希望能免费或以极低的价格将这批物资弄回国内，但美国国会担心此举会耗去巨额运费并会扰乱国内市场。1944 年美国国会通过《剩余物资法》(Surplus Property Act)，禁止将这些剩余物资运回美国，授权政府以合适的价格将之出售，外国政府则是适当的买家。[2] 但是，由于战争的破坏，很多国家的经济都亟待战后重建，无力也无心花大量的美元外汇购买这些对他们而言并不是最紧要的物资。而美国国会又禁止将它们运回国内，这批剩余物资就相当于一大批美元或其等价物被冻结在海外。[3] 在这个进退两难的关口，来自阿肯色州的年轻参议员威廉·富布赖特展现出了他的远见卓识以及高超的政治技巧。

二战硝烟尚未散尽的 1945 年 9 月，富布赖特向国会提交了一项主张由政府出资并实施管理的国际教育文化交流的议案，作为对 1944 年通过的《剩余物资法》（The Surplus Property Act）的修正案。富布赖特深信这样的一个交流项目能够帮助消除世界上的高度狭隘主义与极端民族主义这两种邪恶，使世界免于另一场毁灭性大战的恐怖，特别是进入了一个核武器时代；同时，他也深信，“美国剩余物资闲置海外而那些想买的政府又美元短缺，以及对美国在国际事务中扮演一个更为积极角色的广泛诉求，这些足以去打动一个把钱袋子攥得死死的国会以及克服美国政府对国际教育交流的传统漠视”。[4] 该议案的核心内容是授权

---

① Committee on Expenditures in the Executive Departments in the Congress, *Surplus Property Disposal*: *Hearings*, 79th Congress, 1st session, 1946, pp. 1 – 40.

② U. S. Department of State, *Regulations and Orders Pertaining to Foreign Surplus Disposal*, Publication 2704 (Washington: U. S. Government Printing Office, December, 1946).

③ *Congressional Record*, 79th Congress, 1st session, April 30, 1945, pp. 3943 – 3944.

④ Randall Bennett Woods, “Fulbright Internationalism,” p. 25.

美国政府利用出售二战结束后美国闲置在世界其他国家中的战争剩余物资所获得的外汇现金，资助美国公民去国外学习、研究、讲课以及支付其他国家的公民到美国大学学习、研究的交通费用，国务院可与其他国家的政府缔结行政协议，以进行学术文化交流。为了使议案能够得到顺利通过，富布赖特充分展现了他过人的政治技巧：一方面，富布赖特在他的议案中“聪明”地加入几条迎合其他议员的条款，如声明外国学生到美国学习不能剥夺美国公民参加这些大学或机构的学习机会、用于每个国家的交流费用累计不得超过 100 万美元等等；另一方面，他又“狡猾”地选在下午 5 点只有很少议员在场的时候提出他的议案，这样就避开了那些极有可能提出反对意见的资深议员而使他的议案“毫无争议地”获得一致通过。事后就曾有一名保守主义色彩极浓的资深议员在碰到富布赖特时说，假若他当时在场就一定不会让这项对美国而言如此“危险”的议案获得通过。[①]

由富布赖特提出的这项议案在国会顺利通关之后，1946 年 8 月 1 日经美国总统杜鲁门签署正式成为法律，并沿用该议案首倡者的名字将其称为《富布赖特法案》(The Fulbright Act)(Public Law 79 - 584)。由此，美国国务卿获得授权，可与其他国家的政府缔结行政协定，并运用归属美国所有的当地货币资助教育、文化和科学领域的人员交流以增进国家亲善和相互理解。《富布赖特法案》通过之后两年，美国国会先于 1948 年通过了《史密斯—蒙特法案》(Public Law 80 - 402)，该法案是对《富布赖特法案》的增强与扩充，为包括富布赖特项目在内的美国公共外交活动的展开提供了重要的法律依据；后又于 1961 年通过了《富

① Sachidananda Mohanty, *In Search of Wonder*: *Understanding Cultural Exchange Fulbright Program in India*, p. 36.

布赖特—海斯法案》（Public Law 87 – 256），该法案吸收了《富布赖特法案》、《史密斯—蒙特法案》的主要内容，扩大和加强了美国对外各种文化交流活动的范围和灵活性，至今仍然是美国政府开展国际教育文化活动的一个重要法律依据。

1961 年 8 月 1 日，在富布赖特法案成功运作 15 周年的纪念仪式上，肯尼迪总统发表讲话，盛赞富布赖特项目的设立乃是“铸剑为犁的现代经典范例”。[①]

二、富布赖特项目的管理模式

《富布赖特法案》正式通过以后，就把在这一法案下进行的教育文化交流活动统称为“富布赖特项目”。尽管富布赖特项目是美国政府主导下的最大的国际教育文化交流项目，但其管理模式并非全由美国政府单方面包办，而是采取一种政府主导方向、非政府机构参与运作的“官私合作”以及由美国公民和项目所在国公民共同组成的双边委员会“两国共管”的管理模式。下面将对项目的几个最主要的管理机构依次做一简要介绍，以此来间接理解这种特别设计、精心构筑的管理模式其用意之深远、深刻。

（一）美国国务院（U. S. Department of State）

国务院经《富布赖特法案》授权成为处置美国闲置海外的剩余物资的唯一机构，国务卿可以外国政府签订行政协议来资助教育活动。在国务院中，教育与文化事务局具体负责项目的管理

① Office of the White House Press Secretary, “Remarks of the President at the Ceremonies in the Rose Garden in Connection with the 15th Anniversary of the Fulbright Act”, *Immediate Release*, August 1, 1961, p. 1.

事宜，主要职责包括：（1）与参加项目的外国政府签订协议；（2）在参与国建立和指导双边委员会或基金会；（3）为国外奖学金理事会提供职员；（4）与国外的双边委员会或基金会以及美国国内协助执行该项目的公私合作机构之间的联络。[①]

（二）国外奖学金理事会（The Board of Foreign Scholarships, BFS）

根据《富布赖特法案》的规定，为了选拔学生和教育机构参与该项目，一个经总统任命的10人国外奖学金理事会于1947年7月10日最终组成。理事会为项目管理制定政策和程序，拥有所有奖学金候选者最后的审批责任和对项目在美国国内和海外的运行情况进行监管。第一届理事会成员均为来自文化界、教育界的精英，还包括美国教育局、州政府教育机构及老兵事务管理机构的代表，任期三年。[②] 成员组成体现了美国国内多个利益集团之间的协调与协作，并且大多数成员均有过这样或那样的国际交流背景。1961年《富布赖特—海斯法案》出台之后，理事会又扩大为12人，负责包括富布赖特项目在内的所有教育文化交流项目的遴选与监管。1990年，为了向该项目的创立者表示敬意，国会决定将理事会的名称改为威廉·富布赖特国外奖学金理事会（J. William Fulbright Foreign Scholarship Board）。

（三）国际教育协会（Institute of International Education, IIE）

国际教育协会成立于1919年，它是一个在世界范围内皆有一定影响的非营利性非政府组织，一直致力于促进人们之间的相

① Bureau of Educational and Cultural Affairs, "The Educational Exchange Program under the Fulbright Act", May 1961, p. 3.

② Walter Johnson and Francis J. Colligan, *The Fulbright Program: A History*, pp. 21 –22.

互交流和力图打造一个和平的世界，具有极为丰富的国际学生交流经验。它与国务院签订合作协议，负责美国公民申请富布赖特项目资助出国留学者的遴选组织，以及获得该项目奖学金来美外国留学生的安置工作和日常监管。此外，国际教育协会也管理着归入富布赖特项目名下的休伯特·汉弗莱奖学金项目（The Hubert H. Humphrey Fellowship Program）。

（四）双边委员会或基金会（Binational Foundations/Commissions）

从开始酝酿《富布赖特法案》之初，富布赖特参议员即坚定地相信，"一个在很大程度上是由政府出资赞助的项目，唯有通过精神上和实践中的双边主义和相互性方能保证它的非政治、非党派特性。"[①] 为此，富布赖特项目管理上一个极为重要的特色即是这种"双边主义"，它意味着其他国家和美国一样享有对项目的计划、审定和管理的权利。基于这种考虑，一般在每个合作国家都会设立一个由两国公民共同组成的基金会或者委员会来管理与该国的富布赖特项目，通常由 6 到 14 人组成，美国驻该国的大使一般兼任名誉主席，该国则派其外交或教育部长担任主席，两国成员则分别由大使和部长任命。双边委员会或基金会有广泛的项目管理权，其主要职责之一是起草和提交该国的年度计划，供国外奖学金理事会以及美国国务院批准，其他功能包括对奖学金申请人的面试、对美国学生学者在合作国的安置、为有意到美国学习的大量学生提供咨询以及为刚来的奖学金获得者进行培训等。这种"双边主义"的优点几乎不言自明，它"可以使富布赖特项目摆脱'文化帝国主义'或政治特惠的指责，也能

① Sachidananda Mohanty, *In Search of Wonder*: *Understanding Cultural Exchange Fulbright Program in India*, p. 45.

够防止它被挪作学术之外的用途。”[①] 1986 年国外奖学金理事会的年度报告中还指出，“这种双边方法的最重大成果无疑是许多国家的政府乐意与美国一道资助这项学术交流项目”，该报告甚至宣称这种双边方法是“富布赖特项目区别于绝大多数其他公私项目的印记”。[②]

自富布赖特项目设立至今，已有来自世界 150 多个国家的 30 多万学生和学者参与过该项目各种形式的教育文化交流活动；目前世界范围内共有 50 余个双边委员会或基金会参与有关富布赖特项目的管理运作，对于那些没有设立这一机构的国家和地区，则一般由美国大使馆的公共事务部负责相关事宜。[③] 在适宜的“生态环境”中，富布赖特项目不断发展壮大，已成为美国对世界其他国家开展公共外交活动中一件极为重要而又颇受欢迎的有效工具，而中美富布赖特项目就是这其中极为突出且最为独特的一个代表。

第二节　中美富布赖特项目的转变历程

尽管《富布赖特法案》早在 1946 年 8 月 1 日起即已生效，

---

① Yasutaka Tokorozawa, “The Effects of the Fulbright Graduate Study Program: Its Personal and Social Meanings in Post-war Japan”, (Ph. D Dissertation), University of California (Los Angeles), 1996, p. 43.

② The Board of Foreign Scholarships, *Forty Years: the Fulbright Program 1946 – 1986*, Annual Report 1986, p. 7.

③ 详见美国国务院教育与文化事务局主页：“Fulbright Commissions and Foundations,” Available at: http: //exchanges. state. gov/education/fulbright/commiss. htm (2008 – 03 – 13)。

但“纸面上的法案是一回事，而将项目付诸实施则完全是另一回事”。[①] 由于技术上和行政上的各种障碍和拖沓，在延迟了一年多之后，美国方才于1947年11月第一个与中国缔结了有关实施富布赖特法案的行政协议，中美富布赖特项目也得以成为世界上第一个富布赖特项目。然而仅仅在项目成功运作一年之后，因1949年中华人民共和国成立后中美关系交恶，中美富布赖特项目被迫中止，中国又再次成为世界上第一个退出富布赖特项目的国家。[②] 这两项“第一个”的独特遭遇，在整个富布赖特项目发展史上可谓绝无仅有。在中断了长达30年之后，中美富布赖特项目紧随1979年中美正式建交得以很快重新启动，迈入一个新的发展轨道。故此，本节将大体按照国共政权转换之际与中美建交以后这两个阶段，来对照考察中美富布赖特项目的转变历程。

一、国共政权转换之际的中美富布赖特项目

（一）世界上第一个富布赖特项目的诞生

在第二次世界大战期间，作为其全球大战略的一个有机组成部分，美国也向中国战场输送了大量战争物资。当二战结束后，按照1944年通过的《剩余物资法》，美国将这些剩余的战争物资折价卖给中国政府，并像对待其他盟国一样允许中国用本国的货币支付。1946年8月30日，美国与中国签订了《剩余物资买卖协议》（The Surplus Sales Agreement）。[③]

---

① Ralph H. Vogel, “The Making of the Fulbright Program,” *The Annals of the American Academy*, *AAPPS*, Vol. 491 (May 1987), p. 12.

② Walter Johnson and Francis J. Colligan, *The Fulbright Program: A History*, p. 196.

③ Department of State, *Report to Congress on Foreign Surplus Disposal*, October 1946, p. 40.

1947年4月7日，代理国务卿艾奇逊（Dean Acheson）致函中国驻美大使顾维钧（Wellington Koo）说，“美国政府已经做好准备与中华民国政府就1946年8月30日的《剩余物资买卖协议》所得资金的用途进行谈判”，“第584号公共法（笔者注：即《富布赖特法案》）使得美国有可能从出售剩余战争物资所得中提出部分资金用于开展一项教育项目”。[①] 对于中国因何而被选为世界上第一个开展富布赖特项目的国家，艾奇逊表示：“基于我们两国之间的传统友谊，本政府特此表达一种期望中国作为第一个国家，其将就开展此项目的协议与之进行谈判。……我坚信，也相信你也会深信，通过鼓励和便利两国之间的学者交流，谈判这样的一个协议将对建立一个更加坚实的友谊关系做出贡献。”[②] 除此政治层面的考虑外，中美之间100多年的历史交往联系显然也是因素之一。有美国学者就认为：“100多年来，美国人向中国的学校、医院以及农业试验站捐钱，与这些礼物一道过去的还有英语，已经成为几乎所有中国学校的主要外语。这也是一笔财富。”[③] 在此之前30多年时曾涌现过的“庚款兴学”光辉先例，无疑还存留在一部分希望在中国设立一个新的教育项目的美国人心里。

不过在具体的谈判过程中，中美两国政府之间在两个问题上存有较大的争议。第一个争议是在未来资金的管理权问题上，尤其是哪一方拥有真正的控制权。中方希望所有的资金全部归中方

① Department of State, “The Acting Secretary of State to the Chinese Ambassador (Koo), Washington, April 5, 1947,” FRUS 1947, p. 1263.

② Ibid.

③ Haldore Hanson, “The Cultural-Cooperation Program 1938 – 1943”, *Department of State Publication 2137* (Washington: United States Government Printing Office, 1944), p. 4.

支配，在某种程度上采取庚子赔款退款那种管理形式。[①] 在接到美国驻华使馆的汇报后，国务卿马歇尔电令美国驻华大使馆务必向中方阐明这笔资金完全不同于庚子赔款退款，“它们是美国的钱财，被美国政府在中国主要用于使美国公民受益，但这也将间接地帮助一些接受奖学金到美国在中国的机构中学习或到美国旅游的中国机构和个人。”[②] 第二个严重分歧则是在项目董事会的人员组成问题上。在 1947 年 5 月 27 日发给华盛顿的一封电报中，驻华大使馆强调，“特别希望确保在政策制定或项目管理上中国的任何声音都必须完全是顾问性的”，“这种类型基金会的历史已经充分表明联合控制极少能成功，在当前中国的形势下更看不到希望。大使馆故此建议在董事会中不要中国成员而附设一些在有需要的情况下才听听他们的看法和建议的中国顾问”。[③] 美国国务院在 6 月 13 日的回电中表示“倾向于支持大使馆的建议，中国的声音只能完全是顾问性的”。[④] 对于这两个方面的权利和权力之争，尽管中方的有关机构据理力争进行了艰苦的谈判，但美方寸步不让，最终在这两个问题上均以中方的让步而告结束。

1947 年 11 月 10 日下午 4 时 30 分，《富布赖特法案》规定的第一个行政协定在南京签署。美国驻华大使司徒雷登（J. Leighton Stuart）代表美国政府、中华民国外交部长王世杰

---

① Department of State, “Telegram 1155: The Ambassador in China (Stuart) to the Secretary of State, Nanking, May 27, 1947 – 7 p. m.”, *FRUS* 1947, p. 1269.

② Department of State, “Telegram 710: The Secretary of State to the Ambassador in China (Stuart), Washington, June 13, 1947 – 11 a. m.”, *FRUS* 1947, pp. 1270 – 1271.

③ Department of State, “Telegram 1155: The Ambassador in China (Stuart) to the Secretary of State, Nanking, May 27, 1947 – 7 p. m.”, *FRUS 1947*, p. 1269.

④ Department of State, “Telegram 710: The Secretary of State to the Ambassador in China (Stuart), Washington, June 13, 1947 – 11 a. m.”, *FRUS 1947*, p. 1270.

（*Wang Shih-chieh*）代表中国政府在教育交流协议上签字。[①] 根据协议还成立了美国在华教育基金会（The United States Educational Foundation in China，USEFC），作为管理这一教育交流项目的机构，由以司徒雷登为首的五名美方董事和以胡适为首的五名中方顾问组成，在某种程度上也体现了一点点“两国共管”的双边主义精神。就这样，世界上第一个富布赖特项目在中国诞生了。

（二）国共政权转换之际中美富布赖特项目的运作

中美富布赖特项目刚一启动即在两国国内均引起了广泛的关注和积极的回应，中国方面，美国在华教育基金会与全国的多所高等教育机构进行联系并收到了来自70多个机构的近400份客座教授申请；美国方面，也有60多名学生申请来中国进行研究生学习。[②] 最终，经过双方的层层选拔，1948年9月至1949年8月间首批富布赖特学者共有27名美国人（包括4名客座教授、7名研修学者以及16名研究生）[③] 和24名中国人（包括3名教授、11名研修学者及10名学生）[④] 实际参与了这一项目的双向交流。美方另有14人因中国局势变化奖学金停发以及其他各种原因最终未能来华而成为终身遗憾，中方则另有83人接受富布赖特项目的部分资助而在美国当时在中国所兴办的一些教育机构中学习。

---

① “Report on the Operation of the Department of State”, *Message from the President of the United States*, 80th Congress, 2nd Session, March 8, 1948, pp. 2 – 3.

② Isabel Avila Maurer, “The Fulbright Act in Operation”, p. 105.

③ Wilma Fairbank, *America's Cultural Experiment in China 1942 – 1949*, pp. 178 – 179.

④ “First Grantees under the Fulbright Act, P. L. 584, signed August 1, 1946”, *Memorandum for the File, 10/29/1963*, Special Collections, Mullins Library, University of Arkansas (Fayetteville), Box 103, File 15.

1. 美国富布赖特学者和学生

在交流协议签订了4个月之后，宾夕法尼亚大学著名的汉学家德克·博德（Derk Bodde）教授成为世界上第一位富布赖特学者，他携妻儿于1948年3月来到北京从事学术研究。博德曾在北京上学达6年之久因而对中文颇为精通，此次他是为了翻译中国著名哲学家冯友兰先生所著的《中国哲学史》第二卷。当时正值中国国内战争进入决战阶段，博德在研究之余以一个旁观者的视角撰写了一本记录他这一年在北京生活的日记体著作——《北京日记：革命的一年》（Peking Diary：A Year of Revolution）①，在其返美之后不久即行出版。博德在书中记载了国民党行将败退的最后岁月及共产党逐步接管的起始阶段这一段特殊时期他在中国的所见所感所思，在美国引起了较大的反响，成为当时许多美国人了解中国的一个窗口。当博德结束在中国的研究返抵美国之后，他还一再语重心长地提醒他的美国同胞们："中国的图景既不像《纽约时报》所试图让我们相信的那么黑暗，也不像《工人日报》所描绘的那般美好。它是一幅混合的绘图，有的地方较亮，其他地方较黑，并且亮色和黑影并非一成不变的。"②

在博德看来，尽管由于经验的不足及饥荒的阻碍，共产党领导人的谦逊及他们改善条件的诚心在很大程度上赢得了中国人和在北京的外国人的好感。这与此前国民党时期那种四处弥漫的"阴沉、紧张和犹疑的情绪"形成了鲜明的对照。③ 博德还是一个美国民主的坚定信仰者，常用之来评判事物并不惧任何批评。

① Derk Bodde, *Peking Diary*: *A Year of Revolution* (New York: Henry Schuman, Inc. 1950).

② "Home Sweet Home", Philadelphia, October 10 (Monday), 1949, in Derk Bodde, *Peking Diary*: *A Year of Revolution*, pp. 258 – 265.

③ Ibid., (Preface), p. xvii.

他在1948年10月30日的日记中写道："昨晚与一群约有10来个北京大学的学生讨论美国政治……学生们的反应表明了他们对于美国的些许真知和不少半解，以及一种危险的对复杂的美国思想和生活过于简单化的理解，而这是在他们中间任何美国教育交流项目都不得不面对的。"当被问及他是否认为"美国是世界上最不民主的国家"，博德回答说，"政治方面，它比绝大多数国家都要民主（选举自由，言论自由，没有集中营）；社会方面，它也很民主……"；与此同时，他也并不回避美国一些不那么令人满意的地方，他承认"经济方面，它没能赶上世界其他地方的发展速度"。在此次讨论中，博德尽可能地想要使这些学生们信服"美国的真实图景比他们所想象的要复杂得多，也更少片面"。①

德克·博德之外，参与中美富布赖特项目来华的美国人中最值得一提的恐怕就要算一对研究生夫妇李克（Allyn Rickett）和李又安（Adele Rickett）了。他们获得富布赖特奖学金的资助在清华大学学习中文和研究中国文化，最终却分别于1951年、1952年被新中国政府宣判犯有间谍罪而先后锒铛入狱，直到1955年才被释放而返回美国。回到美国以后，他们于1957年共同出版了一部描写他们狱中生活的著作《解放的囚徒》（Prisoners of Liberation）②。李克在书中交代说，他在二战期间曾任美国海军日语情报官，退职后仍保留着预备役军官身份。1948年在被授予富布赖特奖学金来北京学习之后不久，他被西雅图的海军情报部门召去谈话，问他是否愿意在中国期间帮他们留意一下中

---

① "A Talk with Peita Students", October 30 (Saturday), 1948, in Derk Bodde, *Peking Diary: A Year of Revolution*, pp. 39 -40.

② Allyn and Adele Rickett, *Prisoners of Liberation* (New York: Cameron Associates, Inc., 1957).

国的情况然后在回国时向他们汇报。李克觉得这一邀请“虽然出乎意外但是可以理解”，感觉自己被当作是中国问题专家而有点受宠若惊，于是他“很愉快地接受了这一邀请”。[①] 来中国以后，他们就抓住每一个机会把他们所了解到的有关中国学术界及大学生中的各种动态及时向美国领馆以及美国领馆撤离之后的英国官员汇报，直至被捕入狱。然而，这对在华留学的美国研究生夫妇在已然安抵美国后，并没有像当时很多反共政客、唯利是图的出版商等人所希望或以为的那样在他们的书中大肆指责新中国政府对他们进行肉体迫害或精神灌输，而是详细记述了“他们的思想发展历程和他们同牢友的日常生活，从最初的抵触反抗，到几个月几年之后的自我反省，再到自我揭示（幻灭）的顶峰”。[②] 在前后四年的牢狱生活中，二人均坦言自己经历了一个自我审视和转变思想的理性过程，李克说他在狱中待了两年之后“第一次开始对自己的性格的根基产生了怀疑”。[③] 当他们被新中国政府宣布释放并获准离开中国时，李克写道“我感觉正要离开一个安全而熟悉的地方去投入一个既不安全又一无所知的所在”[④]；李又安则写道，“我可能再也见不到他们（笔者注：指牢友、卫兵、中国官员等）中的任何人了。他们帮我打开了我在大学的那些年中从不曾有过的眼界来看待中国，我对他们非常感谢。我感觉我好像是将离开我身后的一段珍贵的过去，这一思绪让我深深忧伤”[⑤]。在这部书的末尾，他们以中美两国间的一个

---

① Allyn and Adele Rickett, *Prisoners of Liberation*, p. 16.

② Mary C. Wright, "*Review on Prisoners of Liberation*," *The Journal of Asian Studies*, Vol. 17, No. 2 (Feb., 1958), pp. 265 - 267.

③ Allyn and Adele Rickett, *Prisoners of Liberation*, p. 230.

④ Ibid., p. 278.

⑤ Allyn and Adele Rickett, *Prisoners of Liberation*, p. 264.

比较作结："我们的生活经历以及阅读两国的报章让我们得出这一结论，当今的中国对于美国正在发生的情况较之美国人对于中国正在发生的一切，依然有着一个更为清楚的了解（a clearer picture）。"[①] 半个世纪之后再回首，李氏夫妇的这些奇特的经历确实不得不让人深思良久，感叹不已。

此外，其他的美国富布赖特学者学生中也不乏成就卓著者，如：加州大学洛杉矶分校的中国问题专家亚瑟·斯坦纳（H. Arthur Steiner）教授利用中美富布赖特项目之机搜集了大量一手材料后于1953年出版了《中国共产主义在行动》（Chinese Communism in Action）一书；美国来华研究生中有后来成为普林斯顿大学中国历史教授的弗雷德里克·莫特（Frederick Mote），他于1962年出版了《诗人高启，1336—1374》（The Poet Kao Ch'i，1336 - 1374）等研究专著。[②] 这批最早的美国富布赖特学者后来大都终生从事有关中国课题的研究，甚至有的还表现出了我们常说的那种"中国情结"，他们对中国文化在西方世界的传播也做出一定的积极贡献。

2. 中国富布赖特学者和学生

相较于他们的美国同行，中国的富布赖特学者、学生共有107名，分为两个部分：一部分为24名赴美研修留学的学者学生，另一部分则是83名在美国在华教育机构中学习的学生。令人遗憾的是，由于当时中国国内战事的影响及资料整理、保存上的不完善，加之美国国务院后来短视地把这一时期涉及文化关系的大批历史档案判定为"不甚重要"而集中予以销毁，致使现

① Allyn and Adele Rickett, *Prisoners of Liberation*, p. 288.

② Wilma Fairbank, *America's Cultural Experiment in China 1942 - 1949*, pp. 187 - 188.

今已很难找到关于他们的详细材料，笔者只在美国阿肯色大学图书馆的特别收藏处（Special Collection）搜集到了一些零星的美国官方档案，此处亦只能据有限的史料论之。

24 名中国赴美富布赖特奖学金获得者中，有 10 人[①]在宣布他们被选中之前既已先期抵美，美国在华教育基金会后来同意向他们在中国的代理人偿付其从中国到美国的路费，后因战事影响只有其中的 3 人得到了偿付。[②] 所有奖学金获得者都被要求签署了奖学金条款（Terms of Awards），先期抵美的那些人由美国国务院负责，而其他人则由美国在华教育基金会负责。[③] 对于这 24 名中国赴美富布赖特学者学生，曾任美国驻华大使馆文化专员、费正清先生的夫人——费慰梅女士评论道，“对于这 24 名来到美国学习的中国富布赖特奖学金获得者没有什么可说的，除了他们增加了一丁点在共产党到来之前的最后一分钟逃出来的中国难民潮罢了”。[④] 从这一论调中不难品出蔑视的味道，尽管笔者不赞同她的这一态度，但也应实事求是地承认，与美国来华的富布赖特学者学生相比，当时中国赴美的富布赖特学者学生无论是在名气上还是在之后的成就上确实都有较大的差距。

此外，还有 83 名在美国在华兴办的教会大学中学习的中国学生获得了富布赖特项目的奖学金，所修专业主要是自然科学、社会科学、英语及医疗，其中 73 名本科生，10 名研究生；男生

---

① 因无任何中文文件对照以及中文人名英译时的差别甚至误差，笔者难以准确地把美国官方文件中的这些中文人名翻译出来，故此按文件原文中的 10 人姓名辑录如下：Chang Ping-hsin，Chen Tseh-han，Gee Yu-heng，Hu Hsun，Hwang Ding，Li Chen-pien，Yang Mao-chun，Yu Shui-hwang，Wu Tsing-fen，Hsiao Chen-hua。

② “Travel grants”，Undated，Special Collections，Mullins Library，University of Arkansas（Fayetteville），Box 106，File 21，p. 1.

③ Ibid.，p. 3.

④ Wilma Fairbank，*America's Cultural Experiment in China 1942－1949*，p. 193.

44名，女生39名。[①]

根据美国国务卿向国会提交的一份关于1949年富布赖特项目的报告显示，在这一当年中为所有这107名中国富布赖特学者学生所花去的费用总计约等于191，500美元，其中108，090美元用于项目本身，27，180美元用于管理，另外56，230美元则为换汇损失，“由于中国的紧急局势，中国货币贬值极快，几乎难以控制”。[②]

（三）早期中美富布赖特项目的中止

1948年启动之后，中美富布赖特项目的运作态势良好。美国来华的富布赖特学者涵盖的学科领域非常广泛，既有历史又有语言，既有政治又有经济。一方面，这有利于通过这些富布赖特学者的亲身经历来增加美国人对中国人民的了解和对中国文化的理解；另一方面，也有利于在他们与中国同行的交流中把美国的一些概念和方法论介绍到中国、给中国社会带来一些新的东西。中国赴美的富布赖特学者也是如此，尽管他们所取得的成就不如美国富布赖特学者那般显著夺目，但他们在当时那样一种特殊的时局下参与富布赖特项目本身就为中美两国之间、两国人民之间的友好往来、相互了解编织了一条弥足珍贵的联系纽带。

进入1949年，中国内战的形势发展非常快，共产党军队的不断胜利与国民党军队的全面溃败形成了鲜明对比。在此情形下，1949年2月初，美国在华教育基金会（USEFC）在向国外

---

① George Harris, "Scholarships and fellowships for Chinese students in American-maintained institutions in China (China Evaluation)," (Draft Memorandum, Undated, 1949), *History Files*, Bureau of Educational and Cultural Affairs, Department of State.

② House Document 827, *Report to the 81st Congress*, *2nd session*, *On the operations of the Department of State under Public Law 584*, March 14, 1950, p. 72.

奖学金理事会（BFS）的报告中即坦言：鉴于目前中国局势的不确定性，它“看不到按原计划开展交流活动的任何希望”。[①] 当国民党政府被赶得四处逃窜时，局势更是每况愈下。富布赖特项目的经费来源愈加艰难，并且“在任何情况下，共产党所控制的地区都无法收到富布赖特资金”。[②] 尽管乔治·哈里斯（George Harris）领导下的美国在华教育基金会费尽心思尝试了各种办法去努力保障资金就位，意图在这样一个十分艰难的特殊时期极力维持住中美富布赖特项目。

然而令人扼腕的是，时局的变化还是让早期富布赖特项目无法逃脱被迫中止的命运。哈里斯意识到，由于美国政府与中国共产党之间已经表现出来的相互敌意，中美富布赖特项目今后在中国共产党当政后自然难有半点回旋的余地，于是他“极不情愿地要求获得授权”以在 1949 年 9 月底关闭美国在华教育基金会。[③] 最终由于资金耗尽而又无法再从国民党政府那里获得支援，美国在华教育基金会在 1949 年 8 月 31 日宣告关闭，所有美方职员均离华返美。至 1949 年 10 月底，全年的所有奖学金项目全部结束，早期的中美富布赖特项目就这样无奈地画上了休止符。中国出人意料地成为世界上第一个开展富布赖特项目的国家，又令人不可思议地成为世界上第一个退出富布赖特项目的国家。对此，世界上第一位富布赖特学者德克·博德教授在他的书中慨叹：“富布赖特项目在中国如此成功地开展了仅仅一年之后即被迫中止，这真的是一个悲剧。”[④]

① “American Embassy (Nanking) to Secretary of State, Telegram. 280, January 31, 1949,” *National Archives*, Group Records 59, 811. 42793SE/1 – 31 – 49.

② Wilma Fairbank, *America's Cultural Experiment in China 1942 – 1949*, p. 192.

③ Ibid., p. 198.

④ Derk Bodde, *Peking Diary: A Year of Revolution*, (Preface), p. xx.

二、中美建交以后的中美富布赖特项目

1949年10月1日新中国宣告成立后，美国出于其与苏联冷战对抗的战略需要对新中国采取了敌视孤立的政策，而新中国基于对国家利益和国际形势的研判也毅然选择了向以苏联为首的社会主义阵营“一边倒”的决策，由此导致中美之间几乎断绝了政治、经济、文化等一切往来，这种隔绝状态前后延续了20余年。其间，美国政府与台湾当局于1957年11月30日在台北签署了关于富布赖特项目的换文，在台湾地区启动了富布赖特交流项目。而与中国大陆展开的中美富布赖特项目则在20世纪50年代到70年代这段中美两国无外交关系的“灰色年代”里遗憾地出现了断档，其重新启动的契机还有待于1979年的中美两国正式建交。

（一）中美富布赖特项目在建交之后的“重生”

在1979年1月1日中美两国正式建立外交关系之后，中美关系自此进入了一个新的阶段。随后在邓小平副总理访美期间，中美之间签订了《中美科技合作协定》、《中美文化协定》等几个重要文件，确立了两国政府间教育交流与合作的基本框架。双方都深刻地意识到文化交流在增进相互间的了解和构筑两国人民之间的理解上的能动作用，因此中美富布赖特项目作为“《中美科技合作协定》这一总体框架下的官方交流关系的一部分”在中美建交之后很快得到恢复而再次启动。[①] 1980年，首批6名新

① 参见美国驻华大使馆主页：http：//www. usembassy-china. org. cn/acee/index-f. html（2007－04－03）。

中国学者获得富布赖特项目的资助，赴美讲学或从事研究工作。

1. 项目的管理更显“双边主义”精神

按照中美双方的协定，1980 年至 1984 年，中美富布赖特项目是由中国社会科学院和美国大使馆负责中方人员的选派和美方人员在华的安置。1985 年 7 月，中美在 1979 年《中美科学技术合作协定》的框架内签署了《中美教育交流合作议定书》，为两国的教育交流合作确定了指导原则、合作范畴和主要内容，并正式将中美富布赖特项目纳入两国政府间的教育交流范畴。根据这一议定书，中美富布赖特项目开始改由中国国家教育委员会（笔者注：此前和之后其名称均为“教育部”）和美国新闻署及美国大使馆共同负责管理。在此之外，议定书中的金融条款还规定，中美双方共同分担中美富布赖特项目的费用：中国赴美的富布赖特学者在美国的费用由美方负担，中方为其提供单程国际旅费和研究生的往返国际旅费；美国来华任教的富布赖特学者从美方领取报酬。对于中美富布赖特项目的日常运作，双方均离不开一些协作机构的帮助。中国赴美富布赖特学者的面试工作主要是由中国国家留学基金管理委员会（The Chinese Scholarship Council，CSC）协同隶属美国驻华大使馆的美国教育交流中心（American Center for Educational Exchange，ACEE）共同完成。从 1999 年开始，在中国教育部的指导下，中美富布赖特项目赴美学者的遴选、录取、行前集训，来华任教学者的国内接受院校安置和集训等事务性工作均由国家留学基金管理委员会负责。[①] 从 2004 年秋季开始，中美两国政府分摊资助每个中美富布赖特项目奖学金的费用。

① 参见中华人民共和国教育部主页：http：//www.moe.edu.cn/edoas/website18/info5117.htm（2006－05－23）。

与早期中美富布赖特项目在管理方式上最大的一点不同是，建交以来的中美富布赖特项目的具体展开主要是由国家留学基金管理委员会和美国驻华使领馆负责，截至目前还没有设立一个与此前的美国在华教育基金会（USEFC）类似的专门机构来进行项目的日常管理。关于这一问题，笔者在2006年12月5日访谈美国国务院主管中美富布赖特项目的高级官员威廉·西恩（William Shine）先生时，他给出的一种说法是，由于中国当前在立法方面尚没有关于设立专门从事国际教育文化交流活动的基金会的相关法律，故而中美两国政府就没能像在其他一些国家那样建立专门的双边委员会或基金会对富布赖特项目加以管理。与此同时，西恩先生也特别强调，在目前这种中美双方齐抓共管的方式之下，富布赖特项目各项活动开展得非常不错，他身为美方主管官员对此表示了高度的肯定。[①]

无论是从活动的经费上，还是从项目的管理上，我们都可以清楚地看出，建交之后的中美富布赖特项目较之国共政权转换之际已明显体现出一种更为平等的“双边主义”原则和精神。

2. 参与者的遴选注重体现项目的初衷

富布赖特奖学金获得者的遴选工作，是由中美双方的学者及教育文化部门的有关官员共同组成一个遴选委员会来负责进行的，其中的学者以前曾有过富布赖特项目经历的居多。一般而言，其选派流程大体如下[②]：

（1）来华学者的接受。中方首先向美方提供参与项目的学术组织及学科专业需求信息，通过国家留学基金管理委员会

① 根据笔者与威廉·西恩先生的访谈笔记，时间为美国当地时间2006年12月5日下午3点至4点，地点在其办公室。

② 详见中华人民共和国教育部主页：http：//www. moe. edu. cn/edoas/website18/info5117. htm（2006－05－27）。

(CSC) 提交美国教育交流中心（ACEE)，转达国际教育协会(IIE)。IIE 负责在美国进行公开招聘和选拔，并将人选提美国新闻署（1999 年合并入国务院后则由教育与文化事务局负责）审核通过。每年 4－8 月，由 ACEE 正式通知中国教育部本年度秋季和明年春季申请来华任教学者的名单，并将名单和每位专家的申请材料通过教育部转 CSC。每年 8 月和 1 月，ACEE 将通知教育部和 CSC 即将来华任教专家的名单和其举行集训的详细安排，由 CSC 负责通知有关院校派专人参加集训，并在集训后陪同专家返校，开始教学工作。

(2) 赴美学者的选派。每年 7－8 月，由 ACEE 向中国教育部正式提出可以开始选拔中国赴美项目人员的要求，并将项目申请说明和申请表通过教育部转 CSC 出国部；CSC 根据项目院校名单要求每个学校推荐 1－2 名候选人，推荐工作一般在 9－10 月完成。项目面试一般安排在 10－11 月，由 ACEE 向 CSC 提供通过初选人员名单，并按专业安排面试，一般为 2－3 天，面试评委会由 3 位美方专家和 3 位中方专家组成。ACEE 将面试结论发往 IIE，待其确认。然后 ACEE 再将确认后的录取人员名单通过教育部转告 CSC，由 CSC 为录取人员准备录取通知和办理出国手续的材料。CSC 每年还将组织项目录取学者来京参加项目集训。

在富布赖特学者的遴选标准上，除了申请者自身的专业背景与学术成就会受到遴选委员会的充分考虑外，他们对于这一项目旨在“促进两国之间及两国人民之间的相互理解”的基本目标较为深刻的理解及可能做出的贡献，更是遴选委员会所极为重视的一个方面。如在中方富布赖特学者的遴选标准上，曾任美国驻华大使馆文化事务官助理、负责中美富布赖特项目的斯科特·韦厚德（Scott Weinhold）就曾明确表示，“让中国最优秀的申请者获得机会是很重要的，同时，遴选程序应遵循该项目的精神以增加相互的理解”。而曾负责过该项目的管理和监督的伊丽莎白·考夫曼女士（Elizabeth Kauffman）也总结出三个最主要的标准，即：“（1）候选人的学术和专业条件；（2）候选人研究计划的可行性（针对学者）或者学习目标（针对学生）和对中美之间的理解将做出的贡献；（3）申请者的交流能力，包括英语语言能力。”[①] 从中我们可以看出，作为美国对华公共外交的重要举措之一，中美富布赖特项目在其一开始的参与者遴选环节上即充分体现了美国积极开展此项交流项目的初衷。

（二）建交以来中美富布赖特学者和学生的交流概况

中美两国正式建交以后，中美富布赖特项目呈现出的总体发展态势是日趋稳定并不断壮大的，参与交流的人数逐渐增多，活动内容也逐步扩展。中方赴美的富布赖特学者学生主要分为以下三种类型：（1）研究学者（Visiting Research Scholar），年龄在35－50之间，要求具有高级职称和从事独立研究的能力，赴美从事为期10个月的社会科学或人文科学高级研究；（2）研修学者（Professional Associate），年龄在35－50之间，具有中级职称及合格的TOEFL成绩，以进修课程为主兼做研究工作；（3）研究生（Graduate Student），年龄在25－40之间，必须在接到申请表后及时参加GRE和TOEFL考试，赴美学习1－2年攻读美国研究或相关领域的硕士学位。在所有申请者中，从未获过美国政府资助及近四年内未在美国工作或学习过的人员优先。[②] 此外，

---

① 转引自胡文涛：“美国对华文化外交的历史轨迹与个案分析——宗教与国家的二元使命”，第129—130页。

② 国家留学基金管理委员会编：《中美富布赖特项目——赴美申请指南》，2006年版，第3—7页。

还有一种由美国大学邀请亚洲各国学者赴美讲学的亚洲驻校学者项目（The Asian Scholars-in-Residence Program），每年都不定额地接受中国学者，他们的工作主要是向美国大学生讲授汉语以及中国的历史、地理、文学、艺术等。[①] 美方来华的富布赖特学者则主要是在中国的一些高等教育机构从事教育工作，讲授美国历史、社会文化、文学、政治、法律、新闻学、国际关系、哲学、经济管理学等多个学科领域。

笔者大体上以冷战结束前后为界，将建交以来的中美富布赖特项目简明划分为两个发展阶段，即：1980 年至 1989 年为重启稳定阶段；1990 年至今为转变壮大阶段。之所以这样划分阶段，还因有一件对该项目的发展影响颇深的历史事件可资凭据，此即 1989 年春夏之交爆发的北京政治风波。这一事件发生之后中美关系一度恶化，当年的中美富布赖特项目几于再次濒临 40 年前被迫戛然而止的危险境地。尽管 1990 年该项目得以迅速恢复，但自此中方富布赖特学生、学者之间的构成比例已发生了十分显著的变化。下文就基本按照这两个阶段来考察建交以来的中美富布赖特项目之转变历程。

1. 重启稳定阶段：1980 年至 1989 年

中美富布赖特项目在重新启动之初，发展速度很快，其涉及的学科范围和地理范围都有了较大的扩展：学科范围由重启之初主要是英语、美国文学和历史等学科，后扩展到法律、新闻学、商业管理、经济学、政治学、社会学、哲学及国际关系等多个领域；地理范围则由最初的北京、天津及上海三地的 4 所院校扩展到全国几十所院校和学术科研单位，其中大多数是中国教育部直

① 胡礼忠：“富布莱特项目与中美教育交流”，载《国际观察》，2000 年第 5 期，第 46 页。

属的重点大学。相应地，美方接受富布赖特中国学者的院校范围也有了较大的扩展。下表（表1）是笔者根据美国教育交流中心（ACEE）1995年7月编写印制的《中美富布莱特项目（U. S. -China Fulbright Program Alumni Directory），1980－1995》一书提供的两国学者的基本信息经严格统计后得出的各项数据。

表1：1980－1990年度中美富布赖特项目两国学者的交流情况①

<table>
<tr><th>类别
时间</th><th>中方赴美访问学者</th><th>中方赴美研究生</th><th>中方赴美讲学的学者</th><th>美方来华讲学的学者</th><th>总计</th></tr>
<tr><td>1980－1981</td><td>3</td><td>0</td><td>3</td><td>11</td><td>17</td></tr>
<tr><td>1981－1982</td><td>5</td><td>3</td><td>5</td><td>12</td><td>25</td></tr>
<tr><td>1982－1983</td><td>8</td><td>7</td><td>3</td><td>13</td><td>31</td></tr>
<tr><td>1983－1984</td><td>9</td><td>10</td><td>4</td><td>18</td><td>41</td></tr>
<tr><td>1984－1985</td><td>15</td><td>11</td><td>3</td><td>17</td><td>46</td></tr>
<tr><td>1985－1986</td><td>11</td><td>14</td><td>6</td><td>26</td><td>57</td></tr>
<tr><td>1986－1987</td><td>11</td><td>15</td><td>6</td><td>21</td><td>53</td></tr>
<tr><td>1987－1988</td><td>8</td><td>17</td><td>5</td><td>21</td><td>51</td></tr>
<tr><td>1988－1989</td><td>8</td><td>17</td><td>5</td><td>21</td><td>51</td></tr>
<tr><td>1989－1990</td><td>1</td><td>3</td><td>7</td><td>0</td><td>11</td></tr>
<tr><td rowspan="2">总计</td><td>79</td><td>97</td><td>47</td><td rowspan="2">160</td><td rowspan="2">383</td></tr>
<tr><td colspan="3">223</td></tr>
</table>

（说明：中方赴美访问学者包括研究学者和研修学者。）

在一定程度上，从表1中反映出了中美富布赖特项目在这一阶段上的几个主要特点：第一，中美富布赖特项目在中美两国正

① 美国教育交流中心（ACEE）编制：《中美富布莱特项目（U. S. -China Fulbright Program Alumni Directory）1980－1995》，1995年版。

式建交以后一经启动便发展迅猛，交流人数逐年递增。1985 年中美签订了《中美教育交流合作议定书》，为中美富布赖特项目的更大发展提供了新的动力和刺激，1985 年项目总参与人数达到这一阶段的峰值 57 人之多，随后几年也都维持在 50 人以上。第二，从中方富布赖特学者学生的构成比例来看，相较于学者人数的有起有落，研究生的人数从重启第一年的 0 人增至 1987 年的 17 人，保持逐年稳步上升态势；这也从一个侧面显示出了从中国共产党 1949 年当政以来美方对积极影响中国年轻一代所表现出的强烈兴趣和明显意向。第三，1989 年发生的北京政治风波对中美富布赖特项目的负面影响通过下列一组数字的对比即可见一斑：中方赴美的学者学生共计 11 人，而美方来华的学者人数为 0。中美关系因受政治风波的影响几乎降至了谷底，导致了这一年的中美富布赖特项目根本无法正常开展。中方赴美成行的这 11 名富布赖特学者学生基本是在此次政治风波爆发以前或初起之时既已抵达美国，而美方选定拟派来中国开展学术交流的各位富布赖特学者则不得不遗憾地取消了此次来华之旅或者被改派到亚洲的其他国家。最后，从中美双方参与项目交流人员的总计数据来看，若不计其中包含的亚洲驻校学者项目中的部分中方学者，参加这一阶段中美富布赖特项目的两方人数大体持平，这也从一个侧面体现了一种基本对等的交流原则。

2. 转变壮大阶段：1990 年至今

北京政治风波对于中美富布赖特项目的复杂影响，既有直接的方面，又有间接的方面。从直接影响来看，1989－1990 年度的中美富布赖特项目处于一种实际上的“半中止”状态。对此，中国官方和学者一般多是避开责任归属问题而多以“因受北京政治风波影响”一言蔽之；而美国官方和学者则多将责任归咎于中国政府，认为是中方造成了这一后果。笔者在访谈美国国务院的威廉·西恩先生时，据他的说法，“中国政府率先于1989年7月份通知美国驻华大使馆，表示鉴于当前中美关系的实际状况，中国难以为美国来华从事教学工作的富布赖特学者提供必要的帮助”，而“当时准备来华的美方富布赖特学者已经遴选完毕，这种情况下，无奈只能将他们改派其他国家甚或直接取消”。[①] 另一位美籍华裔学者的说法也与西恩的观点大同小异：北京政治风波之后，“中国政府在7月份宣布，由于大学推迟开学，它将撤回邀请富布赖特教授来中国的大学从事教学工作至少一年。美国新闻署（USIA）感到这一声明难以接受，于是在1989年8月16日发布了一则新闻通告说北京已经告知华盛顿不允许美国富布赖特教授来华任教。美国政府对中方中止这项在其看来乃是双方互利的项目的决定深表遗憾”。[②] 结合当时的局势来看，这一确实令人颇为遗憾的“半中止”状态无疑于中美富布赖特项目的发展十分不利，但其主要责任也明显不在相对被动的中国一方。从间接影响来看，这一事件对建交以后“重生”的中美富布赖特项目的影响可谓是重大而深远。尽管中美富布赖特项目紧随着1990年中美关系有所缓和得以较快恢复，但自此中国各类赴美人员的受助比例发生了很大的变化，资助重点从之前以研究生为主转变为此后以研修学者为主：研究生人数锐减，1990年即由1987年的17人降为仅2人，而后每年也都维持在2—3人左右，研修学者则均保持在10人以上。这一显著转变背后至少可以找出两个主要的原因：其一，在20世纪80年代中后

① 根据笔者与威廉·西恩先生的访谈笔记，时间为美国当地时间2006年12月5日下午3点至4点，地点在其办公室。

② Guangqiu Xu：“The Idealogical and Political Impact of U. S. Fulbrighters on Chinese Students：1979－1989，” p. 142.

期，由于当时中美两国的经济发展水平差距还非常大，导致中方赴美人员中部分学者尤其是不少学生在期满后选择留在美国就业或继续攻读而不回中国服务，这有违富布赖特项目的初衷，也在一定程度上造成了中国的人才流失；[①] 其二，在北京政治风波期间，不少在海外的中国留学生也盲从参与了抗议运动、指责中国政府在这一事件上的处理方式等等，这导致了中方在此后派遣学生留学国外时变得更为审慎。而与那些血气方刚的研究生相比，研修学者一般年龄较大，思想更为成熟，他们“对美国的社会文化、政治制度和经济制度有更深刻的理解，既注意学习美国成功的历史经验，也清醒地看到美国存在的诸多政治、经济和社会问题”；有明确的研究目标，能“在自己的研究工作中，以马克思主义为指导，坚持‘洋为中用’，维护自己的国家利益和民族利益”。[②]

表 2：1990—2004 年度中美富布赖特学者按学科专业领域统计的分布情况[③]

中国赴美学者	专业领域所占比例	美国来华学者	专业领域所占比例
经济学	29%	美国文学	24%
美国文学	16%	经济学	19%
法律	13%	法律	14%
美国历史	10%	美国历史	11%
国际关系	9%	新闻学	7%
教育学	7%	政治学	7%

（说明：只取 5% 以上排序，所占比例按四舍五入保留到个位。）

---

① Leo A. Orleans, *Chinese Students in America: Policies, Issues, and Numbers* (Washington, D. C.: National Academy Press, 1988), pp. 36 - 39.

② 韩召颖：《输出美国：美国新闻署与美国公众外交》，第 274 页。

③ 国家留学基金管理委员会（CSC）编制：《中美富布赖特项目实施 25 周年（U. S. -China Fulbright Program 25 Years, 1980—2004）》，2004 年版；以及国际教育协会（IIE）提供的有关数据。

冷战结束之后，伴随着国际格局的“旧已破，新将立”与中美关系的“跌宕起伏”，中美富布赖特项目在新的形势下不断地发展壮大，双向交流更趋稳定，活动内容越发丰富，新的项目也陆续设立。

由表2中可以看出，中美富布赖特项目在学科专业分布上，中国赴美学者中排在前6位的分别是经济学、美国文学、法律、美国历史、国际关系和教育学；美国来华学者中排在前6位的则分别是美国文学、经济学、法律、美国历史、新闻学和政治学。这种学科专业分布情况反映出了中美富布赖特项目在这一阶段上的一些特点：一方面，经济学、美国文学、法律等实用学科都受到了双方较高的重视，体现了与社会经济发展的实际需要越来越密切地结合在一起；另一方面，美国文学、美国历史等都属于广义上的美国研究，双边交流侧重于推动中国的美国研究，培养高级研究人才。前者与中国的改革开放不断走向深入的时代背景息息相关，后者则与美国希望加深中国对美国社会文化等方面的了解和理解的预期紧紧相连。此外，学科专业分布上呈现出的这些特点还在一定程度上折射出当时中美两国对于这一交流项目的不同期待：在中美学术界长达30年几无接触的状况改变之后，学习借鉴西方国家先进技术以加快中国现代化是促使中方推进与美国开展教育交流项目的最主要动力之一，初期近乎所有的项目都以获得西方的科学技术知识为目的。而美方为了平衡和拓宽这一交流项目，于1983年按照中国学术界所定义的学科，将此交流项目的重点调整为“致力于推进美国研究，其中也包括对美国人研究历史、文学、法律、新闻学、商业、经济学、政治学、社会学、哲学和国际关系的方法的研究”。①

表3是笔者根据美国驻华大使馆新闻文化处编撰的《交流》杂志2004年冬季刊上的相关数据，整理出来的有关中国赴美学者来自院校或单位的所在地区以及美国来华学者去往院校或单位的所在地区的统计情况，从中可以看出，无论是中国赴美学者的来处，还是美国来华学者的去处，都出现了程度相当高的“向大城市集中”趋势，尤其是北京、上海和天津这三地均分别占据了前三位。这种趋势带来的后果看起来有一点自相矛盾：一方面，集中于这些各方面条件较完备的中心城市和海滨城市在一定程度上确实有利于将中美富布赖特项目的效用得到最大化的发挥；而作为硬币的另一面，这种“精英主义”倾向又会在某种意义上削弱富布赖特项目力图让全中国范围内更多的公众与科研机构参与其中以增进中美两国间的相互理解的努力。同样地，中国赴美学者所选择的美国地区和高校在早期也有类似的“向大城市集中、向名校集中”的现象发生，不过现在这种倾向正随着交流活动的日益密切和城市发展整体水平的普遍提高而渐趋弱化。

表3：1990—2004年度中美富布赖特学者按所在中国城市统计的分布情况②

中方赴美学者	来自地区所占比例	美方来华学者	去往地区所占比例
北京	40%	北京	37%
上海	14%	上海	18%
天津	9%	天津	7%

① “富布赖特项目在中国的历史”，详见美国驻华大使馆主页：http://chinese.usembassy-china.org.cn/fulbright_history.html（2010-01-27）

② 美国驻华大使馆新闻文化处编辑：《交流》杂志，2004年冬季刊，第17—18页。

中方赴美学者	来自地区所占比例	美方来华学者	去往地区所占比例
长春	8%	广州	7%
武汉	6%	长春	6%
广州	5%	武汉	6%
厦门	5%	济南	5%

（说明：只取5%以上排序，所占比例按四舍五入保留到个位。）

除了上述转变发展外，中美富布赖特项目近些年来在项目设置上也发生了一些新的变化，笔者综合整理择其要者列于后：

1999 年，增设富布赖特美国学生项目（Fulbright U. S. Student Program），旨在向获得理学士或文学士学位的近期本科毕业生、硕士生和博士生以及年轻的专业人员和艺术家提供获取个人发展和国际经历的机会，开展第一年共有 5 名毕业生获得了资助。

2000 年，在已有美国研究领域的讲学者的基础上又增设了中国研究领域学习的研究者，欲借此深入了解中国这个国家、人民及其文化，以便他们回国后能更好地讲授中国的情况。

2001 年，启动了新世纪学者项目（New Century Scholars Program），该项目提供资助让来自美国和其他国家的 25—30 位杰出的研究学者和专业人士一起，就具有全球意义和为世人所关注的某一课题进行合作。至今，中国学者已经参加了 3 个新世纪学者项目中的 2 个。

2004 年，根据中国教育部和美国国务院就扩大中美富布赖特项目和分摊每项富布赖特资助金达成的协议，中国获得富布赖特资助金的人数几乎比上一年翻了一番。不过在同一年，由于有效需求的减低，中方赴美研修学者项目（PAP）在 2004—2005 年度待项目全部结束后随即被取消。

2005 年，中美富布赖特项目增设了外语助教子项目（Foreign Language Teaching Assistant），开始招募第一批中国助教。外语助教子项目始于 1968 年，力求以提供说本族语的教师来加强美国学校的外语教学，同时也为国际上年轻英语教师在进行非学位学习的同时改进教学技巧、提高英语能力和扩展对美国多种文化与习俗的了解提供机会。

2006 年，中美富布赖特项目中国赴美增加了联合培养博士生子项目（PhD Dissertation Research Program）。目前，该项目只接受指定项目单位（125 所）人员的申请，仅限人文、社会学科专业；每年 10 人，在美享受 10 个月的奖学金，留学期限不超过 12 个月。申请人须为项目单位正式在读博士生，且已完成第一年基础课程学习并已确定博士论文研究课题，申请时须已获得美国接受单位的邀请函。

三、中美富布赖特项目在美国对华公共外交中的地位

中美富布赖特项目既是中美政府间的一项重要交流活动，也是美国对华公共外交的一个重要组成部分。下文就分别从其与中美关系之间的联系以及其在美国对华公共外交中的地位这两个层次，来对其作一个简要而必要的梳理和小结。

（一）中美富布赖特项目与中美关系

中美富布赖特项目根据其发展历程，主要可以分为前后相继而又相对独立的两个发展阶段：20 世纪 50 年代末期国共政权转换之际的一年即止与 20 世纪 70 年代末期中美正式建交以后的重

启壮大。作为政府间的教育交流项目，中美富布赖特项目的发生、发展无疑会与中美关系大的走势保持基本一致。在这个意义上，“晴雨表”一说显然不无道理。但中美富布赖特项目并非只是单纯地反映中美关系的阴晴变化，而同时也会能动地作用于中美关系：中美关系良好时，该项目会力促两国关系更为密切；中美关系恶化时，该项目则力促两国关系尽快恢复。

中美富布赖特项目的发生、发展还与中美两国的利益始终联系在一起。一方面，中美富布赖特项目是中美在国家、集团、机构乃至个人等各个层面上的利益之间碰撞与融合的产物。例如：国共政权转换之际，它主要体现的是美国的国家利益与蒋介石领导下的国民党集团利益的结合；中美建交之后，则主要体现的是共同反制苏联霸权主义的美国国家利益和中国国家利益的结合。这中间还体现了很多为项目的发起、运作在台前幕后积极奔忙的非政府组织的利益和理念，同时也反映了项目的众多参与者个人的利益与追求。另一方面，中美富布赖特项目也在中美两国之间、两国人民之间构筑起了一种较为持久的联系，即便项目的连续性在一段时期内被意外的因素所暂时打断，这种无形的联系也总是为日后的重归于好保留了一定的希望并创造了最大的可能。

中美富布赖特项目在壮大和转变过程中出现和将会出现的一些问题，也需要被纳入中美关系的大框架之下，对其进行客观看待并予以积极解决。如国际教育文化交流中十分常见的政治干扰问题、人才流失现象等，一方面需要通过机制化、规范化来加强监管，夯实制度性的保障；另一方面则首先需要认清这些问题并非项目运作的主要矛盾或矛盾的主要方面，其次需要中美两国密切合作以更好地实现项目“增进相互理解”的基本目标。唯有这样，中美富布赖特项目的航船才能灵活规避不时出现的暗礁险滩。

（二）中美富布赖特项目与美国对华公共外交

中美富布赖特项目是美国对华公共外交中国际教育文化交流活动的突出代表，也是美国对中国开展公共外交的一件利器。面对中美关系在不同时期的大势，中美富布赖特项目积极进行调整以顺势而为、因势而变，目的都是为了能发挥出美国对华公共外交的最大效用。

在国共政权转换之际，中美富布赖特项目在国民党统治的风雨飘摇中坚定地展开、艰难地维持。我们并不认为单靠中美富布赖特项目这区区的一个项目、百十号人就能对中美关系有多大直接的影响或贡献，那显然不切实际；但是，透过这一项目、这百十号人作为一个观察中国、打量美国的窗口，自始构建起一座中美两国之间、两国人民之间不断增进相互了解和理解的桥梁，而这也正是公共外交的精髓所在。在中美建交以后，中美富布赖特项目历经了重启稳定与转变壮大两个阶段，它逐步把中美之间的联系之网织得更为密实，既可以在中美交好之时进一步锦上添花，又可以在中美交恶之际退三分曲径通幽，而这也可以说是公共外交的魅力使然。

较之于美国之音对华广播这种主要是单向传播的公共外交形式，中美富布赖特项目所奉行的是一种双向交流的互动模式，大大地淡化了意识形态色彩等一些外来的附着物，而更多展现的是教育文化交流“超越政治”或“非政治”的一面，因而更易为两国政府和公众所接受并乐于参与其中，其近年来的方兴未艾、不断壮大也充分印证了这一点。正因为此，在未来中美两国的公共外交互动中，包括中美富布赖特项目在内的教育文化交流活动将有更大的施展空间和发展潜力。当然，作为一种着眼于长期利益的重要公共外交形式，它所能取得的成效影响一般也需要经过一个较长的时期去观察和评估。

本章小结

富布赖特项目的诞生有其深刻的时代背景，二战结束后美国的国际地位、美国开展国际交流的成功先例以及富布赖特本人丰富的人生经历是其最重要的三个促动因素。在项目的管理上，采取一种政府主导方向、非政府机构参与运作的“官私合作”以及由美国公民和项目所在国公民共同组成的双边委员会“两国共管”的独特模式。

中美富布赖特项目按其发展历程，大体上分为国共政权转换之际与中美建交以后这两个阶段。在前一阶段，中美富布赖特项目作为世界上第一个富布赖特项目，开展得颇为成功，参与交流的学者学生取得了较丰硕的成果。但由于国共政权易手后美国政府与新中国政府之间的敌意难消，项目在运作仅一年之后即抱憾而止。在后一阶段，借中美正式建交的东风，中美富布赖特项目旋即重启恢复，发展较快；后受北京政治风波殃及，项目出现了较大的转变。冷战结束后，中美富布赖特项目在新的形势下不断发展壮大。

中美富布赖特项目既敏锐地捕捉到中美关系的变化，又能动地作用于中美关系。同时，作为美国对华公共外交中教育文化交流活动的典型代表，紧随中美关系的大势，中美富布赖特项目积极因势而变、顺势而为，努力发挥出美国对华公共外交的最大效用，其未来发展后势可期。

第三部分

美国对华公共外交战略的走势研判

第六章

效用至上：美国对华公共外交的战略意图

作为美国社会文化发展的产物，美国是一个非常讲求实用主义的国家，因而它相当强调和高度重视“效用至上”的原则。这种实用主义哲学反映到对外战略上，就使美国对华公共外交战略在过去半个多世纪的发展历程中一直处于不断调整与悄然转变之中。从一般意义上来看，美国公共外交大战略具有多个层面的基本意图。而具体到美国公共外交大战略有机构成一部分之对华公共外交战略而言，其还存有若干更深层次的考虑。

第一节　美国公共外交战略的基本意图

美国公共外交之所以能呈现出一种后来居上的强劲态势，不仅与美国在国际政治舞台上所占据的中心位置这一战略背景有关，也与美国公共外交有着非常明晰的目标设置这一战术操作密不可分，特别是美国公共外交目标设置还有着多个层面的基本意图。

一、美国公共外交目标设置的“五部曲”

开展公共外交，无疑需要进行各种必要的准备，遵循一定的步骤。一般而言，实施公共外交，其基本过程主要包括以下5个基本步骤：①

（1）分析两国的双边关系状况，对外国公众对本国的印象和认知进行实地考察；

（2）设定目标，精选信息：我们应当重点关注哪些主题，我们希望传达的最重要信息是什么？

（3）确定目标群体：谁才是我们所发出的各种信息最主要的目标群体？

（4）选择工具：我们将运用何种工具来将信息传递到目标群体？

（5）我们要对哪些方面进行评估，以及如何评估？

可以看出，这5个步骤大体上是按照“事前调查、事中展开、事后评估”的模式，形成了一个相对完整的流程。在开展公共外交时，谨慎地考虑所有这些方面是非常必要的。不过需要说明的是，并非所有的公共外交活动都得完全遵照这些详细的步骤来展开，有时适当调整某两个步骤之间的先后顺序或根据具体的情况适时简化某个步骤或许能收到更好的效果。在美国的公共外交实践中，实际运作也确实如此，如：有时针对某些国家开展公共外交活动，美国会将步骤2和3的顺序调换，先确定目标群

① Ashvin Gonesh and Jan Melissen, *Public Diplomacy: Improving Practice* (The Hague: Netherlands Institute of International Relations Clingendael, 2005), Appendix: “Public diplomacy in practice”, pp. 6-7.

体后精选主题信息；而有时针对另一些国家，美国则可能直接跳过前两步，优先考虑传播工具之便捷与否。

这里所说的美国公共外交的目标确定，既包括对主题信息的选择，也包括对目标人群的选择。针对不同的目标群体，需要挑选出相应的主题信息，并且需要考虑这些信息能否以一种外国公众所喜闻乐见的方式传播、哪些关键信息应当被优先考虑，从而实现运用公共外交在当前的美国形象与期望的美国形象之间架起一座桥梁的目的。

首先，对美国所试图要对外传递的主题信息的选定，按照由浅入深的顺序大体可以分为下列几个层次：（1）使外国公众对美国有一般层面的了解；（2）使外国公众对美国有更深入层面的认知；（3）向外国公众提供关于美国某些具体的政治、经济或文化事务的信息；（4）纠正外国公众对美国所抱有的一种负面国家形象；（5）鼓励外国的个人或组织的行动符合美国的国家利益、支持美国的对外政策。根据其在不同的国家所重点关切的不同利益的主次先后，美国确定在该国将主打上述主题信息中的某个或某几个方面，并通过多样化的表现形式，力图传达出其所认为最迫切最紧要的信息。

其次，对目标人群的选定。公共外交所针对的目标人群是外国公众。美国积极开展公共外交活动，力图在外国的精英阶层与普通大众这两个层次上均有所作为。一方面，它瞄准了外国的精英阶层，努力在其中培养“亲美派”。在美国政府看来，那些曾到美国学习、研究或访问过的青年才俊、各界精英，若干年后很有可能成为所在国的领导人物，他们在美国的生活经历将使他们在感情上与美国社会有一种亲密的联系，从而使其在制定和影响政策时有可能会有利于美国的国家利益。尽管在美国学习生活过的外国人并不一定都会成为“亲美派”，但他们对于美国社会与文化的了解，为将来可能出现的无论是对话还是冲突都发挥着重要的润滑剂的功用。另一方面，仅有精英阶层对美国的亲近还远远不够，广大普通民众对美国的了解和理解也会极大地影响所在国的对美政策。因此，美国公共外交也积极谋求通过信息传播、教育文化交流等多种形式与广大普通外国民众进行互动，使其加深对美国社会文化和外交政策的了解，并试图赢得他们对美国外交政策的理解甚至支持。“9·11”事件之后，美国加紧了对此前被其忽视的中东地区特别是伊斯兰国家的公共外交力度，目的就是为了重新赢得那些地区广大民众对美国外交政策的理解、信任与支持。

最后，信息革命和全球化浪潮也对美国公共外交的目标设定产生了一定的影响，信息科技革命与全球化进程二者之间相互作用形成了一股推动公共外交不断走向深入的强大合力。当美国政府意欲争取外国公众对其政策措施的理解与支持之时，不断发展的全球信息网络已然使“公共外交成为一个强有力的工具”。[1]

二、美国公共外交战略的基本意图

美国公共外交的目标设置除了上述这些一般性的考虑，还蕴涵着更深层次的政策意图和利益考量。它不仅折射出某些宗教理念色彩，而且能反映出某一时期美国国家利益的重点关切，同时还在某种程度上揭示出美国展示软实力以提升其形象的具体考虑。

---

① Kenneth L. Adelman, “Speaking of America: Public Diplomacy in Our Time,” p. 913.

（一）理想主义拯救色彩

1. 理想主义理论与公共外交

一般认为，现代国际关系学上的理想主义理论产生于第一次世界大战以后，其代表人物中最广为人知的就是美国第28任总统伍德罗·威尔逊（Thomas Woodrow Wilson）。1918年，第一次世界大战结束后不久，威尔逊提出了其关于构建欧洲持久和平的“十四点计划”（Fourteen Points），也常被称为“威尔逊主义”（Wilsonism）。[①] 其主要内容包括：提倡公开外交、主张航海自由、鼓吹民族自决、提议建立国联等等。尽管实际上理想主义流派众多、观点各异，其渊源甚至可以追溯到启蒙时期的自由主义思想，但威尔逊主义逐渐成为国际关系学中理想主义学派的代名词。[②]

在国际关系领域里，理想主义理论主要有如下几个核心假定：第一，人性可以改造。理想主义关于人类的思想主要来源于文艺复兴时期的人类完美主义，认为人可以通过客观环境的改变而变化，相信人类总是在不断进步和向好的方向发展；第二，战争可以避免。理想主义者认为战争的出现与人类的本性无关，而与他们所处的环境有关。通过教育和改造，人类可以摆脱追名逐利的欲望，世界各国之间虽有矛盾冲突但可以避免战争；第三，国家间的利益是可以调和的。理想主义者强调，在人类社会和各个国家之间并不存在根本的利益冲突，也否定国家利益在国际关系中的重要性，而坚信各国的国家利益在国际关系中是可以互相

---

① 王逸舟：《西方国际政治学：历史与理论》，上海：上海人民出版社，1998年版，第55页。

② Charles W. Kegley, Jr., “The Neoidealist Moment in International Studies? Realist Myths and New International Realities”, *International Studies Quarterly*, Vol. 37, No. 2, 1993, pp. 131 – 147.

协调一致的；第四，建立国际机构。第一次世界大战结束以后诞生的国际联盟是理想主义从理论到实践的具体表现之一，理想主义理论认为只有建立这样一个超国家的机构，世界和平才得以实现并可长期维系；第五，国际法和国际公约可以保证和平。理想主义理论相信国际法和国际公约能够规范世界各国家的行为，同时国际道德在国际关系中具有非常重要的地位；第六，公众舆论可确保世界和平。理想主义理论相信公众舆论是维持世界秩序的强大武器，提高公众的觉悟和文化素质，发挥学者和政治家的积极性，能壮大和平的力量，努力避免战争。①

理想主义的这些核心主张反映出了其思想源头——自由主义那种“强烈的入世关怀”以及“对世界秩序的规划最抱有宗教般的执着与狂热情结”。② 理想主义突出了避免战争的目标并强调了公众舆论的力量：通过教育和改造，人类会不断向好的方向发展；通过创建新的国际制度和国际规范，国家间能协调彼此的利益从而避免战争；相较于国家行为体，个人和团体在国际事务中的地位和作用也不容忽视，呼吁外交公开化，更加注重在民众中开展深入细致的工作，更加注意用充满情感的道义行动，来赢得大众的支持。可以看出，在相当大的程度上，这些主张与公共外交的一部分基本理念都有不少内在的相通之处。

2. 美国公共外交中的“天赋使命”“拯救”色彩

无论是在美国立国之初还是在它此后的扩展进程中，理想主义都是其最浓重的一抹底色；而“天赋使命观”则可谓是美国

① 详见倪世雄等著：《当代西方国际关系理论》，上海：复旦大学出版社，2001年版，第二章“第一次论战——理想主义与现实主义”。

② 苏长和：“自由主义与世界政治——自由主义国际关系理论的启示”，载任晓、沈丁立主编：《自由主义与美国外交政策》，上海：上海三联书店，2005年版，第17页。

对外关系领域里理想主义思想传统最为集中的体现，长期浸淫着理想主义理念的“天赋使命观”也就成为美国开展公共外交的最基本动因之一。

美国被上帝赋予特殊使命的观念由来已久，它“发轫于清教徒的宗教信仰和欧洲的启蒙运动，植根于美国独特的人文地理环境，形成于美利坚民族特性，加强于美国的民主政体”，在很大程度上反映了基督教文明的基本理念，在美国文化中根深蒂固。[①] 诚如美国学者丹尼斯·博斯特德洛夫（Denise M. Bostdroff）所指出的那样，美国的“使命神话起源于我们的清教徒祖先，他们自认为是上帝的选民。根据这种神话，美国有一种道德义务，即作为一个楷模服务于世界其他国家，以此鼓励全球范围内的自由”。[②] 自1620年首批英国清教徒乘坐“五月花”（May Flower）号抵达北美大陆的那天起，这些因各种原因或目的而来到这片新天地的早期移民便“把固存于自己思想中的命定论与开拓一个新世界的神圣计划结合在一起，在这里播下了美国天赋使命的种子”。[③] 自视为“上帝的选民”，美国决不会只是简单满足于成为让其他民族争相效仿的国内生活的民主灯塔，而且还要成为国际行为的道德楷模。在美利坚合众国建立起来之后，这种天赋使命观即对美国处理与外部世界的关系产生了深刻的影响，“美国由此自诩为‘拯救国家’，‘山巅之城’的‘圣光’开始射向仍处于‘黑暗’之中的蛮夷之地”。[④]

---

① 刘国平：《美国民主制度输出》，北京：社会科学文献出版社，2006年版，第93页。

② Denise M. Bostdroff, *The Presidency and the Rhetoric of Foreign Policy* (Columbia: University of South Carolina Press, 1994), p. 177.

③ 王晓德：《美国文化与外交》，第46页。

④ 同上书，第47页。

“美国例外”的“天赋使命观”对美国各个时期的决策者均产生了深刻的影响，进而在美国对外政策中有所体现，成为美国在对外关系上的一个显著特征。结合美国外交实践的历史来看，许多外交主张都透露出下列这些有时是不加虚饰有时则欲盖弥彰的“美国例外论”和“天赋使命观”的讯息：（1）美国是世界上独一无二的“道义之邦”，民主和自由是美国的特性。“美国人通常认为，他们的国家是优秀的国家。它是个经济和军事强国，其影响遍及全球各处。美国人通常还认为，他们的‘民主的’政治制度可能是一种最好的制度。”① 因此，美国理应支持民主和自由的力量，反对国际社会中所谓的“邪恶力量”、“无赖国家”。（2）美国的道德原则和价值观念是放之四海而皆准的，美国的文明值得其他国家起而效之。“美国的文明是迄今产生的最高文明，其他各民族达到美国文明程度的能力被认为至少取决于它所树立的榜样，同时也取决于美国教化它们的努力。”② 因此，美国“有责任向地球上其他落后地区传播文明，甚至为了他们的利益而统治着那些野蛮和无知的民族”。③ （3）美利坚民族是“上帝的选民”，其神圣使命是“把上帝的福音传播到整个世界……包括基督教教义的传播，英美式议会民主制度的移植，资本主义市场经济的建立，以及个人自由和天赋人权观念的灌输”。④ 因此，作为民主的灯塔和自由的楷模，美国责无旁贷

① 转引自赵国军：“‘文化战争’与‘反恐战争’关系辨析”，载《兰州学刊》，2007年第2期，第49—50页。

② Jules R. Benjamin, “The Framework of U. S. Relations with Latin America in the Twenties Century”, *Diplomatic History*, Vol. 11 (Spring, 1987), p. 91 – 112.

③ Edward McNall Burns, *The American Idea of Mission: Concepts of National Purpose and Destiny* (New Brunswick, N. J.: Rutgers University Press, 1957), pp. 6 – 7.

④ 王缉思主编：《高处不胜寒：冷战后美国的全球战略和世界地位》，北京：世界知识出版社，1999年版，第17页。

地负有向世界其他国家和地区推广美国的文化价值观念和自由市场制度的责任和义务，它能够运用其伦理道德、社会舆论和价值观念的力量使民主和平与自由正义普及全人类，带领人们摆脱恶行，建立和谐的国际秩序。美国历史学家弗兰克·宁柯维奇指出："见识深远的政治家总是承认外交同样需要考虑文化价值观，这些价值观由于在形成理解力上的至关重要作用，所以较之意识形态信仰或抽象的理想更具有意义。在20世纪，美国几乎所有的重要政治家都毫无例外地把文化因素考虑为其处理外交的组成部分；的确，文化在他们决策中起着明显的，常常是决定性的作用。"①

这种带有一些宗教狂热色彩的特殊使命感积年累月地自我强化，汇聚成一股激发美国外交对外强势扩张的冲动，它也成为一记促动美国公共外交蓬勃展开的推动力。美国历史学家莫雷尔·赫尔德（Morrell Held）等人在《文化与外交》一书的导言中写道："美国外交事务的出发点总是基于这样一种信仰，即美国在国际关系中享有一种任何其他国家都不享有的特殊使命。"②著名学者雷迅马（Michael E. Latham）也认为，19世纪后期这种源自基督教的"天赋使命"观念在社会达尔文主义影响下趋于强化，并支持了美国的海外扩张，二战后仍然可以在美国外交政策的意识形态中看到这种观念的影子。③ 这种天赋使命观反映到美国公共外交的实践中，常常使其表现出较强烈的扩张倾向和

---

① Frank Ninkovich, "Culture in U. S. Foreign Policy since 1900," in Jongsuk Chay (ed.), *Culture and International Relations* (*New York*: *Praeger Publishers*, *1990*), p. 103.

② Morrell Held and Lawrence S. Kaplan, *Culture and Diplomacy*: *The American Experience* (Westport, Conn.: Greenwood Press, 1977), p. 4.

③ [美] 雷迅马著，牛可译：《作为意识形态的现代化——社会科学与美国对第三世界政策》，北京：中央编译出版社，2003年版，第104页。

“拯救”色彩。作为公共外交的实施国一方，美国积极开展公共外交的目的在于：一方面，在直接层面上，希望其他国家和地区的公众了解和理解美国所采取的某项政策或措施，以便从外部赢得对美国外交的有力支持；另一方面，也是在更深的层面上，期冀其他国家和地区的公众认同乃至追随美国的文化价值观念和经济社会制度，将他们从“落后”或“专制”中“拯救”出来。这种透着理想主义理念底蕴的天赋使命观构成了美国大力开展公共外交活动的首要原动力之一。

（二）现实主义利益考量

1. 现实主义理论与公共外交

现实主义理论兴起于20世纪30年代，主要是针对理想主义理论在第一次世界大战之后一系列的挫败，起而与之展开论战。就在第二次世界大战爆发前夕，爱德华·卡尔于1939年出版了其代表作《20年危机：国际关系研究导论》，标志着现实主义理论开始在国际关系领域崭露头角。二战结束之后，现实主义理论迅速发展成为西方国际关系理论中的主流学派之一。从1948年汉斯·摩根索的《国家间政治：为权力与和平的斗争》发表，到1979年肯尼思·沃尔兹（Kenneth N. Waltz）的《国际政治理论》问世，现实主义一直是西方国际关系学界公认的理论范式。而由于现实主义理论大体上符合了西方大国对战后国际局势的研判，因此它也对西方国家制定和执行其对外政策产生了很大的影响。正如美国国际关系学者小查尔斯·凯格利（Charles W. Kegley, Jr.）指出的那样：“现实主义从1939年到1989年这段冲突密布的50年间找到了繁荣兴盛的适宜空间。在这一时期，非常显而易见的是对权力的渴求、帝国扩张的欲望、谋求霸权的争斗、超级大国之间的军备竞赛以及对国家安全的关注等。”①

作为理想主义的对立面出现的现实主义同样也有很多不同的流派，从摩根索为代表的古典现实主义到以沃尔兹为代表的新现实主义，再到近年来以约翰·米尔斯海默（John J. Mearsheimer）为代表的进攻性现实主义等等。不过，与理想主义理论一样，现实主义理论的诸多学派在有关国际政治的本质问题上也大多保有其一脉相承的一些核心理念：首先，现实主义认为民族国家是国际政治中最主要也最重要的行为体，是构成当今国际体系的基本单位。因此，国际政治研究主要集中于国家间关系的研究，而较少关注个人、跨国公司以及各种国际组织等非国家行为体在国际政治中所发挥的作用。其次，无政府状态是国际社会最显著的特征。现实主义认为，国际社会处于无政府状态，即不存在任何共同的最高权威。在这种无政府状态下，每个国家都努力寻求自助，使用包括武力在内的一切手段来保护其利益。同时，竞争是这种无政府状态的必然结果，国家间的竞争主要集中在军事安全领域，但也表现在经济及其他领域。最后，现实主义者认为，国家是一个统一的和理性的行为体，它会认真考虑各种政策方案的的可行性、仔细权衡可供选择的各项行动成本及可能导致的结果，然后做出能最大限度地实现其对外政策目标的理性选择。②尽管诸多现实主义学者对国际政治现象的解释和国际秩序安排的观点不尽一致，上述这些核心假定大体构成了现实主义理论观察错综复杂的国际关系的基本出发点。

现实主义的这些核心理念在一国的对外交往中所折射出来的

① Charles W. Kegley, Jr., *Controversies in International Relations Theory: Realism and Neoliberal Challenge* (New York: St. Martin's Press, 1995), p. 341.

② 章前明：“论现实主义的国际秩序模式”，载《开放时代》，2002 年第 5 期，第 24—33 页。

逻辑，很容易给人留下这样两种直观的印象——主要在政府间展开的传统外交与以经济和军事力量为基础的实力外交，而这些看上去与序论中提及的公共外交概念似乎南辕北辙、背道而驰。实则不然。现实主义理论与公共外交思想在实现和促进国家利益这一根本目的上是高度一致的。现实主义将国家利益视为国家对外交往过程中的行动指南和行为准则，认为任何主权国家在制定和执行对外政策时都必须以本国的国家利益为根本出发点。而公共外交作为外交形式的一种，虽然有别于传统外交，但也同样是围绕国家利益展开，受国家利益的支配并为之服务。不仅如此，现实主义在强调国家、无政府状态、权力、利益这几个重要方面的同时，也并非完全忽视诸如引导公众舆论以赢得支持、进行文化交流以增强吸引力等等这些行之有效的方法。进攻性现实主义代表人物约翰·米尔斯海默在“9·11”恐怖袭击事件之后，并不赞成当时美国国内甚嚣尘上的“先发制人”主张，而积极倡导美国在开展反恐战争中应努力推行一种“赢取民众的心灵(Hearts and Minds)”的战略。[①] 由此可以看出，这与公共外交所一贯重视的对外国公众的思想进行积极引导的思路是相一致的。

2. 美国公共外交中的现实主义利益考量

尽管“上帝的选民”、“天赋使命”等宗教理念使得美国所采取的对外政策或所宣称的外交主张常常貌似很有些“理想主义”，但实际上这并不能完全反映出美国外交的本质，甚至在一定程度上它还掩饰了美国外交对现实利益的追求。美国著名政治家、富布赖特项目的创始人威廉·富布赖特就曾一针见血地道破天机：“我们绝大多数人深深地依恋着自己的价值观念，并笃信

① John J. Mearsheimer, “Hearts and Minds,” *The National Interest*, No. 69, Fall 2002, pp. 13 – 16.

自己的优势和长处。但是当你查看一下外交政策，就会发现政治领袖们的慷慨陈词，坦诚地谈论理想，却很少描述他们的真实政策，而更常见的却是模糊他们的真实政策。我们通常是在掩饰我们的激烈争夺和私利。”[①] 理想主义冠冕堂皇背后隐藏的现实主义利益考量，对美国的决策者在制定和执行对外政策上发挥着更为深刻的影响，美国公共外交自然也不能例外。

美国的这种融理想主义使命色彩与现实主义利益考量于一体的价值观念有着其特定的历史渊源。一方面，这种追求现实利益的功利主义价值观念与早期移民信奉的新教伦理有着一定的关系。“新教产生于资本主义在欧洲兴起之时，从本质上讲是为新兴资产阶级扩大活动范围和最终获得统治地位服务的，因此，它从一开始就以极强的务实精神把自己与罗马天主教和东方的一些宗教区别开来。”[②] 另一方面，这种讲究实际的观念也部分地来自美国人的边疆传统，当早期清教徒移民踏上北美大陆之初，“开拓边疆时的艰辛危难，使拓荒者对于一切不讲效率、不切实际的人和事都极为鄙视。不讲空话、不必客套，该怎么样就怎么样，这是一般美国人都奉行的准则”。[③] 对于这两个方面，美国学者欧内斯特·鲍曼（Ernest G. Bormann）将其做了一个较为恰当的综合，他把那些因各种原因或目的而来到北美大陆的早期清教徒称为“富有幻想的实用主义者”，他们当仁不让地自诩为“上帝的选民”，决心在这块新土地上践行其所授的特殊使命，将之建成令世人敬仰和争相效仿的“理想王国”；同时他们却又

① ［美］威廉·富布赖特著，简新芽等译：《帝国的代价》，世界知识出版社，1991 年版，第 8 页。

② 王晓德：《美国文化与外交》，第 62 页。

③ 陈尧光：“美国人的文化价值观”，载《国外社会科学》，1985 年第 7 期，第 24 页。

十分注重功利，以“观念和目的的有效性、可行性和实用性”作为成功的检验标准。[①] 因此，在美国外交中，理想与现实之间并无任何内在的冲突，反而是有机的统一体。事实上，美国领导者所大肆宣扬的“理想”常常是为美国现实利益服务的一种有效手段，抑或变成对其谋求现实利益的一种“堂而皇之”的粉饰或“振振有辞”的辩解。

公共外交作为一种重要的外交形式，无疑也是以现实的国家利益考量为其根本目的，这几乎是不言自明的。不过，因其有别于传统外交的一些特性，公共外交所代表的现实利益考量是以一种更加巧妙或曰更加隐蔽的方式呈现出来的。这里不妨先借用一下现实主义大师汉斯·摩根索在论述帝国主义的扩张手段时的一番话。他指出：“文化帝国主义的政策是最微妙的，而且如果它能够单独取得成功的话，也是最成功的帝国主义政策。它的目的不是征服领土和控制经济生活，而是征服和控制人们的心灵，以此作为改变两国之间权力关系的手段。”[②] 事实上，如果撇开概念之间的本质差异，公共外交与摩根索所提到的这种“最微妙”“最成功”的方法几乎可以说别无二致。美国国务院一名长期从事对外交往的官员也曾坦言，“政治渗透带有强加于人的烙印，而经贸往来常被谴责为自私自利和恃强凌弱，只有文化合作才真正意味着思想交流和无拘无束”。[③] 正因如此，美国政府将公共外交作为一种新的战略，注重运用公共外交去实现、维护和拓展

---

① Ernest G. Bormann, *The Force of Fantasy*: *Restoring the American Dream* (Carbondale: Southern Illinois University Press, 1985), pp. 18 – 52.

② ［美］汉斯·摩根索著，徐昕等译：《国家间政治——寻求权力与和平的斗争》，中国人民公安大学出版社，1990 年版，第 90—95 页。

③ Frank A. Ninkovich, *The Diplomacy of Ideas*: *U. S. Foreign Policy and Cultural Relations*, p. 27.

美国的国家利益服务。尽管美国公共外交所体现出的现实主义利益考量在国家利益的侧重点上不同的时期可能会有这样或那样的差别，但是它始终是美国公共外交发生、发展最为重要的一个推动因素。

（三）展现美国软实力的具体考虑

除了理想主义拯救色彩与现实主义利益考量之外，美国公共外交大战略还有一个较为具体的深层考虑，那就是力图充分展现美国所拥有的强大的软实力，谋求以此来改善其在海外的国家形象。

1. 软实力理论与公共外交

早在1990年，约瑟夫·奈即在《外交政策》杂志上发表了题为“软实力”的文章并于同年出版了《注定领导：美国权力性质的变迁》一书，最早明确提出和论述了这一概念。[①] 他是“在与20世纪80年代风行一时的美国‘衰落论’的辩论中提出‘软实力’这一概念的。在那场辩论中，以历史学家保罗·肯尼迪（Paul Kennedy）1987年出版的《大国的兴衰》为代表的‘衰落论’无疑占有主流地位。但约瑟夫·奈却认为美国的力量并没有衰落，而是其本质和构成正在发生变化”。[②]“软实力”是相对于“硬实力”（Hard Power）而言的，它是一种通过吸引而非武力去达到所希望的结果的能力。“硬实力”主要是采取经济和军事上的“胡萝卜加大棒”政策，威逼利诱他国去干他们原

---

① Joseph S. Nye, “Soft Power,” *Foreign Policy*, No. 80, Fall 1990, pp. 153 - 171; Joseph S. Nye, *Bound to Lead*: *The Changing Nature of American Power* (New York: Basic Books, Inc., 1990).

② 刘德斌：“‘软权力’说的由来与发展”，载《吉林大学社会科学学报》，2004年第4期，第55—56页。

本不那么愿意做的事情；而“软实力”则主要是通过精神引导和道德诉求等方法，影响、诱惑和说服他国相信和接受某些行为准则、价值观念和制度安排，从而催生拥有“软实力”一方所期望出现的结果。2004年，奈在《软实力：世界政治中的成功之道》一书中对公共外交做了一个细致的内在区分，将公共外交区分为三个维度（Dimension）：首要和最为直接的维度是日常性沟通，包括对一国内政外交决策环境的解释说明，这里还必须包括那些危机处理和反制攻击所必需的准备活动；第二个维度是战略性沟通，就像在政治或广告宣传中那样，形成一套简单的主题。通过在一定的时间内规划一些具有象征意义的活动和交流，来突出中心主题或者推动政府的某项特别政策；第三个维度则是通过奖学金、交流、培训、研讨会以及媒体渠道等方式来与关键人士（Key individuals）维系发展多年的持久关系。公共外交的这三个维度各自在塑造一个有吸引力的国家形象上都发挥着重要的作用，能够提升达成其所期望结果的预期。这三个维度都很重要，并且它们所需的直接来自于政府的信息与长期的文化关系的相对比例有所不同。[①] 纵观约瑟夫·奈1990年以来的文章和著作，可以看出他本人对软实力的认识也有一个逐步发展、不断深入的过程。

尽管各国学术界对软实力的概念界定、基本内涵及“软实力”与“硬实力”之间的关系等重要问题尚存有不小的争议和不同的见解，但这一概念正日益被人们所接受和应用已然成为一个不争的事实。一般认为，软实力指的是一种价值观念、生活方式和社会制度的吸引力和感召力，也是建立在此基础上的同化力

① Joseph S. Nye, Jr., *Soft Power: The Means to Success in World Politics* (New York: Public Affairs, 2004), pp. 107 – 110.

与规制力，经常也被视为一种广义上文化的扩散传播。“文化作为国家实力的观点早就被人们所注意……但没有注意它们的发散性的力量，即作为国际关系中权力的属性。对软权力这一性质的认识，是今天的时局和条件演化的结果。……硬权力基本上可以在一定的政治共同体内得到和扩展，而软权力更加依赖于国际间对一定文化价值的体认，依赖于一定的体制在国际上得到的支持，所以国家的软权力更加依赖国际文化的势能，即国际整个文化和价值的总趋向。”① 此外，软实力不仅可以与硬实力相互补强成为“巧实力”（如在某些情况下可以用来证明硬实力使用的合理性），而且还可以单独发挥自己的独特作用（如在冷战后期极力诱导敌对阵营国家的内部变革）。

具体到公共外交这一领域来看，公共外交主张通过积极引导和精心培育外国公众对本国的政策或行为的认知，从而影响他们对本国的态度与看法，进而通过公众舆论的力量来影响该国政府的政策或行为选择。换句话说，就是要努力建构本国在外国公众中的良好形象（Image），让他们乐于接受本国希望传递的信息（Message）。从这个意义上来说，公共外交本质上所折射出的主要理论特质正是软实力。软实力的观点得到了越来越多研究者的认同与拓展，公共外交则被认为是发挥软实力的积极影响与能动作用的一条行之有效且持久高效的途径。通过公共外交中的沟通和交流，能够向外国公众传播信息、宣传外交政策，交流思想、传播国家观念，引导舆论、塑造国际形象，可以全方位展示并更有效提升实施国的软实力，从而创造、维持和增进实施国的国际影响力，进而左右其他国家的政府意志与政策行为来实现其自身

① 王沪宁：“作为国家实力的文化：软权力”，载《复旦学报》（社会科学版），1993年第3期，第93页。

的外交战略意图和国家战略利益。公共外交所体现的这种软实力理论特质，使得其在追求、实现和维护国家利益方面较之于传统外交更具有独特的优势。“如果一国能使它的权力在别人眼中是合法的，它的愿望就较少遇到抵抗；如果一个国家的文化和意识形态是有吸引力的，他人就会自动追随；如果一个国家能建立与它的内部社会相一致的国际规范，它就没有必要改变自己；如果一个国家能够支持一个国际制度，其他国家均愿意通过这个体制来协调他们的活动，它就没有必要使用代价高昂的硬权力。”① 这样，借助于公共外交这一有力武器，实施国不仅可以向外国公众充分展示其强大国家实力中“硬”的一面，而且可以使他国的精英阶层、普通公众于潜移默化中理解与认同其社会文化价值观念等“软”的一面。

2. 展现美国“无与伦比的”软实力

在约瑟夫·奈看来，美国是继“日不落帝国”——大英帝国之后世界上最强大、唯一能统治全球的国家，美国在当今世界上不仅拥有独步全球的经济和军事等硬实力方面的优势，而且还拥有“无与伦比的”社会文化、价值观念和国民凝聚力等软实力方面的优势。不过，奈也承认，由于近年来反美主义的兴起，美国的软实力出现了很大的滑坡，对美国的负面看法削弱了美国的软实力，因而降低了美国不诉诸威压或补偿而达到目标的能力。“9·11”事件发生以后，奈认为反对伊斯兰恐怖主义的战争并不是文明之间的冲突，而是与伊斯兰文明内部温和派和极端分子之间的内战紧密相连的一场斗争。美国及其盟国只有运用公共外交这一手段才能迅速高效地与那些温和派进行必要的沟通，

① 王沪宁：“文化扩张与文化主权：对主权观念的挑战”，载王缉思主编：《文明与国际政治》，上海：上海人民出版社，1995 年版，第 356 页。

赢得他们的支持进而最终赢得战争。但让奈感到十分痛心的是，美国用于公共外交的经费与法国或英国等这些国力和影响比美国要弱得多的国家几乎相差无几，这导致了美国身为当今世界唯一的超级大国与信息革命的领袖却“时常在宣传战中被藏身在洞穴里的宗教极端分子击败”。[①]

美国开展公共外交，相当重要的一个战略考虑就是欲借此充分展现美国的软实力，以在世界上塑造一个良好的美国国家形象，巩固美国对其盟友的影响力与提升美国对其他国家的吸引力，最终服务于美国的国家利益。对此，在冷战时期担任过美国国务卿的乔治·马歇尔作了一个十分形象的概括：“我们的旗帜在整个世界上将一方面被认作自由的象征，另一方面被认作压倒性力量的象征。”[②] 其用意几乎显而易见，布热津斯基曾直言不讳地指出，当“对美国方式的模仿逐渐遍及全世界时”，它就会“为美国发挥行使间接的和似乎是经双方同意的霸权创造了一个更加适宜的环境”。[③] 美国正是通过公共外交向外国公众充分展示其强大的软实力，意欲使他们好美国之所好，恶美国之所恶，从而取得比采取军事或经济行动成本低得多、效率高得多的效果。对此，伦纳德·萨斯曼（Leonard R. Sussman）以冷战期间美国对苏东地区的公共外交为例，指出：“文化交流和紧随其后的政治演变经过多年的时间在这些社会中发挥出它们的作用。……与苏联之间的学者交流中最少被提及和重视的一个方面就

① Joseph S. Nye, “The Decline of America's Soft Power: Why Washington Should Worry,” pp. 16 – 20.

② Lawrence F. Kaplan & William Kristol, *The War over Iraq: Saddam's Tyranny and America's Mission* (San Francisco: Encounter Books, 2003), p. 65.

③ ［美］兹比格纽·布热津斯基著，中国国际问题研究所译：《大棋局：美国的首要地位及其地缘战略》，上海：上海人民出版社，1998 年版，第 36 页。

是，苏联学者在美国学习和研究以后对他们的社会所产生的影响。一位非常知名的访问学者亚历山大·雅克夫列夫（Alexander Yakovlev），无疑对推动米哈伊尔·戈尔巴乔夫（Mikhail Gorbachev）的改革与公开化思想和苏联采取更为宽松的外交政策产生了重大的影响。”① 2004 年，在时隔 43 年后他的第二本关于美国新闻署的专著《创造公共外交：美国新闻署的故事》中，威尔逊·狄扎德（Wilson P. Dizard）就将软实力视为“在一个新的时代里影响美国公共外交角色的主要因素”。②

第二节　美国对华公共外交战略的深层认识

除了上述一般意义上的美国公共外交大战略的基本意图之外，纵观美国对华公共外交战略的四个发展阶段，从美国之音对华广播与中美富布赖特项目这两个典型个案中我们还可以以点带面地形成若干更深层面的认识。

一、美国对华公共外交中的两个典型个案

要进行个案研究，不容敷衍塞责或含糊其辞的一项工作是必须交代选取个案的合理依据及充足理由，下文要完成的就是这项任务。

---

① Leonard R. Sussman, *The Culture of Freedom: The Small World of Fulbright Scholars* (Maryland: Rowman & Littlefield Publishers, 1992), p. 80.

② Wilson P. Dizard, *Inventing Public Diplomacy: The Story of the U. S. Information Agency* (Colorado: Lynne Renner Publishers Inc., 2004), p. 227.

（一）为何只选定“两个”个案的取舍依据：公共外交内容的两个方面

对于公共外交的认识，学者们因各自观察的视角不同、侧重有别而不免“横看成岭侧成峰”，对公共外交内容的概括也是如此。前文在对公共外交进行概念界定时，基于其活动目标与实施方式的不同，而将公共外交划分为对外信息传播与国际教育文化交流两大类别。这并非笔者的主观臆断，笔者也从不排斥、并且尊重其他学者的其他划分方法。

首要的依据是“公共外交”一词的创始人古里恩在1965年即明确地指出的，公共外交的核心包括“资讯”和“思想”这两个方面。换句话说，公共外交所包含的内容可以区分为“物的因素”（资讯）与“人的因素”（思想）这两大类别。而在表现形式上，物的因素是指借助于有形的物品（如书籍）和无形的物品（如广播）来传递信息以实现增加知识、勘误扶正；人的因素是指借助于人员之间的直接交流往来达到增进了解、拉近距离的目的。许多情况下人的因素与物的因素还紧紧结合在一起，在同一过程中得以实现。

有鉴于这种二元式的区分，本书在考察美国对华公共外交战略时，特从信息交流与人员往来这两个方面分别选取美国之音对华广播与中美富布赖特项目作为典型个案来加以深层审视，以期管中窥豹、以点带面。

（二）为何选定“这两个”个案的取舍理由：个案自身所具有的代表性

一般说来，选取个案进行深入研究是想“窥一斑而知全豹”，必须是遴选那些十分具有典型性的案例方能有一定的代表性和足够的说服力。上文已回答了“为何只选定两个个案”，而对于“为何选定这两个个案”，其取舍理由一方面依然与上述取舍标准密切相关，另一方面则对个案自身提出了更严格的要求。

在信息传播领域，美国对华公共外交有多种实践形式，除了美国之音对华广播，还有图书交流与翻译、各种艺术展览、美国教育交流中心以及自由亚洲电台等。但相比之下，明显可以发现，无论从时间跨度上，还是活动延续性上，抑或内容完整性上，美国之音对华广播有着其他各种形式所不完全具备的综合优势，涵盖了其他各种形式的突出特点。因此，它无疑可以被视为美国对华公共外交中信息传播方面的代表。

同样，在教育文化交流领域，美国对华公共外交也有多种实践形式，除了中美富布赖特项目，还有国际访问者项目、美中友好志愿者项目以及中美网络语言教学合作项目等。但相形之下，其他几个项目有的规模很小，有的活动有限，有的历史尚短，唯有中美富布赖特项目兼具了其他项目所欠缺的所有这些；不单如此，它还具有一个相对完整且颇为曲折的发展历程，几乎完全紧扣住了中美关系发展变化的这根主线。故而，它理当可以被选为美国对华公共外交中教育文化交流方面的代表。

（三）选定这两个个案的内在逻辑：有比较方有鉴别

除了上述两个理由之外，选取这两个个案进行深度扫描还暗含着这样一种内在的逻辑思路，即希望借此能将美国对华公共外交的这两个方面之间进行一些比较研究，毕竟有比较之后才更有鉴别。

美国之音对华广播主要针对的是并非特定的中国一般受众，而中美富布赖特项目则主要瞄准了作为精英阶层的中国知识分子群体。基于普通公众与精英阶层所能发挥的影响的异同，通过对这两项公共外交活动的成功之处或失败之因的对衬比照，不仅可以获得对该个案本身更深入更客观的理解，还可以比较直观地探明这两种公共外交实践形式各自的优劣短长。

二、美国对华公共外交战略的深层认识

（一）发生发展：中美利益的结合点

任何一个国家的外交都必须以本国的国家利益为依归，公共外交作为一国外交方略的有机构成部分之一，自然也不例外。美国开展对华公共外交，其出发点无疑是为了美国的国家利益，不过在实施的过程中，也必须适当考虑中国作为受动一方的利益诉求，以保障公共外交活动的顺利开展从而实现美国作为施动一方的利益。从这个意义上说，美国对华公共外交的发生、发展更是美中双方、多股势力共同推动的结果，其动力源于美中两国、参与机构、参与者个人等这几重利益之间的融合与渗透。

从美国方面来看，天赋使命的宗教观、美国至上的利益观是美国开展对华公共外交最重要的推动因素，与中国较为长久的密切的历史联系无疑也是一个考虑因素；而从中国方面来看，对中国的国家利益或一定时期某个统治集团利益的现实考量也成为美国对华公共外交顺利得以展开的一大动因。尽管美国是实施对华公共外交中的主动一方，但显然不可无视中国作为受动一方在互动过程中的那种趋利避害的需求意识。换言之，美国对华公共外交的发生发展实际上体现的乃是中美之间多重利益的结合点，其中起首要作用的当然是国家的根本利益。

例如，二战期间的美国对华公共外交，一方面是美国出于让

中国在远东战场上拖住日本的考虑以及它对于战后国际格局的安排，另一方面则是由于蒋介石政权“攘外必先安内”、“反共先于抗日”的集团利益需要。

（二）调整转变：中美关系的缩略图

美国对华公共外交的发生发展，不仅会受到美国公共外交整体战略调整或政策转变的影响，更会直接受制于中美两国关系的每一步发展变化。中美关系可谓是美国对华公共外交背后隐藏的一条主线。反过来，美国对华公共外交也就能够作为观察中美关系发展状况的一个重要视角，可以借此“管中窥豹，见微知著”。

随着中美双边关系的起伏跌宕，美国对华公共外交战略的发展也呈现出较为明显的阶段性特征，已然可以被视作错综复杂的中美关系大势的一张“缩略图”。中美关系交好之时，信息传播多管齐下，教育文化交流遍地开花；中美关系处于逆境之中，信息传播调门大转，教育文化交流曲线迂回。可见，美国对华公共外交战略的调整转变与中美两国外交关系的整体状况十分紧密地联系在一起，反映出、也受制于并最终服务于两国关系。

例如，在1949年新中国成立后，因美国政府对新中国大行遏制政策而使中美关系交恶，直接导致了运作方始一年的中美富布赖特项目即被迫中止；待至1979年中美正式建交后，中美富布赖特项目在中断三十载后迅即重启交流。

（三）呈现态势：美国主动出击，中国见招拆招

美国对华公共外交呈现出来的态势通常是美国主动出招与中国被动接招。在双向交流互动中，美国作为对华公共外交的施动

方，具有很强的主动性，表现得比较积极。美国总是主动寻找机会与可能来试图打开对华公共外交的局面，如学者交流项目一俟中美关系正常化旋即着手重新启动；有时它甚至呈现出了较强的单边主义色彩，如美国之音对华广播经常以一种“教化”的姿态来向中国民众兜售西方民主价值观念、揭批中国社会阴暗面等。

反观中国，作为美国对华公共外交的受动方，许多情况下经常处于一种被动接招的“刺激—反应”状态。这固然主要是因为公共外交的双向交流中施动方与受动方的角色使然，但也在一定程度上反映出了中国相对被动的境况。究其原因，可能一方面是因为中美在国家整体实力对比上尚有一定的实际差距，另一方面则是由于中国在开展公共外交方面还在不断学习和积累经验。当然，中国在应对美国对华公共外交上，也不完全是一味被动接招，而更多的是见招拆招。尽管不少方面还有较大的提升空间，但中国在与美国对华公共外交的互动上已表现得越来越娴熟、自信。

（四）目标效果：二者间存在一定的错位

公共外交作为一种外交工具，美国政府素来比较重视其实际效用的大小，为了提高美国公共外交的效用进而更好地实现、维护和拓展美国的国家利益，数届美国政府不断对公共外交作出战略调整或战术转变。公共外交主管机构的多次分合重组，公共外交经费项目的不时增减变化，皆可认为主要是出于减耗增效的初衷。不过，囿于美国内外形势的瞬息变化及决策者自身的眼界局限，公共外交不断调适所取得的实际效果并不都能如决策者所预想的那般显著，目标与效果之间存在一些背离或落差。

在不同的历史阶段，美国对华公共外交的目标与效果之间出现了一定的错位，没能完全实现其调整转变的政策意图从而有效引导中国公众的舆论取向。如美国之音对华广播在冷战结束后虽经一段时间的调适，其在中国公众中的公信力、影响力却每况愈下，其所发挥的公共外交效用也随之大打折扣。如何消弭美国对华公共外交目标与效果之间的这种错位，积极谋求目标与效果之间的有机统一，就成为美国政府需要认真反思和慎重对待的一个重要问题。而审视美国对华公共外交战略的错位与调适，其正反两方面的经验与教训也都值得中国今后在对世界上其他国家包括美国开展公共外交时引为戒鉴。

（五）经验教训：尽可能少受无谓的干扰

客观而言，美国对华公共外交在绝大部分时间里，其对于增进中美两个国家之间的了解以及两个民族之间的理解具有十分积极的作用，并且从总体上看也是比较成功的，尽管还存在这样或那样的不足。随着中美两个大国今后在国际国内各个层面上的联系更趋紧密（尽管并不必然更趋亲密），公共外交存在的合理性与必要性无疑也会逐渐增大。而与此同时，公共外交的互动性和互利性也将有所提升，即：不仅美国对中国继续加强公共外交，而且中国对美国也积极开展公共外交；不是中国从公共外交中获利较多美国获利较少，而是中美一起将公共外交的蛋糕做大从而使两国都能从中获得更多更大的收益。

要想真正实现上述目的，中美之间的公共外交就必须被纳入一个相对稳定的运行轨道之中，能最好避开或尽量少受一些“无谓干扰”的影响，特别是一些偶发事件或政治因素。因为公共外交活动尽管有一部分着眼于短线收益，但更多的是一种长线投资，尤其是其中的教育文化交流活动。公共外交活动因其自身的特性而需要保持必要的连续性和稳定性，如能将其纳入一定的运行机制和保障体系，从而摆脱某些不必要的外来因素的搅扰，必能更好地发挥其应有水平和最大效用。

本章小结

美国公共外交大战略设置的基本目标是，试图通过公共外交在其他国家的精英阶层中培养和扶持“亲美派”，同时也谋求使其他国家的普通民众了解和理解美国的对外政策与战略目标。普遍意义上来说，美国公共外交大战略具有多重意图，既体现了一定的理想主义拯救色彩，更是出于现实主义利益考量，同时也是为了充分展现美国强大的软实力。但归根结底，美国公共外交始终是服从和服务于美国的国家利益的。

作为美国公共外交整体战略的重要组成部分之一，美国之音对华广播与中美富布赖特项目是美国对华公共外交战略中信息传播与教育文化交流这两个方面的典型个案。美国对华公共外交战略的发生、发展是美中两个方面、多种利益共同推动的结果，其动力源于美中两国、参与机构、参与者个人等这几重利益之间的融合与渗透，体现的乃是两国之间多重利益的结合点。随着中美双边关系的起伏跌宕，美国对华公共外交战略的演进脉络呈现出较为明显的阶段性特征，可以被视作中美关系的一幅缩略图。美国对华公共外交的预期目标与实际效果之间存在一定的错位，并不能完全实现美国政府的政策意图。中美两国之间未来的公共外交应当被纳入一个相对稳定的运行轨道之中，以摆脱某些不必要的外来因素的搅扰，如此方能更好地发挥其应有水平和最大效用。

第七章

因时顺势：美国对华公共外交的未来走势

受全球化浪潮涌动与公民社会崛起的促动，公共外交展现了外交理论在新的历史条件下的一种延伸和拓展。20 世纪 80 年代末至 90 年代初，随着计算机与互联网技术的日渐成熟并走向大众化，网络这一新兴媒介的出现和兴盛使一国政府充分调动其所掌握的丰富资源和强大力量去影响和引导外国公众对于本国的认知和理解成为可能，催生出一种新的公共外交形式——网络外交。这种外交形式正以其便捷性、灵活性与敏感性等特质，有力地推动着美国公共外交的蓬勃发展。

与此同时，中国也正处于一个自身发展的重要关口：既是推进经济社会全面发展的现代化建设的关键期，同时也是综合国力稳步攀升、国际地位更显突出的敏感期。近年来经济的高速稳定增长使得中国的综合国力日益增强、国际影响力不断扩大，这既是硬实力不断提升的过程，同时也是软实力逐步累积的过程。然而，尽管中国拥有无比丰富的软实力资源，但软实力资源的转化能力还不够强，当前中国的公共外交体系仍不完备，亟待加强。

在前文对美国对华公共外交的全局与个案均做了比较系统的

扫描透析之后，为了“以身作则”地揭示出贯穿全书的“时”、“势”二字的意蕴，这一章重在探究新时局下美国公共外交的发展动态与新情势下中国公共外交体系的构建思路。通过把握中美两国公共外交在最新“时势”之下的双边变局，试图以此来研判未来美国对华公共外交的基本走势。

第一节　新时局下美国公共外交的发展动态

“9·11”事件以来，美国政府对于运用公共外交积极引导外国公众、改善美国国家形象的热情日趋走高。在继续保有各种传统的公共外交形式之外，美国政府还跟进最新的时局发展，及时引入新的公共外交形式，开始大力倡导并积极推行网络外交，将之视为施展公共外交的一件新式武器。有鉴于此，本节在综观网络外交所带来的复合影响的基础上，重点把握近些年来美国网络外交发展脉络，并对其勃兴背后的动因作一较为深入的学理剖析。

一、网络外交的复合影响

作为一种新兴的传播媒介，互联网络具有开放、瞬时、互动、多元、高分散、低成本等诸多传统媒介难以匹敌的长处。相较于那些受控于编辑和主播的广播、电视以及报纸等传统媒介，“因特网造就了一对一（通过电子邮件）、一对多（通过个人主页或电子会议）、多对一（通过电子广播）以及或许是最重要的多对多（通过在线聊天室）等种种不受限制的沟通交流”。[1] 不单如此，网络信息还具有3“F”能力，即更远（farther）、更快（faster）和更少中介（few intermediaries），这也使得政府对信息的垄断或控制越发显得力不从心。[2] 联通世界的网络与生俱有的这些独特优势助其在短短数十年间就迅速发展成为一种表达意见、构建认同、塑造行为的有效工具，这些都促使网络外交迅速成长为施展公共外交的一条新的重要途径。

互联网络在一国政府与外国公众之间构筑起了交流沟通的桥梁，有利于以此赢得外国公众的了解、理解甚至信任、支持，这也就在相当大的程度上会影响到一国外交政策的议程设定。在当今这个资讯异常发达的信息时代，那些负责制定外交政策的人“将必须更加意识到互联网创造新的传播、赋权予个人和非国家行为体以及增强软实力的角色等这些途径的重要性”。[3] 较之于对外信息传播、国际教育文化交流等其他形式的公共外交载体，网络外交自身所独具的特质使其对国际关系的影响呈现出复杂而多元的态势。

一方面，互联网络的扩张速度既加快了信息的传播广度，又加大了政府对信息传播的控制难度。根据传播学的一般要求，任何一种媒介必须达到5000万人的使用标准才可以被称为大众媒体。为了跨过这道目标门槛，广播用了38年，电视用了13年，而互联网却仅仅用了5年不到的时间，其速度之迅猛由此可见一斑。而据世界知名互联网统计机构comScore公司2009年1月23

---

① Joseph S. Nye, Jr., “The Information Revolution and American Soft Power”, *Asia-Pacific Review*, Vol. 9, No. 1, May 2002, p. 61.

② Pippa Norris, *The Digital Divide: Civic Engagement, Information Poverty and, the Internet Worldwide* (New York: Cambridge University Press, 2001), p. 232.

③ Joseph S. Nye, Jr., “The Information Revolution and American Soft Power”, p. 68.

日公布的一份调查报告显示：截至2008年12月份，全球网民数量已经突破了10亿大关，其中亚太地区占到了全球网民总量的41%，中国已成为世界上拥有网民人数最多的国家。[①] 在这种情况下，互联网已不只是一个丰富的信息平台，更是一个广阔的外交阵地。作为公共外交客体的广大公众需要及时有效地掌握、传递和交流相关信息，这在传统交通通讯的条件下是比较难以实现的，加之以前政府在相当程度上能够做到对信息的垄断进而使信息仅仅局限于在一个较小的精英圈子内有限流通。而实时、迅捷和高度扩张的网络传播，使信息传播大大突破了各种时空障碍及垄断控制，极大地降低了广大公众有效参与公共外交活动的门槛。此外，从媒介传播自身的特点来看，传统媒介大多由于受政府管制与对经济利益的追求，其批判性会渐趋消解；而超越地理阻隔、突破疆界局限的网络媒介则能够与政府保持一种若即若离的关系，并且随着交流平台的纵深拓展，公众的批判性在广度与深度上都相对不那么容易受到侵蚀。因而一国外交政策的合法性在网络上将受到较之以往要多出很多的质疑和批判，这也对政府设定外交议程的控制能力形成了一定的挑战。

另一方面，网络外交的交互性既有助于塑造国际舆论、制衡他国的话语霸权，其能动性也给国家的软硬实力发展带来一定的影响。网络外交突破了时空国界所限，使得全世界的公民共享信息，并以其全球通行的特殊方式造就了一个全新的、平等的信息空间，引发了信息传播从单向到互动的嬗变。以互联网为代表的新兴传播媒介的迅猛发展扫清了公民信息获取与意见表达的诸多

① 参见comScore公司主页："Global Internet Audience Surpasses 1 Billion Visitors, According to comScore", January 23, 2009, http://www.comscore.com/Press_Events/Press_Releases/2009/1/Global_Internet_Audience_1_Billion。

羁绊，大大降低了公民参与公共事务的民主成本，公众舆论对一国外交政策的制定与实施的影响日益增大。正是在此种情形下，世界各国政府开始注重有意识地开展各种形式的公共外交活动去努力培植于己有利的国际舆论生态，既要发出本国的声音谋求国际社会中的更大话语权，又希望撼动或制衡处于强势地位的他国话语霸权。不仅如此，网络外交还十分敏感，国际舞台上但凡有一点风吹草动都会很快激起网络世界中的反响因应，并迅即传播到开通网络的世界每个角落，进而对现实的外交活动产生复合的影响作用。网络外交的这种能动性具体体现在两个层面之上：它不仅能进一步提升软实力的重要性，也能催生出新的硬实力的斗争形式。[①] 越来越多的国家开始高度关注本国的国际形象，积极运用网络的力量去赢取外国公众对于本国政策的了解、理解乃至支持，力图通过这种方式塑造良好国家形象，增强其综合实力中“软”的一面。而在近些年的战争冲突中，政府、国际组织乃至国际恐怖主义势力等各股力量之间通过网络平台展开的攻防行动早已远远超越了传统的宣传战和心理战范畴，某种程度上已经发展成为硬实力较量的一种新形式。

由上可见，网络外交使国内政治与国际政治之间的界限更趋模糊，也使政府外交与公共外交之间的合力更显必要。它既扩充了人们对于国家主权、国家实力的传统认识，也考验着一个国家在处置外交事务时的信息搜集分析能力、危机决策能力和日常外交管理能力。

① 唐小松、黄忠：“论信息时代的网络外交”，载《现代国际关系》，2008 年第 6 期，第 55 页。

二、美国网络外交的勃兴态势

有如远洋航船促成了16－18世纪的欧洲扩张，电报技术支撑了19世纪的帝国延伸，以及飞机、广播和电视变革了20世纪的国际关系，互联网给21世纪的国际社会带来了巨大的机遇与全新的挑战，并且其速度与力度均较之以往更显强劲。美国是互联网发展最早、普及率最高的国家，在当前的全球网络发展架构之下，互联网的管理权和控制权在极大程度上实际处于当世仅存的唯一超级大国美国的掌控之中。据统计数据显示，目前全球共有13台域名根服务器：1个为主根服务器，放置在美国；其余12个均为辅根服务器，其中美国9个、欧洲2个（位于英国和瑞典）、亚洲1个（位于日本）。所有这些根服务器均由美国政府授权的互联网域名与号码分配机构（ICANN）统一管理，负责全球互联网域名根服务器、域名体系和IP地址等的管理。可以看出，美国政府手中控制了绝大多数根服务器，也就对全球的互联网络管理拥有超乎寻常的发言权，能确保美国长期占据网络空间和信息资源的制高点。相较于美国独占的几近随心所欲的网络霸权，其他需要利用互联网络服务的国家则被置于不得不受其操控的不利境地。

作为互联网的发源地和世界上网络应用最发达的国家，美国自然也就成为最早在外交、军事等领域利用互联网技术极力维护本国利益、推进内外政策的国家之一。不过事实上，美国政府对于互联网对国际关系所带来的复合影响之认识也经历了一个由最初不够重视到后来高度重视的明显转变。初始阶段，不少美国政府机构并没有特别注重张力十足的互联网所能发挥的能动效用，仅仅是侧重其“实用工具”性，如：美国中央情报局图谋借助互联网侵入世界各大公司、银行以及政府机构电脑系统搜集情报；而美国国防部早在2001年就将“网络中心战”（Network-Centric Warfare，NCW）这一理念写入国防政策报告，并在2003年的伊拉克战争中付诸实战。但随着这张互联之网在世界范围内的全面铺开，美国政府很快意识到了互联网无比强大的潜在影响力，积极筹划用之来为美国的外交战略服务，“利用网络等新媒体技术实现美国主导意识形态的一统天下已成为美国霸权战略的组成部分”之一。[①] 美国牢牢把持着互联网技术的“先占优势”与英语作为全球计算机通用语言的“话语霸权”，使得其掌握了在网络外交中优先制定游戏规则的绝对主动，由此网络外交得以迅速成为一件推进美国公共外交纵深发展的新式武器。

美国政府自21世纪伊始便着眼于加强其网络外交能力，其最初设想侧重于运用信息技术整合内部资源，以便更有效地服务于美国外交政策。2002年12月，为了加快“电子政府”（E-Government）的建设，美国国会通过了《2002年电子政府法案》，主张通过构建一个广泛的措施框架，运用以互联网为基础的信息技术去增进公众对政府信息和服务的获取。[②] 应这一法案的要求，专事网络外交的“电子外交办公室”（Office of eDiplomacy）于2003年10月正式设立，成为从属于国务院信息资源管理局（BIRM）的一个常设部门，它有如下3项广泛的职能：将美国国务院外交官纳入信息技术决策进程中来；改善美国国务院

① 李彬、王君超：《媒介二十五讲》，北京：清华大学出版社，2004年版，第138页。

② “Public Law 107 - 347”, 107th Congress, December 17, 2002, http: //frwebgate. access. gpo. gov/cgi-bin/getdoc. cgi? dbname = 107 _ cong _ public_ laws&docid = f: publ 347. 107. pdf

内部及与外部的沟通和协调方式；提升资讯管理。[①]

为了更好地运用网络外交来改善和提升美国的外交决策与实施，信息资源管理局还于2004年4月制订了包含以下5项主要内容的《2006年－2010年信息技术战略计划》：（1）提供正确信息：知识主导外交；（2）任何时间任何地点联络无阻：行动中的外交官；（3）外部伙伴关系：通过协调开展外交；（4）风险管理：确保任务有效和安全；（5）工作实践和工作团队：引领变革。[②] 电子外交办公室融合了外交、内务官员以及项目专家的专长与经验，致力于使美国外交官和政府其他外事部门人员在任何地点、任何时间都能获取和交流外事信息，进而从整体上强化美国外交政策的贯彻执行。2008年10月，信息资源管理局发布了2008财政年度电子政府建设报告，总结了过去5年中对《2002年电子政府法案》的执行情况，展示了国务院如何运用信息技术来提升服务进而使包括外国公众、其他政府以及非政府组织在内的目标群体能够以更低成本更加快捷地获取有关美国内政外交信息，充分肯定了美国政府在网络外交方面所取得的诸多成绩。[③]

自2009年1月新一届领导班子正式启动运作以来，美国政府越发意识到了互联网的强大影响力，因而也更加注重运用网络外交来对政府的形象及内外政策进行主动的宣传推销。美国国务

① 参见美国国务院主页："Office of eDiplomacy", http://www.state.gov/m/irm/ediplomacy/。

② 参见美国国务院主页："Fiscal Years 2006－2010: IT Strategic Plan", Released by Bureau of Information Resource Management, April 2004 (Updated December 2007), http://www.state.gov/m/irm/rls/c23911.htm。

③ 参见美国国务院主页："FY 2008 Report on the Implementation of Public Law 107－347: The E-Government Act of 2002", October 14, 2008, http://www.state.gov/m/irm/rls/115901.htm。

院网站不断进行升级改版，在其首页上新增了 DipNote Blog（“外交笔记”，讨论美国外交政策的博客）、Facebook（“脸谱”，社交网站）、YouTube（“优图”，视频网站）、Flickr（“附丽客”，网络相册）、Twitter（“推特”，微博客网站）等主流社会媒体的网址链接。[①] 通过点击这些网站，国内外公众能够及时了解国务卿近期的重要行程安排，甚至还能在一些网络虚拟社区中仿真感受随同新任美国国务卿希拉里出访外国。这些图文声像并茂的“身临其境”式独特体验，无疑能从多个视角有效增进公众对于美国外交政策与举措的认知和理解。

2009 年 3 月 20 日，在伊朗举国欢庆“诺鲁兹”（Nowruz，伊历新年）这一最为重要的民族传统节日之际，奥巴马总统通过 YouTube 向伊朗发表了一段录像讲话，视频下方还专门配有波斯语字幕。奥巴马在讲话中首先向全世界欢庆诺鲁兹节的人们表示问候，并表达了他特别希望与伊朗伊斯兰共和国的人民和领导者直接交谈的意愿。他表示，尽管美伊两国在过去的近 30 年时间里一直关系紧张，但“共同的人性”将两国人民紧紧绑在一起。奥巴马总统承诺他的政府正致力于外交解决摆在两国面前的一系列难题，并将在美国、伊朗和国际社会之间寻求构筑起一种建设性的关系。他还呼吁两国坦诚接触和彼此尊重，而非恐怖威胁或使用武力，以共同打造一个人民之间重启交流、商业合作更大机遇、更加安全和更加和平的未来。[②] 在伊历新年这一特殊的时间节点，奥巴马总统的这一表态远不只是贯彻此前其在竞选总统期间的对伊政策主张，更重要的则是意在为其明显有别于一味

---

① 参见美国国务院主页：http：//www. state. gov/。

② 参见美国白宫主页：“Videotaped Remarks by the President in Celebration of Nowruz”，March 20，2009；http：//www. whitehouse. gov/the_ press_ office/Videotaped-Remarks-by-The-President-in-Celebration-of-Nowruz。

用强的小布什政府的对伊政策调整铺路造势，同时也潜藏着对3个月之后伊朗即将举行的总统大选施加美国影响、引导伊朗公众舆论的“醉翁之意”。

在深切体会到旧思维和老习惯已然无法满足新时代的不同挑战这一思想主导下，奥巴马总统主张必须大力改革政府机构以使其更加高效、透明和富有创造性，为此他呼吁创设更多的管道以便与广大公众进行更便捷的沟通交流。5月1日，美国总统府在其官方网站的“白宫博客”栏目里发布的一篇博文中正式对外宣布：除去已有的官方网站White House. gov之外，白宫还在Facebook、Myspace（“我的空间”，社交网站）、Twitter、Flickr等几大主流网站上均开设了主页供国内外公众浏览获取各种信息，对此白宫不无自豪地宣称其已然跨入了“白宫2.0”时代。[①]

2009年6月伊朗总统选举结束之后不久，关于选举舞弊的消息在伊朗国内迅速蔓延开来，致使伊朗多个城市出现了规模不一的骚乱。这其中就少不了美国方面的“辛勤付出”，利用Twitter等多种新式传播武器，美国向伊朗公众大肆散布了关于政治危机和街头抗议行动的似真似假的海量信息混淆视听，奥巴马还公开表示对伊朗国内乱局“深感困扰”。通过对互联网信息空间的控制，美国意图影响伊朗总统选举进程，诱导伊朗政局朝向更加符合美国战略利益的方向发展。对此，《纽约时报》的一篇评论直言不讳地指出，奥巴马政府已将包括Twitter、YouTube等在内的“社会网络视为美国外交箭束中的一支新箭”。[②]

---

① 参见美国白宫主页：“WhiteHouse 2.0”，May 1，2009，http：//www. whitehouse. gov/blog/09/05/01/WhiteHouse。

② 参见《纽约时报》主页：“Washington Taps Into a Potent New Force in Diplomacy”，*The New York Times*，2009－06－17，http：//www. nytimes. com/2009/06/17/world/middleeast/17media. html。

可以看出，作为一个高度依赖网络的国家，美国在开展网络外交方面展现了十分强劲的进攻性态势，极力谋求通过网络外交这一新兴公共外交形式去影响和引导外国公众，以图在提升美国外交软实力的同时实现其外交硬目标。

三、美国网络外交的学理剖析

信息技术已经极大地影响了人们何时、何地和怎样去接收各种信息并展开交流，而兴盛不过二十余载的互联网已对一个国家的外交决策与实施产生了广泛而深远的影响。正因为此，美国国务卿希拉里在其上任伊始即积极主张美国政府大力推行“互联网外交”。在她看来，今天的外交早已不再是“一帮闭门造车的特权男性的专属领地”，也不再局限于国务院或使馆的专业外交人员去推动，故应鼓励美国公民与外国人借由互联网络进行交流互动，通过这种“全民网络外交”的方式实现美国的部分外交战略。而身兼奥巴马的顶级技术顾问和希拉里的高级创新顾问的亚历克·罗斯（Alec Ross）也指出，“外交已不再是一群西装革履、打着红色领带的白人围坐在一张红木茶几旁，一边品茶，一边谈论着两国之间的关系应当如何如何”。罗斯一直积极倡导利用所有先进的手段开展对外交流，他将此称为“21 世纪的治国方略”。他认为，21 世纪的外交已远远超出了政府与政府（Government-to-Government）之间的活动，而应成为政府与人民（Government-to-People）、人民与政府（People-to-Government）之间的活动，最终演变成为“人民与人民并与政府间的交流”

（People-to-People-to-Government，P2P2G）这种模式。[①] 针对外交内涵所发生的这一显著转变，希拉里在2009年5月13日纽约大学毕业典礼上的发言中坦言："为了直面（流行病、二氧化碳排放、全球金融危机等）这些威胁，同时抓住其所带来的机遇，我们必须运用我们所掌握的每一件工具，自下而上地去构筑新的伙伴关系。这就是'巧实力'（Smart Power）的核心所在。……这个不断变化的全球形势要求我们必须拓展我们的外交观念。"[②]

关于"巧实力"这一概念，其首倡者至今仍未有定论，目前主要存有两种说法：一说是曾任哈佛大学肯尼迪政府学院院长并将"软实力"概念在20世纪90年代初发扬光大的约瑟夫·奈（Joseph S. Nye，Jr.）于2004年在其《软实力：世界政治的成功之道》一书的序言中即提到的"巧实力"，意在反驳"只要有软实力就能产生有效的外交政策"这一错误看法；[③] 另一说则是曾担任美国驻联合国外交官的苏珊娜·诺瑟（Suzanne Nossel）在2004年3/4月号的《外交》杂志上发表了《巧实力》一文，提出美国政府应"重新发掘威尔逊、罗斯福、杜鲁门和肯尼迪几任总统的思想遗产"，灵巧运用硬实力和软实力共同来实现美国的外交目标。[④] 值得注意的是，由于他们均未对"硬实力"与"软实力"二者之间做一个比例明确的限定，这也使得"巧实力"这一概念从一开始就显得过于主观随意而饱受诟病。此后

① "P2P2G：The rise of e-diplomacy"，http：//www.politico.com/news/stories/0609/23310.html。

② 参见美国国务院主页："Remarks at the New York University Commencement Ceremony"，May 13，2009，http：//www.state.gov/secretary/rm/2009a/05/123431.htm。

③ Joseph S. Nye，Jr.，*Soft Power*：*The Means to Success in World Politics*，New York：Public Affairs，2004.

④ Suzanne Nossel："Smart Power"，*Foreign Affairs*，March/April 2004，pp. 130－138.

陆续有不少美国学者或智囊机构更为系统地将“巧实力”理念引入美国的对外政策分析，纷纷主张运用“巧实力”去变革美国的对外战略，提出美国务必有效结合硬实力与软实力两个方面，从而使美国摆脱当前的窘境，重振其在国际舞台上的霸主地位。在约瑟夫·奈等人看来，“巧实力”既非硬实力亦非软实力，而是硬实力与软实力的一种合理搭配与精巧结合。[①] 而从现实政治的角度来分析，“巧实力”理念的浮现无疑可以被视为美国主流学界对于主宰白宫达8年之久的小布什政府一味过分依赖硬实力（尤其是军事力量）的“单边主义”外交政策的一种批判与反思。

与此相应，在科技突飞猛进、信息资讯呈爆炸式增长的新形势之下，奥巴马政府极力推崇网络外交这一公共外交新式武器，各大政府机构也纷纷推出形式多样、内容丰富的各种网络外交举措。一方面，其最直接的意图是为了促使美国的对外战略布局能较快地融入21世纪信息时代的主流，使其能占得先机进而充分激发网络外交所能起到的公共外交能动效用，以便多维度地向外国公众展示美国“巧实力”，改善美国当前在国际舞台上的欠佳形象。而另一方面，究其实质，它既是对克林顿政府时期“软实力”外交经验的某种借鉴，也是对小布什政府时期“硬实力”外交教训的部分汲取。美国网络外交着眼于增进美国全球战略利益这一宏伟蓝图，更多强调的是一种战略思维、战略管理和战略转换，其最终目的无疑是为了更强势地向世界其他国家和地区兜售美国的民主价值观念，从而更灵巧地维护、实现和拓展美国的

① “Smart Power and the U. S. Strategy for Security in a Post-9/11 World”, A Statement by Richard L. Armitage & Joseph S. Nye, Jr., Testimony before the Subcommittee on National Security and Foreign Affairs, House Committee on Oversight and Government Reform, November 7, 2007.

国家利益。

当然，这里有一点需要明确的是，任何国家都不应对网络外交所能激发出的公共外交能动效用抱以不切实际的过高期待，毕竟它也如公共外交之于外交一样，只是诸多形式中的一种。更何况再好的包装也始终无法完全取代一国内政外交政策举措的实质，如果没有正当合理的政策举措，仅仅仰赖先进技术的宣传造势，它也是难以奏效或者无法长久的。以此观之，如果美国政府不认真反思并彻底摈弃其一贯的霸权主义思维以及单边主义行径，即便是采用网络外交乃至其他各种新式公共外交武器，也仍将会是事倍功半、难以奏效。

在之前的章节中已经反复阐明中国乃是美国施展公共外交的一大重要对象国，美国政府自然不会放弃运用网络外交来试图影响中国公众的价值观念取向。据中国互联网络信息中心（CNNIC）2011 年 1 月发布的第 27 次《中国互联网络发展状况统计报告》显示：截至 2010 年 12 月，中国网民规模已经达到 4.57 亿，突破了 4 亿大关，较 2009 年底增加 7330 万人；互联网普及率攀升至 34.3%，较 2009 年提高 5.4%；手机网民规模达到了 3.03 亿，较 2009 年底增加了 6930 万人；手机网民在总体网民中的比例进一步提高，从 2009 年末的 60.8% 提升至 66.2%。[①] 如此庞大的一个网民群体，一旦被美国等其他国家使用各种网络外交手段充分调动起来，就有可能形成不容小视的公众诉求或舆论压力，进而会在一定程度上影响到中国政府的外交抉择。如近一两年中，美国的总统、国务卿、国会议员等政府高层，就频频通过互联网喊话，借口促进“网络自由”连番指责中国，试图对中

① 中国互联网络信息中心（CNNIC）：《中国互联网络发展状况统计报告》，2011 年 1 月，第 5 页。

国的公众舆论导向施加影响。故此，为了高效应对未来美国对中国采取包括网络外交在内的各种新兴形式的公共外交攻势，尽快完善自己的公共外交体系已成为摆在中国面前的当务之急。

第二节　新情势下中国公共外交体系的联动构建

冷战结束以来，由于“文化力”对于一国的综合国力竞争的增效作用日益为人们所认识到，因而世界各国特别是一些主要大国的领导人越来越重视开发本国的“文化”这一各具特色的矿藏，并极力主张通过公共外交向外国公众积极推销本国。早在20世纪末期，日本首相中曾根就提出“建立文化发达国家”的战略构想，法国总统希拉克提出了文化欧洲的构想，美国总统布什也曾强调美国文化对全世界的吸引力是一种新的可以利用的软力量，而在21世纪之初接任俄罗斯总统的普京上任伊始即着手实施“文化扩张”战略。[①] 相形之下，广大发展中国家不只在经济发展上遭受了严峻挑战，而且在软实力建设与公共外交实践中也面临着不少难题。中国自然也不例外，如在与美国之间的公共外交往来中就常常处于一种相对劣势的境地。为了尽快扭转这一不利局势，本节拟从软实力与公共外交二者之间内在关联的角度出发，通过对比分析中国所具有的富足软实力资源与亟待加强的公共外交能力之间的外在反差，探索联动构建一个较为完备的中国公共外交体系，以此来更有力地实现、维护与拓展中国的国家

① 罗会钧：“论构建中国软实力的外交战略”，载《湘潭大学学报》（哲学社会科学版），2008年第32卷第5期，第91页。

利益。

一、软实力理念与公共外交实践

自哈佛大学著名国际关系学者约瑟夫·奈于20世纪80年代末提出“软实力”这一概念以来，软实力一词就频频见诸国际国内的各种刊头报端，日渐引发国际学术界乃至许多国家的政府决策层的高度关注，俨然成为“全球化时代游荡在世界各个角落的一个幽灵”。[①]

软实力是相对于国家经济、科技与军事等硬实力而言的，奈在其著作中指出，软实力是一个国家“通过自身的吸引力而不是强制力在国际事务中趋向于目标的能力”。换言之，软实力指的是那种能够影响他国意愿的无形力量，这既包括价值观念、生活方式和社会制度的强大吸引力和感召力，也包括建立在此基础上的广泛同化力与规制力。按照约瑟夫·奈的观点，软实力的构成主要体现在以下几个方面：“第一，文化的吸引力；第二，意识形态和思想观念的感召力；第三，制定国际规则和建立国际机制的能力；第四，恰当的外交政策”。[②] 文化吸引力、制度感召力、国际参与力与外交协调力这几股力量结合在一起，就能在一个相当大的程度上形塑出他国公众对于该国特征及属性的总体感知与投射——国家形象，软实力理念的重要性由此可见一斑。

软实力理念既是传统国际关系理论的一种延伸，亦是冷战后期特别是冷战结束以来国家间力量对比出现深刻变化的一种产

① 张晓慧：“‘软实力’论”，载《国际资料信息》，2004年第3期，第25页。

② 邓显超：“提升中国软实力路径”，载《理论与现代化》，2006年第1期，第16页。

物。在传统的国际政治舞台上，强权即公理，硬实力在绝大部分时间里扮演着主要角色。[①] 而伴随着冷战的谢幕，国际政治多极化与世界经济全球化这两股时代潮流交互作用、相辅相成，综合国力的较量日趋激烈。作为综合国力的一个重要组成部分，软实力的分量在对外关系与国际竞争中越发凸显出来，其所产生的影响和所引发的关注亦随之呈水涨船高之势。尽管软实力本身并不会直接增加一国的硬实力，却能使该国的硬实力更易为别国所接受，减少国家使用硬实力时付出的代价，增强别国的认同感和向心力。对此，著名学者阎学通就曾提出，软实力与硬实力二者之间不是和而是积的关系："任何国家的综合实力都是由硬实力和软实力构成的，两种实力的关系不是和而是积。因此，当一国软实力全部丧失时，无论一国的硬实力有多大，其综合实力都等于零……国家生存、国家发展以及国家崛起都离不开软实力的支撑。当一国软实力丧失或被严重削弱，无论多么强大的经济实力都挽救不了这个国家衰败的命运。"[②] 正是从这些意义上来说，奈所提出的软实力概念具有相当强的工具理性，它既为各国决策者提供了一个很重要的外交政策工具，也为国际学术界提供了一个有意义的国力分析工具。

软实力主要展现的是一国对他国的吸引力，是一个国家在国际国内两个舞台上塑造展示自身魅力的重要内容。而将这种软实力理念外化成具体实践付诸行动最为有效的一大路径，即为公共外交。从公共外交与软实力二者之间的内在关联来看，公共外交本质上所折射出的主要理论特质正是软实力；不单如此，随着软

① 罗会钧："论构建中国软实力的外交战略"，载《湘潭大学学报》（哲学社会科学版），2008 年第 32 卷第 5 期，第 91 页。

② 阎学通："从和谐世界看中国软实力"，载《环球时报》，2005 年 12 月 16 日。

实力理念得到越来越多的认同与拓展，公共外交还常被视为彰显软实力能动作用的一条行之有效且持久高效的路径。通过公共外交过程中的沟通和交流，能够向外国公众传播信息、宣传外交政策，交流思想、传播国家观念，引导舆论、塑造国际形象，可以全方位展示并更有效提升实施国的软实力，从而创造、维持和增进实施国的国际影响力，进而左右其他国家的政府意志与政策行为来实现其自身的外交战略意图和国家战略利益。公共外交所体现的这种软实力理论特质，使得其在追求、实现和维护国家利益方面较之于传统外交更具有独特的优势。借助于公共外交这一有力武器，实施国不仅可以向外国公众充分展示其强大国家实力中“硬”的一面，而且可以使他国的精英阶层、普通公众于潜移默化中理解与认同其社会文化价值观念等“软”的一面。

二、无比丰富的软实力资源与亟待加强的公共外交能力

尽管中国拥有无比丰富的软实力资源，但当前中国的公共外交体系仍不完备，公共外交能力亟待加强。

（一）丰富的软实力资源

作为一个有着极为悠久历史传承的文明古国和文化大国，中国蕴藏有无比丰富的能够催生软实力的潜在资源。虽然当前中国的软实力相对于硬实力而言还显得较为薄弱且不够直观，但只要加以科学规划和合理开发，这些富足的矿藏就能够转化成强劲的软实力进而应用于公共外交实践。

首先，悠久的历史文化的吸引力。数千年的中华文明从不曾

中断而绵延至今，这在世界文化史上可谓是独具一格。不仅如此，古代中国还凭借其强大的政治、经济、文化实力影响到广大的周边地区，客观上形成了一个以中国为中心、辐射亚洲过半数国家的“中华文明圈”。中华传统文明中所积极倡导的“兼爱”、“非攻”、“以和为贵”、“和而不同”、“己所不欲、勿施于人”等思想火花，迥然有别于西方国家所大肆宣扬的“实力至上”、“以暴制暴”、“丛林法则”等霸权思维。相较之下，“中国文化的精髓就是崇尚大道，追求和谐”，在这些方面“中华文明远比其他文明突出、鲜明”。[①] 故此，这些充满睿智的哲思连同中国的功夫、书法、绘画、京剧、中医药以及传统服饰等共同组成广义上的“中国文化”拼图，无疑对中国之外的世界产生了极为强大的吸引力。正如一位英国学者所指出的：“文化是软实力的一个重要源泉，中国在扩大文化影响力方面有着某种无与伦比的优势。几千年来，中国的耀眼光芒吸引着商人、使节、学者和教徒纷纷前来寻求财富、权力、教诲和灵感。”[②] 这诸多方面极为丰厚的文化积淀，为中国开展对外交往、扩大对外影响及提升外交形象创设了十分有利的施展空间。

其次，独特的“中国模式”的感召力。中国在历经“文革”阵痛之后，果断实行了对内改革对外开放战略，中国面貌随之焕然一新，且自此迈上了日新月异的发展轨道。自20世纪70年代末实行改革开放以来，中国经济保持了年均9%以上的高速增长，这一经济发展奇迹为世界各国的发展带来了机遇，也引发了国际社会对于“中国模式”的高度关注。2004年5月7日英国的《金融时报》刊登了美国学者乔舒亚·拉莫（Joshua Cooper

① 李峤：“崇道传统与和谐”，载《人民日报》，2007年7月12日。

② “中国软实力资源越来越丰富”，载《参考消息》，2006年11月1日。

Ramo）的一篇文章——“中国已发现了自己的经济共识”，他在文中指出：由于中国的经济崛起和快速发展，中国模式（即“北京共识”）越来越吸引发展中国家，并使得美国模式（即“华盛顿共识”）逐渐失去了吸引力。[①]“中国模式”被国际社会广泛认为给许多国家呈现了一种全新的发展思路，它既没有像“依附理论”主张的完全脱离当前的国际政治经济秩序的偏执，也没有像“现代化理论”主张的采取全盘西化的激进，而是主张最大限度地结合本国的基本国情，明智地采用了一种稳健推进的渐进式路径逐步铺开。联合国前秘书长科菲·安南（Kofi Annan）一次在接受记者采访时就曾明确指出，中国依靠独特的模式实现发展的有益经验值得其他国家尤其是发展中国家借鉴，他的这一表述更是让“中国模式”成为“全球发展中国家转型模版市场上的热销品”。[②]中国探索的这一发展模式不只适合于中国这一发展中的大国自身，也为正奋力谋求经济增长和改善人民生活的广大发展中国家起到了很好的带头作用。可以想见，中国的示范效应带来的这种无形的感召力无疑是广泛而深远的。

再次，负责的外交政策的公信力。从软实力的能动效用来看，如果一国实施的外交政策被其他国家视为具有合法性及道德威信时，它就能赢得高度的公信力，进而构成一种软实力。浸淫于中国传统文化精华的中国外交，历来信奉和平、平等与互利等原则，“从丝绸之路、出使西域到鉴真东渡、郑和下西洋，中国从不输出武力或武力思想，并依靠自己的文化感召力同化了一个

---

① 国林霞：“中国软实力现状分析”，载《当代世界》，2007 年第 3 期，第 38 页。

② 尹学朋、陈兴丽：“论中国软实力资源的整合与开发”，载《东南亚纵横》，2008 年第 6 期，第 80 页。

又一个邻邦”。[①] 新中国成立后，中国坚持独立自主的和平外交政策，积极参与地区经济、安全合作，勇于承担力所能及的大国责任和国际义务，力求为国际社会提供更多更好的公共产品。1997 年亚洲金融危机爆发后，在自身外汇储备并不十分充裕的情况下，中国不仅极力维持了人民币币值的稳定，还向泰国等东南亚国家提供了高额的经济援助。中国在危机最为深重之际的这一系列外交义举，赢得了国际社会的高度赞誉，有力地捍卫了中国作为负责任的国际社会一分子的声誉。同样在 2008 年爆发的国际金融危机中，中国抗击金融海啸的坚定有力信心与中流砥柱作用再次表现得淋漓尽致，中国领导人“借助诸多不同层次的国际国内场合，中国要向世界阐明坚定信心的坚不可摧，中国要向世界阐述应对危机的应对自若，中国还要向世界展现传统情谊的情比金坚，中国更要向世界展示承担责任的责无旁贷”。[②] 诸如此类，不一而足。中国正以当前国际政治经济秩序的一名参与者、合作者、建设者的多重身份，积极负责地参与国际及地区事务，外交政策的公信力渐趋走高，国际话语权不断增强。

（二）弱势的公共外交能力

尽管历史上中国有不少类似于公共外交的思想元素，但无论是在学理研究层面上还是在实践操作层面上，中国公共外交目前尚处于学习、认识与借鉴、引进阶段，能力还有待进一步提高。

早在新中国成立之初，国家领导人即高度重视对外宣传在外交工作中的作用，1949 年底就建立了新闻总署，下设国际新闻

---

① 罗会钧：“论构建中国软实力的外交战略”，载《湘潭大学学报》（哲学社会科学版），2008 年第 32 卷第 5 期，第 92 页。

② 檀有志：“2009 年中国外交的恢宏开局”，载《社会观察》，2009 年第 4 期，第 67 页。

局，统一管理对外新闻传播工作。1955 年，毛泽东主席在一份批示中指出，要“把地球管起来，让全世界都能听到我们的声音”。[1] 此后，中央先后成立了中央外事领导小组、国务院外办、中央对外宣传小组等对外宣传工作的领导及办事机构，同时对外广播、电视、报刊、杂志等也都得到快步发展。冷战结束之后，中国的公共外交事业一步一个脚印，取得了较快的进步：1991 年，国务院新闻办公室成立，其主要职责是推动中国媒体向世界说明中国；1997 年，中共中央宣传部发出通知，“宣传”一词在英译中由 propaganda 改为 publicity，这一字之“改”体现了中国公共外交理念的科学化、国际化，表明中国的公共外交实践已日趋认同与接近现代公共外交理念；2004 年，外交部新闻司成立了用以专门协调公共外交工作的公众外交处，后更名为“公共外交处”，又于 2009 年底在整合多种资源的基础上将公共外交处升格为公共外交办公室，负责全面协调中国的公共外交事务。

然而即便发展如此迅猛，中国公共外交能力上的“短板”仍相当明显，那就是潜力还没能得到充分的挖掘，尤其是在软实力资源的开发转化方面。中国固然拥有无与伦比的软实力资源，但金矿并不直接等于黄金，在将软实力资源转化成软实力这一环节上，丰富的软实力资源难以迅速高效地转化为强劲的软实力，更遑论有余力将外国的文化资源加以转化以充实中国的软实力了。如《花木兰》、《功夫熊猫》等中国特色题材，都已被其他一些国家先行一步转化成为风靡一时的动画大片，反过来向中国输出其思想观念。在核心价值培育、媒体传播力、文化影响力、商业能力、品牌实力等许多方面，客观上中国目前与一些发达国

① 毛泽东：《毛泽东新闻工作文选》，北京：新华出版社，1983 年版，第 182 页。

家相比还存在不小的差距，这是需要加以认真正视并审慎思考的。

此外，某些西方发达国家还利用其强势的宣传工具对中国实施所谓“软打击”，通过渲染“中国威胁论”、“中国崩溃论”、“中国经济殖民论”等各种有意曲解甚至无端指责，严重妖魔化中国的国家形象。据粗略的统计，在世界上至少有2/3的消息来源于发达国家，美联社、路透社、法新社基本上主宰了全球国际新闻的报道，中国媒体的声音在国际上还是相当弱小的。全国政协外委会主任赵启正就曾提到，美国主流媒体对中国的报道中，“按题目来说，负面的是一半，中性的是25%，有一点积极意义的占25%。如果按字数算、按文章长短算，90%以上是负面的。因为负面文章长，正面文章短。”① 这些经西方媒体“加工塑造”过的扭曲失真形象使一些不明就里的外国公众误以为就是中国的实际形象，进而使中国成为被人诟病的靶标。诸如此类情形也要求中国必须大力开展公共外交，塑造一个自信、务实、开放、负责的正面形象，以拨乱反正、正本清源。

三、从软实力的战略视角出发打造中国的公共外交体系

基于上述对软实力理念与公共外交实践之间的内在关联，以及丰富的软实力资源与弱势的公共外交能力之间的外在反差这两个层面的比较分析，笔者认为必须尽快从软实力的视角着眼、从战略与战术两个方面着手，联动构建一个较为完备的中国公共外

① 赵启正：“努力建设有利于我国的国际舆论环境”，载《外交学院学报》，2004年第1期，第4页。

交体系。

一方面，站在一个战略的高度，回首美国对华公共外交战略逾半个多世纪的演进脉络，笔者对于未来中国公共外交体系的构建提出如下几点基本思路：

第一，加强主体认知。在主体认知层面上，需要不断强化从官方到民间对于软实力和公共外交的积极能动作用更加深刻的认知。软实力虽然身段很“软”，但底色依然是“实力”。著名学者王逸舟指出，中国“硬实力的增长很快，尽管与一些西方大国仍有这样那样的差距，但弥补的时间是可期的；而软实力目前仍然薄弱，追赶起来可能更加困难、时间要更长”。[①] 既然意识到了客观存在的差距，我们更当全力以赴奋起直追。公共外交作为对传统外交的一种补充和超越，能够发挥出积极能动效用，从而充分展示一国的软实力，有时能锦上添花，有时可曲径通幽。因此，在不过分夸大软实力、公共外交能动效用的前提下，我们不能仅仅将其视作权宜之计或聊为应景之作，而要将公共外交作为一项具有战略眼光的外交新思路，努力在他国培植于我有利的政治生态，既注重培养一般民众的双向互动、沟通交流意识，又侧重引导培育精英阶层的“观念市场”以形成“外溢效应”，最终达成国家形象的实质改善。

第二，加快机构建设。在机构建设层面上，应进一步大力完善中国公共外交事业的管理体制，可以考虑在必要的时候设立一个层级较高的专门机构来全面负责中国公共外交的运作实施。严格来说，截至目前中国还没有一个专门负责公共外交的独立机构，涉及公共外交的各项具体项目的运作实际上主要由外交部、

① 王逸舟：“中国外交的思考与前瞻”，载《国际经济评论》，2008 年第 4 期，第 6 页。

教育部等多个部委分而治之。“中国的公共外交主要由中国政府部门和政府直接领导的新闻媒体机构来开展，如国务院新闻办、中宣部、外交部、新华社、中央电视台、《人民日报》海外版、《中国日报》等，但是明显缺乏各单位之间的协调。在外交部内部也仅仅由新闻司下属的一个公共外交处来负责公共外交工作，力度显然不够。”① 尽管中国于2009年将之前的“公共外交处”升格为“公共外交办公室”已属可喜的进步，但这一仅为下属于中国外交部新闻司的公共外交管理机构的层级尚显过低，其在牵涉整个中国公共外交事务上的决策力、领导力、协调力、沟通力、控制力以及执行力都有待更进一步的提升。中国今后在国际舞台大剧中的戏份会越来越重，致力于引导外国公众舆论的公共外交的频度与强度可以预见必将有增无减。正因如此，为了便于更加娴熟地开展和更加科学地管理中国公共外交事宜，有必要尽快构思一个中国公共外交大战略，并在时机成熟的时候考虑设立像美国新闻署（USIA）那样高度独立自主的专门机构，统一协调组织中国的公共外交事务。与此同时，还要尽可能保持公共外交的政策延续性与机构稳定性，美国在这方面为我们提供了一个十分鲜活的反面教材，其公共外交主管机构之一的美国新闻署可谓命运多舛，数十年间就因政府更迭被多次分化重组：1953年设立美国新闻署→1978年重组改称国际交流署→1982年再行重组改回美国新闻署→1999年因机构改革被并入国务院。如此这般的折腾内耗，会严重打乱公共外交的合理节奏，使其殊难发挥出应有水平和最大效用。

第三，加紧资源转化。在资源转化层面上，必须抓紧发掘中

① 苏淑民：“公共外交与提升国家软权力”，载《兰州学刊》，2008年第2期，第26页。

国无比丰富的软实力资源，加大力度将它们转化成为强劲的软实力，再通过公共外交来予以展现。历经数千年历史文化积淀的中国，已有的与可供发掘的软实力资源都非常可观，必须通过有意识、有步骤的挖掘方能“吹尽黄沙始到金”，进而通过公共外交去彰显中国软实力“不只是吸引”。自20世纪90年代以来，中国政府开展了一系列具有重大国际影响的对外文化交流活动。2000年8月底到9月底举办的“中国文化美国行”大型文化巡回活动，一般被认为是中国政府对美展开公关与积极推销的首次大型尝试。“尽管这次尝试在很多技巧、手段上还不够成熟，但是它为中国政府公共外交开启了大门，也为我国国家形象的塑造打开了新思路。”[①] 同时自2004年11月21日全球第一所“孔子学院”在韩国首都首尔挂牌以来，中国已在世界上近百个国家或地区设立了五百多所“孔子学院”和“孔子课堂”，在全球范围内教授外国人学习以难学著称的汉语。这无疑是一种很好的尝试，但我们并不能仅仅停留于在海外传播汉语这一较浅的层次，还需要不断谋求更深层次的拓展，并适时根据新的形势进行有针对性的调整。近几年当中，中国又在法国、德国和俄罗斯等多个国家相继举办了形式多样、内容丰富的“中国文化年”活动，这对于全面展示与有效提升中国的软实力具有十分显著的功效。

第四，加深形式细化。在形式细化层面上，还要十分注重公共外交过程中双向互动形式的“国际化”、“对象化”与“现代化”。中国的主流文化、意识形态等无疑是与中国的基本国情、民情相适应的，但在向外界传播过程中不同程度地存在着公式化、概念化、粗糙化、说教化等一系列弊端。如何以一种外国公

① 邱凌：“解析软实力与公共关系的关系”，载《现代传播》，2009年第2期，第146页。

众喜闻乐见的形式帮助他们较好地了解甚至更深地理解中国，这确实需要我们不断“开动脑筋”，有时甚至需要“更换脑筋”去认真思考，并适时根据新的形势进行有针对性的调整。无论采用哪种形式，“我们要更多地向世界传播中华文明的精髓、思想实质以及深刻内涵，让世界人民特别是与我们的文化渊源根本不同的西方人了解中华优秀文化的深邃和伟大，促进文明之间的相互交流和相互理解、尊重与学习，促使各个国家的人民都能发觉中华文明对改造世界和构建国际新秩序以及和谐世界的巨大作用，创造一个和谐包容、多元的世界。”① 同时，此前国内外也有不少学者都指出过目前中国公共外交呈现给外国公众的中国形象多是“古代中国”而非“现代中国”，应该承认这种客观的批评是相当有见地的。兴许还有一小部分外国公众对于中国的印象可能仍停留在马可·波罗的作品《马可·波罗游记》、埃德加·斯诺的小说《红星照耀中国》抑或张艺谋的电影《红高粱》，故而中国政府在国际上积极扩建“孔子学院”、“孔子课堂”推广中国文化的同时，还需要充分利用奥运会、世博会、亚运会等“天赐良‘会’”去全方位地展示现代中国之旧貌换新颜，通过灵巧的公共外交向世界立体呈现中华文明底蕴最深处的“‘和’而‘不同’”。

另一方面，从一个战术的角度来看，要构建一个契合中国国情的公共外交体系，推动当前中国公共外交事业的发展，笔者以为可以先从以下几个具体方面开始着手：

第一，加快转变政府行政理念。改变“重硬实力发展，轻软实力建设”的思维模式，将公共外交作为一项具有长期战略

① 张玲枣：“提升国家文化软实力的政府职能探析”，载《管理观察》，2009 年第 3 期，第 167 页。

眼光的外交新思维，高度重视运用公共外交在国际上去主动塑造良好的国家形象。唯有各级政府尤其是中央政府真正跳出旧有行政观念的束缚，并据此灵活制定中国的公共外交战略，积极整合中国的各种外交资源，方能理念先行、行动跟进。

第二，加紧培植公共外交的公众基础。既注重培养一般民众的双向互动、沟通交流意识，又侧重引导培育精英阶层的“观念市场”以催发“外溢效应”。其中尤为重要的一点是，应为民间团体和社会组织开辟更大的参与空间，加强基金会、智库、非政府组织的建设。从一般民众与精英阶层两个层面双管齐下，从而扩大公共外交工作的基本面。

第三，加大对公共外交的建设投入。谨慎借鉴吸取其他国家的经验教训，加快公共外交事业的专业化进程，努力建成一个具有中国特色的公共外交机制；与此同时，扩充基本的研究队伍，制定科学的研究规划，加大对公共外交的系统研究，逐步夯实中国公共外交事业的理论基础。

第四，加强与国外主流媒体之间各种形式的合作。公共外交主张在其他国家努力培植于本国有利的政治生态，为此就需要不断强化与其他国家之间各种渠道的交流，其中尤为重要的一个管道就是国外的主流媒体。不仅可以通过虚心学习、大胆借鉴它们先进的理念和成功的经验来积极探索具有中国特色的公共外交新路子，还可以在一定条件下通过与之开展各种形式的合作以利用它们的优势平台来为中国的公共外交造势助力。

总之，在中国公共外交体系的构建过程中，我们要根据国情的不同、对象的差别而采取相应适宜的软实力展示形式，从而力争激发出最大的公共外交效用，切实增进中国的国家利益。

本章小结

信息技术的日新月异催生出了网络外交这一新的公共外交形式，以其便捷性、灵活性与敏感性等特质有力地推动着公共外交的蓬勃发展。作为一个网络基础十分完备的国家，美国在开展网络外交方面展现了十分强劲的进攻性态势。在新时局之下，美国政府大力倡导并积极运用网络外交，图谋以此来大力提升美国的巧实力从而增进其国家利益。中国拥有非常庞大的网民群体，客观形势迫切需要中国尽快完善自己的公共外交体系以便灵活应对美国对华施展网络外交。

中国当前正处于推进经济社会全面发展的现代化建设的关键期，同时也是综合国力稳步攀升、国际地位更显突出的敏感期，要求公共外交发挥更大的能动效用。在新情势之下，中国唯有从软实力的视角着眼、从战略与战术两个方面着手，联动构建起一个较为完备的中国公共外交体系，才能充分调动中国所具有的无与伦比的软实力资源，实现在较短的时间内以较快的速度提升和壮大中国的公共外交能力，从而有效因应未来美国对华公共外交各种新兴形式的凌厉攻势，更好地实现、维护和拓展中国的国家利益。

结　论

它山之石，可以为错。它山之石，可以攻玉。

——《诗经·小雅·鹤鸣》

在厘清公共外交概念、综观美国公共外交全貌的基础上，本研究紧扣美国对华公共外交战略的演进脉络，选取美国之音对华广播与中美富布赖特项目这两个典型个案展开深度扫描透析，系统考察美国对华公共外交因何以及如何进行战略调整与政策转变。序论之后，正文部分共计有七章。在本书的结论部分，笔者就全书的内在逻辑与主要观点做一简单梳理和简明提炼，并拟从美国对华公共外交战略逾半个多世纪繁复曲折的错位调适中盘点出公共外交运作的成败得失，以资中国未来在针对包括美国在内的世界其他国家开展公共外交时引为鉴戒。

一、对公共外交理念的基本认知

由于全球化进程的不断深入、信息革命的迅猛发展以及公众舆论对一国内政外交影响力的日渐增强等诸多促因的推动，公共外交作为一种新的外交形式应运而生，在世界各国的外交战略中崭露头角。公共外交的概念边际相对宽广，学理阐释比较丰富。而随着时代的迈进和技术的创新，公共外交的内容与形式在未来的运作过程中还将呈现出更加多元、多彩、多变的样态。

公共外交的主要路径大体可以区分为对外信息传播与国际教育文化交流这两大类别的活动方式，其目标设置着眼于积极引导、有效影响外国公众，特别是其中尤具感召力的精英阶层。公共外交战略旨在从外部赢得他们对于施动国政策、措施的了解、理解乃至支持，而其最根本的一个目的则是为了更好地实现、维护和拓展公共外交施动国的国家利益。公共外交对于传统意义上的政府间外交无疑起着非常有力的补强增效之用，与此同时我们也应客观认识到，公共外交决非一剂外交万灵药，其能动效用不宜被不切实际地过分夸大，毕竟一国外交的成败还受制于诸多方面因素的复合影响。

在公共外交的日常运作过程中，贯穿着一条看似无迹可寻实则无处不在的主线——形态各异的公共外交活动背后所折射出来的施动国与受动国之间的双边关系态势。这就使得我们“透过现象看本质”进而更深切地理解公共外交实践成为可能，反过来也为我们考察国家间的关系互动提供了一个新的独特视角。

二、对美国对华公共外交战略的总体评析

美国是一个相当重视公共外交战略的国家，尽管其公共外交实践起步略晚于其他几个西方大国，然而美国公共外交后来居上，在世界范围内发展得非常快。自第二次世界大战后期以来，美国公共外交大战略先后经历了防守反击、冷战对抗、被边缘化以及重焕生机四大阶段的调整与转变，在美国的全球外交大战略

中占据了一个不可或缺、举足轻重的位置。

美国公共外交设定的基本目标是，力图借助公共外交在其他国家的精英阶层中培养和扶持“亲美派”，同时也谋求让其他国家的普通民众了解和理解美国的对外政策与战略意图。多届美国政府在公共外交方面的积极施为，既在一定程度上反映出美国政府决策层（或者一般意义上说的美国人）骨子里的那种理想主义拯救色彩，更是出于美国自身的现实主义国家利益考量，同时也有为展现强大的软实力以图改善美国国家形象的实际考虑。而归根结底，美国公共外交战略的出发点和落脚点则始终是唯美国的国家利益马首是瞻。

对华公共外交是美国公共外交全局的一个重要部分，同时也是中美关系大格局的有机构成之一，体现的乃是中美之间多重利益的结合点。美国对华公共外交的发生、发展是美中双方、多股势力共同推动的结果，其动力源于美中两国、参与机构、参与者个人等这几重利益之间的融合与渗透。美国开展对华公共外交，其出发点无疑是为了美国的国家利益，不过在实施的过程中，也必须适当考虑中国作为受动一方的利益诉求，以保障公共外交活动的顺利展开从而实现美国作为施动一方的利益。因此，美国对华公共外交战略不仅会随着美国公共外交大战略的调整而做出适时的调整，更会紧贴中美关系实际态势的转变而发生相应的转变。中美关系一直是贯穿美国对华公共外交始终的一条主线，反过来美国对华公共外交战略的不断调适又可被视为错综复杂的中美关系大势的一张缩略图。

随着中美关系的起伏跌宕，美国对华公共外交战略也呈现出较为明显的阶段性特征：从二战期间的双向合作到冷战前期的单向输出，从建交以后的恢复稳定到冷战结束以来的调整发展。中美关系交好之时，公共外交遍地开花；中美关系交恶之际，公共外交蓄势待发。可见，美国对华公共外交战略的调整转变与中美两国外交关系的整体状况十分紧密地联系在一起，反映出、也受制于并最终服务于两国关系。同样，正是因为总体向前的中美关系不时出现这样那样的震荡，美国对华公共外交的预期目标与实际效果之间经常出现一定的背离或落差，这种错位使得美国对华公共外交整体上保持一种曲折中前进的姿态。

美国之音对华广播是美国对华公共外交中信息传播方面的代表，其调整轨迹始终与中美关系态势息息相关，折射出每一阶段中美关系的起伏高低。紧贴不同时期的中美关系状况，美国之音对华广播不断相时而动、随机而变，从节目设置到宣传手法上都进行了较大的调整与转变，力求提升其公共外交效用。不过，美国之音对华广播作为美国对华公共外交中一条单向流动的“单行道”，由于时代的进步及其自身的限制，其在中国公众中的公信力、影响力每况愈下，可以预见它在未来美国对华公共外交战略中的地位大体将呈逐步走低之势。

中美富布赖特项目是美国对华公共外交中教育文化交流方面的代表，其转变历程也一直与中美关系状况紧紧相连，既敏锐地捕捉到中美关系的变化，又能动地作用于中美关系。紧随不同情势的中美关系大势，中美富布赖特项目积极因势而变、顺势而为，以求发挥出最大的公共外交效用。中美富布赖特项目作为美国对华公共外交中一组双向互动的“双行线”，随着当今世界国家间相互依赖程度日深、民众间教育文化沟通交流日盛，其在未来美国对华公共外交战略中的发展前景值得期待。

面对不同“时”、“势”之下的中美关系状况，美国对华公共外交战略努力“相时而动”、积极“因势而变”，不断做出战略调整或战术转变，试图尽可能地弥合其预期目标与实战效果之间的错位，谋求最大限度地发挥出公共外交效用，进而更好地实现、维护和拓展美国的国家利益。作为美国对华公共外交实践中最有影响力、最具代表性的美国之音对华广播与中美富布赖特项目，它们的调整轨迹与转变历程对此做了一个十分鲜活的具体诠释。

随着时代的迈进和科技的发展，美国对中国还开始大力推行网络外交等各种新兴的公共外交形式。就在本书即将修定完稿之际，美国之音的上级主管机构美国广播理事会于2011年2月14日向国会提交了其2012年财政年度预算报告，宣称：美国之音计划自2011年10月1日开始全面停止其普通话短波、中波及卫星电视广播节目，全面取消粤语广播，并将大幅裁减中文部的工作人员，仅保留其中文网站。美国广播理事会是在奥巴马总统公布了美国政府2012财政年度预算方案之后提出这一整改方案的，计划今后将重点从短波转向数字媒体，如互联网广播等。美国之音对华广播的这一最新动态，既在一定程度上有力地印证了笔者在第四章中对其所作出的势将走低的基本研判，又从一个侧面较好地佐证了笔者在第七章中对美国网络外交勃兴发展的高度关注。

审视美国对华公共外交战略半个多世纪当中的错位与调适，其正反两方面的经验与教训均可资今后中国的公共外交事业引为鉴戒。而为了更好地推进中国的公共外交事业发展，当务之急即是从大战略的高度构建一个较为完备的中国公共外交体系。

三、对中国公共外交体系构建的若干启示

观今宜鉴古，鉴古为励今。

争取外国公众对于中国实力增长后的信任和认同，这是崛起中的中国外交重点之所在。中国目前正处于一个十分紧要的战略发展机遇期：从国内层面看中国正步入推进经济社会全面发展的现代化建设关键期，从国际层面看中国正跨入综合国力稳步攀升的大国崛起敏感期。此种情形之下，中国极其需要一个和平稳定的国际大环境以集中精力搞好国内的经济建设，同时也需要积极采取措施以尽快消除一些国家对于中国今后发展不必要的疑虑并有效破除某些国家对于中国未来强盛的围堵。在这方面，公共外交能够在一定程度上发挥出灵活而独特的增信释疑作用。

追寻美国对华公共外交战略的发展轨迹，观其如何相时而动、析其怎样因势而变，对于中国在公共外交建设时“不走老路，少走弯路，开拓新路”，力争在较短的时间内以较快的速度提升和壮大中国开展公共外交的能力具有十分重要的参考价值与借鉴意义。回首美国对华公共外交战略繁复曲折的演进脉络，笔者认为未来中国公共外交体系的构建应遵循以下三个“W”原则：

第一个“W”原则——Why（为什么?），侧重从主体意识层面强调对公共外交理念的更深刻认知。公共外交作为一种新的外交形式，能够发挥积极能动的工具效用，有时能锦上添花，有时可曲径通幽。但这些能动效用的一大前提是要求我们必须真正深刻地意识到公共外交的重要性和必要性，当将其纳入国家对外大战略的整体格局之中，而切不能仅仅将其视作权宜之计或聊为应景之作。美国公共外交在冷战结束之初的“身陷冷宫”与“9·11”事件之后的“重上高楼”，短短10余年间如此“天上地下”的强烈反差就是最好的例证。我们并不宜过分夸大公共外交的能动效用，毕竟再好的外在包装也无法弥补糟糕的内在品质。但如果公共外交主体缺乏这样深刻的认知意识，公共外交的运作质量与实际效果必将事倍功半。在公共外交研究和实践都相对滞后的中国，最紧要的一项工作就是从官方到民间严格培训与积极引导这一意识理念。

第二个“W”原则——What（有什么?），侧重从运作载体层面倡导对公共外交内容的更广阔开发。公共外交应借由何种载体能更高效传递出积极正面的信息，这是世界各国政府与专家学者都在高度关注、积极探索的一个热门课题。如美国对华公共外交的利器之一——富布赖特项目即是出自年轻参议员威廉·富布赖特1945年“最富有想象力”的金点子，如今已发展成为当今世界上活动规模最大、涉及人数最多的国际教育文化交流项目，其在全球范围内的公共外交影响力为世人所瞩目。中国拥有数千年的历史文化积淀，改革开放以来又取得了令世界各国艳羡的长足发展，这些都可视为无与伦比的软实力资源，亟待进一步科学规划、深入发掘，加紧转化成能借助公共外交展现的强劲软实力。

第三个“W”原则——How（怎么做?），侧重从实践方式层面主张对公共外交形式的更灵动处理。尽管在具体的实践方式上，各国因其国情有别而在公共外交机构建设上的做法各有不同，但一些历经长期实践检验的运作形式不妨大胆拿来为我所用。如美国对华公共外交的另一柄利器——美国之音在二战期间为树立全面客观的信誉，在竭力宣传美国的对外政策的同时，也不时播出一些类似“美军在缅甸战场遭受失败”等事实性、平衡性的新闻报道。这一处理手法帮助它很快在外国公众中建立了较高的公信力，从而收到了很好的公共外交效果。尽管美国之音所宣称的全面客观实际上并不尽然，但这一灵巧的实战形式本身对于中国公共外交在今后开展国际广播方面也不无启发意义。中国需要继续大力探索一些让外国公众易于接受、乐于接受的公共外交形式，借此更加灵动立体地展现中国良好的国家形象。

套用一下现在颇为流行的一个说法，公共外交可谓是一个“身段柔软，内心强大”的新事物，洋溢着强劲的活力和张力；不过我们也应充分认识到，公共外交毕竟仍只是一国对外关系恢宏图谱中的构图之一，期望以之来解决所有的外交难题则无异于痴人说梦。无论是对于美国对华公共外交战略的微观考察还是对于中国公共外交体系的宏观建构都有待于广大研究者从更高远的层次、更广阔的视角去深入探索与审慎构思，而这也同样是笔者未来继续努力的方向。

参考文献

一、中文参考文献

（一）著作

1. 译著

［美］A·班杜拉著，林颖等译：《思想和行动的社会基础：社会认知论》，上海：华东师范大学出版社，2001 年版。

［美］杜勒斯著，世界知识出版社编辑：《杜勒斯言论选辑》，北京：世界知识出版社，1959 年版。

［美］汉斯·J·摩根索著，徐昕等译：《国家间政治：寻求权力与和平的斗争》，北京：中国人民公安大学出版社，1990 年版。

［美］亨利·基辛格著，北京编译社译：《核武器与对外政策》，北京：世界知识出版社，1959 年版。

［美］雷迅马著，牛可译：《作为意识形态的现代化：社会科学与美国对第三世界政策》，北京：中央编译出版社，2003 年版。

［美］迈克尔·亨特（Michael H. Hunt）著，褚律元译：

《意识形态与美国外交政策》，北京：世界知识出版社，1999年版。

［美］尼克松著，裘克安等译：《尼克松回忆录》（The Memoirs of Richard Nixon），北京：世界知识出版社，2001年版。

［美］威廉·富布赖特著，简新芽等译：《帝国的代价》，北京：世界知识出版社，1991年版。

［美］沃尔特·拉塞尔·米德著，曹化银译：《美国外交政策及其如何影响了世界》，北京：中信出版社，2003年版。

［美］亚历山大·温特著，秦亚青译：《国际政治的社会理论》，上海：上海人民出版社，2000年版。

［美］詹姆斯·多尔蒂等著，阎学通等译：《争论中的国际关系理论》（第五版），北京：世界知识出版社，2003年版。

［美］邹谠著，王宁等译：《美国在中国的失败，1941—1950》，上海：上海人民出版社，1997年版。

［美］朱迪斯·戈尔斯坦、罗伯特·O·基欧汉编，刘东国等译：《观念与外交政策：信念、制度与政治变迁》，北京：北京大学出版社，2005年版。

［美］兹比格纽·布热津斯基著，军事科学院外国军事研究部译：《大失败：二十世纪共产主义的兴亡》，北京：军事科学出版社，1989年。

［美］兹比格纽·布热津斯基著，中国国际问题研究所译：《大棋局：美国的首要地位及其地缘战略》，上海：上海人民出版社，1998年版。

［英］R.P.巴斯顿著，赵怀普等译：《现代外交》（第二版），北京：世界知识出版社，2002年版。

［英］戈尔-布思（L.G.Gore-Booth）主编，杨立义译：《萨

道义外交实践指南》（第五版），上海：上海译文出版社，1984年版。

［英］哈罗德·尼科松著，眺伟译：《外交学》，北京：世界知识出版社，1957年版。

［法］让－诺埃尔·让纳内著，段慧敏译：《西方媒介史》，桂林：广西师范大学出版社，2005年版。

2. 中文专著

毛泽东：《毛泽东新闻工作文选》，北京：新华出版社，1983年版。

周恩来：《周恩来外交文选》，北京：中央文献出版社，1990年版。

江泽民：《全面建设小康社会，开创中国特色社会主义事业新局面》，北京：人民出版社，2002年版。

毕波编写：《美国之音透视》，青岛：青岛出版社，1991年版。

陈学恂主编：《中国近代教育史教学参考资料》（下册），北京：人民教育出版社，1987年版。

程新国：《庚款留学百年》，上海：东方出版中心，2005年版。

关世杰：《跨文化交流学：提高涉外交流能力的学问》，北京：北京大学出版社，1995年版。

韩召颖：《输出美国：美国新闻署与美国公众外交》，天津：天津人民出版社，2000年版。

胡国成主编：《透视美国：近年来中国的美国研究》，北京：中国社会科学出版社，2002年版。

胡元梓、薛晓源主编：《全球化与中国》，北京：中央编译出版社，1998年版。

李彬、王君超：《媒介二十五讲》，北京：清华大学出版社，

2004 年版。

李滔主编：《中华留学教育史录：1949 年以后》，北京：高等教育出版社，2000 年版。

刘国平：《美国民主制度输出》，北京：社会科学文献出版社，2006 年版。

刘继南主编：《大众传播与国际关系》，北京：北京广播学院出版社，1999 年版。

刘金质：《美国国家战略》，沈阳：辽宁人民出版社，1997 年版。

倪世雄等著：《当代西方国际关系理论》，上海：复旦大学出版社，2001 年版。

秦亚青主编：《文化与国际社会：建构主义国际关系理论研究》，北京：世界知识出版社，2006 年版。

任晓、沈丁立主编：《现实主义与美国外交政策》，上海：上海三联书店，2004 年版。

任晓、沈丁立主编：《自由主义与美国外交政策》，上海：上海三联书店，2005 年版。

时事出版社选编：《美国人看美国》，北京：时事出版社，1992 年版。

陶文钊、陈永祥主编：《中美文化交流论集》，北京：中国社会科学出版社，1999 年版。

王炳南：《中美会谈九年回顾》，北京：世界知识出版社，1985 年版。

王宁主编：《全球化与文化：西方与中国》，北京：北京大学出版社，2002 年版。

王缉思主编：《高处不胜寒——冷战后美国的全球战略和世

界地位》，北京：世界知识出版社，1999 年版。

王缉思主编：《文明与国际政治：中国学者评亨廷顿的文明冲突论》，上海：上海人民出版社，1995 年版。

王晓德：《美国文化与外交》，北京：世界知识出版社，2000 年版。

王逸舟：《当代国际政治析论》，上海：上海人民出版社，1995 年版。

王逸舟：《西方国际政治学：历史与理论》，上海：上海人民出版社，1998 年版。

项立岭：《中美关系史全编》，上海：华东师范大学出版社，2002 年版。

肖元恺：《全球新坐标：国际载体与权力转移》，北京：国际文化出版公司，2003 年版。

杨洁勉等著：《大磨合：中美相互战略和政策》，天津：天津人民出版社，2007 年版。

杨奎松主编：《冷战时期的中国对外关系》，北京：北京大学出版社，2006 年版。

杨伟芬主编：《渗透与互动：广播电视与国际关系》，北京：北京广播学院出版社，2000 年版。

杨雪冬：《全球化：西方理论前沿》，北京：社会科学文献出版社，2002 年版。

杨铮主编：《美国大辞典》，北京：中国广播电视出版社，1994 年版。

于群主编：《美国国家安全与冷战战略》，北京：中国社会科学出版社，2006 年版。

俞可平、黄卫平主编：《全球化的悖论》，北京：中央编译出版社，1998 年版。

俞正梁、陈玉刚、苏长和：《21 世纪全球政治范式》，上海：复旦大学出版社，2005 年版。

袁希涛：《近代中国教育史料》第 4 册，上海：上海书店，1984 年版。

张骥、刘中民等著：《文化与当代国际政治》，北京：人民出版社，2003 年版。

张辛欣：《我知道的美国之音》，北京：中国社会出版社，2000 年版。

张玉国：《国家利益与文化政策》，广州：广东人民出版社，2005 年版。

张注洪主编：《中美文化关系的历史轨迹》，天津：南开大学出版社，2001 年版。

赵可金：《公共外交的理论与实践》，上海：上海辞书出版社，2007 年版。

赵启正：《向世界说明中国——赵启正演讲谈话录》，北京：新世界出版社，2005 年版。

周启朋、杨闯等编译：《国外外交学》，北京：中国人民公安大学出版社，1990 年版。

朱卫斌：《西奥多·罗斯福与中国：对华“门户开放”政策的困境》，天津：天津古籍出版社，2005 年版。

资中筠主编：《冷眼向洋：百年风云启示录》（上卷），北京：生活·读书·新知三联书店，2001 年版。

（二）中文论文

1. 期刊论文

陈尧光：“美国人的文化价值观”，载《国外社会科学》，1985年第7期。

邓显超：“提升中国软实力路径”，载《理论与现代化》，2006年第1期。

樊建新：“‘美国之音’如何进行意识形态渗透”，载《中华魂》，2005年第9期。

高飞：“公共外交的界定、形成条件及其作用”，载《外交评论》，2005年第3期。

顾宁：“1972至1992年的中美文化交流：回顾与思考”，载《世界历史》，1995年第3期。

顾宁：“评冷战的文化遗产：中美教育交流（1949—1990）”，载《史学月刊》，2005年第12期。

国林霞：“中国软实力现状分析”，载《当代世界》，2007年第3期。

郭海儒：“美苏关系疏远探源——20世纪30年代美驻苏人员公共外交活动的实质”，载《学海》，2003年第6期。

郭景哲：“《美国2002—2007对外广播战略计划》”，载《中国电视》，2006年第4期。

何芳芳：“美国之音对华渗透的传播策略”，载《军事记者》，2005年第9期。

侯尚智：“经济全球化：新的机遇和风险”，载《当代世界社会主义问题》，2000年第1期。

胡礼忠：“富布赖特项目与中美教育交流”，载《国际观察》，2000年第5期。

胡耀亭："美国'无硝烟战争'的新战略——《冷战后美国之音的六大任务》出台"，载《中国广播电视学刊》，1996年第10期。

黄超："试论发展中国公共外交"，载《成都纺织高等专科学校学报》，2005年第22卷第4期。

纪玉祥："全球化与当代资本主义的新变化——兼及考察全球化的方法问题"，载《马克思主义与现实》，1998年第6期。

金正昆："对外交学研究若干范畴所进行的思考"，载《教学与研究》，2003年第3期。

李峤："崇道传统与和谐"，载《人民日报》，2007年7月12日。

李新华："试析美国公众外交的重新兴起"，载《思想理论教育导刊》，2004年第6期。

李艳艳："关于西方国家公众外交的几点比较"，载《国际论坛》，2006年第8卷第1期。

李智："试论文化外交"，载《外交学院学报》，2003年第1期。

李志斐："重要战略机遇期与中国公共外交"，载《青海社会科学》，2006年第3期。

两言："中美富布赖特项目走过25年"，载《神州学人》，2005年第4期。

刘德斌："'软权力'说的由来与发展"，载《吉林大学社会科学学报》，2004年第4期。

刘国华、李阵："公共外交：实现中日关系和谐发展的根本出路"，载《东北亚论坛》，2007年第16卷第2期。

刘国华、李阵："浅析日本的公共外交及其局限"，载《日本学论坛》，2006 年第 4 期。

刘国华、李阵：“透视二战后日本对华公共外交”，载《长江论坛》，2007 年第 2 期。

刘艳萍：“试析软权力及其实现途径”，载《阴山学刊》，2005 年第 19 卷第 5 期。

刘中伟：“美国之音放弃对俄广播”，载《环球时报》，2006 年 7 月 14 日。

罗会钧：“论构建中国软实力的外交战略”，载《湘潭大学学报》（哲学社会科学版），2008 年第 32 卷第 5 期。

孟晓驷：“中国：文化外交的魅力”，载《人民日报》，2005 年 11 月 11 日。

齐前进：“公众外交：政府决策与公众参与”，载《世界知识》，2003 年第 15 期。

邱凌：“解析软实力与公共关系的关系”，载《现代传播》，2009 年第 2 期。

仇朝兵：“‘九一一’事件后美国对印度尼西亚的公共外交”，载《美国研究》，2007 年第 2 期。

尚春雁：“‘美国之音’的服务模式”，载《采 . 写 . 编》，2003 年第 6 期。

苏淑民：“公共外交与提升国家软权力”，载《兰州学刊》，2008 年第 2 期。

檀有志：“2009 年中国外交的恢宏开局”，载《社会观察》，2009 年第 4 期。

檀有志：“美、日两国对华公共外交之比较研究（1972 - 2001）”，载北京大学亚洲—太平洋研究院编：《亚太研究论丛》（第四辑），2007 年 6 月。

唐小松："公共外交：信息时代的国家战略工具"，载《东南亚研究》，2004年第6期。

唐小松："中国公共外交的发展及其体系构建"，载《现代国际关系》，2006年第2期。

唐小松、黄忠："论信息时代的网络外交"，载《现代国际关系》，2008年第6期。

唐小松、王义桅："从'进攻'到'防御'——美国公共外交战略的角色变迁"，载《美国研究》，2003年第3期。

唐小松、王义桅："公共外交对国际关系理论的冲击：一种分析框架"，载《欧洲研究》，2003年第4期。

唐小松、王义桅："美国公共外交研究的兴起及其对美国对外政策的反思"，载《世界经济与政治》，2003年第4期。

唐小松、王义桅："试析美国公共外交及其局限"，载《现代国际关系》，2003年第5期。

王海涓、左颖："中国外交揭开神秘盖头，外交部将设立公众外交处"，载《北京晚报》，2004年3月20日。

王宏伟："'9·11'后的美国公众外交"，载《国际论坛》，2003年1月第5卷第1期。

王沪宁："作为国家实力的文化：软权力"，载《复旦学报》（社会科学版），1993年第3期。

王惠岩："公共管理基本问题初探"，载《国家行政学院学报》，2002年第6期。

王晓德："拉丁美洲与美国文化外交的起源"，载《拉丁美洲研究》，2007年第29卷第3期。

王义桅："'三个代表'与中国公共外交"，载《学习月刊》，2003年第10期。

王逸舟："中国外交的思考与前瞻"，载《国际经济评论》，2008年第4期。

温飚："美国国际广播战略策略再次大调整"，载《声屏世界》，2005年第2期。

温飚摘译："美国之音简史"，载《中国广播电视学刊》，2005年第12期。

仵胜奇："美国在伊拉克开展公众外交的困境——历史与现实"，载《兰州学刊》，2007年第4期。

谢鹏："肯尼斯·沃尔兹教授访谈录"，载《国际政治研究》，1997年第2期。

徐焰："爱因斯坦自认为犯下一生最大的错误"，载《北京青年报》，2002年8月2日。

严波："浅析美国对阿拉伯世界公众外交之悖论"，载《兰州学刊》，2006年第11期。

阎学通："从和谐世界看中国软实力"，载《环球时报》，2005年12月16日。

杨友孙："美国文化外交及其在波兰的运用"，载《世界历史》，2006年第4期。

杨友孙、胡淑慧："美国公众外交与东欧巨变"，载《俄罗斯研究》，2005年第3期。

尹继武、李江宁："美国对伊斯兰世界强化推行公众外交及其局限"，载《国际问题研究》，2006年第2期。

尹学朋、陈兴丽："论中国软实力资源的整合与开发"，载《东南亚纵横》，2008年第6期。

元青："民国时期的留美学生与中美文化交流"，载《南开学报》（哲学社会科学版），2000年第5期。

袁小红："试析公众舆论的表现形式"，载《理论探索》，2006年第5期。

袁岳："中国可以有怎样的公众外交?"，载《商务周刊》，2005年3月20日第6期。

展江："新闻宣传异同论"，载《中国青年政治学院学报》，1999年第1期。

章前明："论现实主义的国际秩序模式"，载《开放时代》，2002年第5期。

张立平："富布赖特与中国"，载《南风窗》，2005年第15期。

张玲枣："提升国家文化软实力的政府职能探析"，载《管理观察》，2009年第3期。

张声海："公共外交与中日关系"，载《当代亚太》，2005年第4期。

张天、邓红梅："英美心理战中的三色宣传"，载《心理世界》，1996年第5期。

张晓慧："'软实力'论"，载《国际资料信息》，2004年第3期。

张一凡："略谈'美国之音'"，载《世界知识》，1981年第7期。

赵国军："'文化战争'与'反恐战争'关系辨析"，载《兰州学刊》，2007年第2期。

赵可金："美国公共外交的兴起"，载《复旦学报》（社会科学版），2003年第3期。

趙綺娜："美國政府在臺灣的教育與文化交流活動（一九五一至一九七〇）"，载《歐美研究》，民國九十年三月第三十一卷第一期。

赵启正："加强公共外交，建设国际舆论环境"，载《对外大传播》，2007 年第 4 期。

赵启正："努力建设有利于我国的国际舆论环境"，载《外交学院学报》，2004 年第 1 期。

钟龙彪、王俊："中国公共外交的演进：内容与形式"，载《外交评论》，2006 年第 3 期。

周庆安："美国之音'转战'65 年"，载《国际先驱导报》，2007 年 3 月 5 日。

资中筠："略论美国战后外交的若干特点"，载《美国研究》，1988 年第 1 期。

2. 学位论文

程亮："中国公共外交析论"，广东外语外贸大学硕士学位论文，2006 年 6 月。

程鑫："美国之音关于中国新闻报道的意识形态分析"，吉林大学硕士学位论文，2007 年 5 月。

崔婷："全球化背景下的当代中西文化交流问题研究"，山东大学博士学位论文，2006 年 9 月。

胡腾蛟："美国对华文化外交研究（1970—1979）"，湖南师范大学硕士学位论文，2005 年 4 月。

胡文涛："美国对华文化外交的历史轨迹与个案分析——宗教与国家的二元使命"，暨南大学博士学位论文，2005 年 10 月。

廖宏斌："文化、利益与美国公共外交"，外交学院博士学位论文，2005 年 5 月。

林玲："Projecting Soft Power through International Education: An In-depth Study of the Hopkins-Nanjing Center"（软权力与中美文化交流——南京霍布金斯中心个案研究），上海外国语大学博

士学位论文，2004年6月。

刘炳香：“公共外交：理论、实践及对中国的借鉴”，中共中央党校硕士学位论文，2006年6月。

刘华：“中国公共外交的理论与实践——以对外涉藏问题为例”，外交学院硕士学位论文，2004年6月。

龙邦：“试析公共外交与国家形象建构之间的关系——以美国为个案”，暨南大学硕士学位论文，2006年6月。

门艳玲：“中国文化外交初探”，东北师范大学硕士学位论文，2006年10月。

缪开金：“中国文化外交研究”，中共中央党校博士学位论文，2006年5月。

王伟伟：“美国之音在美国外交战略实施中的地位和作用”，青岛大学硕士学位论文，2006年5月。

危玮：“Analysis of U. S. Public Diplomacy——Concept, Development and Resurgence after 9/11”（美国公共外交浅析——概念、发展及9/11后的重新兴起），外交学院硕士学位论文，2006年5月。

赵红权：“超越冷战：神话还是现实？——非冷战视角下的美国和平队（1961—1974）”，北京大学硕士学位论文，2005年5月。

二、外文参考文献

1. Books

Abshire, David M. *International Broadcasting: a New Dimension of Western Diplomacy*. Beverly Hills, CA: Sage Publications, 1976.

Alexander, Lauren. *The Voice of America: From Detente to the Reagan Doctrine*. Norwood, NJ: Ablex, 1988.

Ammon, Royce J. *Global Television and the Shaping of World Politics: CNN, Telediplomacy and Foreign Policy*. North Carolina: McFarland & Company, 2001.

Arndt, Richard T. and David Lee Rubin, eds. *The Fulbright Difference, 1948 – 1992*. New Brunswick, New Jersey: Transaction Publishers, 1993.

Arquilla, John and David Ronfeldt. *The Emergence of Noopolitik: Toward an American Information Strategy*. Santa Monica, CA.: RAND Corporation, 1999.

Bodde, Derk. *Peking Diary: A Year of Revolution*. New York: Henry Schuman, Inc. 1950.

Bormann, Ernest G. *The Force of Fantasy: Restoring the American Dream*. Carbondale: Southern Illinois University Press, 1985.

Bostdroff, Denise M. *The Presidency and the Rhetoric of Foreign Policy*. Columbia: University of South Carolina Press, 1994.

Browne, Donald R. *International Broadcasting: The Limits of the Limitless Medium*. New York: Praeger Publishers, 1982.

Burns, Edward McNall. *The American Idea of Mission: Concepts of National Purpose and Destiny*. New Brunswick, N. J.: Rutgers University Press, 1957.

Campbell, Kurt M. and Michele A. Flournoy. *To Prevail: An American Strategy for the Campaign against Terrorism*. Washington D. C.: The CSIS Press, 2001.

Carr, Edward H. *The Twenty Years' Crisis, 1919 – 1939: An In-*

troduction to the Study of International Relations. London: Palgrave Macmillan, 2001 [1939].

Chay, Jongsuk, ed. *Culture and International Relations.* New York: Praeger Publishers, 1990.

Cheng, Li, ed. *Bridging Minds across the Pacific: U. S. -China Education Exchanges, 1978 – 2003.* Lanham, Maryland: Lexington Books, 2005.

Cohen, Warren I. *America's Response to China: A History of Sino-American Relations*, fourth edition. New York: Columbia University Press, 2000.

Cummings, Milton C. Jr. *Cultural Diplomacy and the United States Government: A Survey.* Washington, D. C.: Center for Arts and Culture, 2003.

Dafoe, John. *Public Opinion and World Politics.* Chicago: University of Chicago Press, 1993.

Dizard, Jr., Wilson P. *Inventing Public Diplomacy: The Story of the U. S. Information Agency.* Colorado: Lynne Rienner Publishers Inc., 2004.

Dizard, Jr., Wilson P. *The Strategy of Truth: The Story of the U. S. Information Service.* Washington, D. C.: Public Affairs Press, 1961.

Fairbank, John K. *Chinabound: A Fifty-year Memoir.* New York: Harper & Row, 1982.

Fairbank, Wilma. *America's Cultural Experiment in China 1942 – 1949*, Department of State Publication 8839, International Information and Cultural Series 108. Washington, D. C.: U. S. Government Printing Office, released June, 1976.

Fisher, Glen. *American Communication in a Global Society*. Norwood, N. J. : Ablex Publishing Cooperation, 1987.

Fortner, Robert S. *Public Diplomacy and International Politics: The Symbolic Constructs of Summits and International Radio News*. Westport, CT: Praeger Publishers, 1994.

Fulbright, William J. *The Price of Empire*. New York: Pantheon Books, 1989.

Gonesh, Ashvin and Jan Melissen. *Public Diplomacy: Improving Practice*. The Hague: Netherlands Institute of International Relations *Clingendael*, 2005.

Green, Fitzhugh. *American Propaganda Abroad*. New York: Hippocrene Books, 1988.

Hachten, William A. and James F. Scotton. *The World News Prism: Global Media in an Era of Terrorism*, 6th edition. Ames: Iowa State Press, 2002.

Hansen, Allen C. *USIA: Public Diplomacy in the Computer Age* (Second Edition). New York: Praeger Publishers, 1989.

Hanson, Haldore. "The Cultural-Cooperation Program 1938 – 1943", *Department of State Publication 2137*. Washington: United States Government Printing Office, 1944.

Harding, Harry. *A Fragile Relationship: the United States and China since 1972*. Washington, D. C. : The Brookings Institution, 1992.

Held, Morrell and Lawrence S. Kaplan. *Culture and Diplomacy: The American Experience*. Westport, Conn. : Greenwood Press, I977.

Henderson, John W. *The United States Information Agency*. New York: Prager Publishers, 1969.

Hoffman, Arthur S. *International Communication and the New Diplomacy*. Bloomington: Indiana University Press, 1968.

Hooper, Beverley. *China Stands Up: Ending the Western Presence, 1948 – 1950*. Sydney: Allen & Unwin Pty., 1986.

Iriye, Akira. *Cultural Internationalism and World Order*. Baltimore and London: The John Hopkins University Press, 1997.

Johnson, Walter and Francis J. Colligan. *The Fulbright Program: A History*, With a Foreword by J. W. Fulbright. Chicago and London: The University of Chicago Press, 1965.

Kallgren, Joyce K. and Denis Fred Simon, eds. *Educational Exchanges: Essays on the Sino-American Experience*. Berkeley: Institute of East Asian Studies, University of California, 1987.

Kaplan, Lawrence F. and William Kristol. *The War over Iraq: Saddam's Tyranny and America's Mission*. San Francisco: Encounter Books, 2003.

Kegley, Jr., Charles W. *Controversies in International Relations Theory: Realism and Neoliberal Challenge*. New York: St. Martin's Press, 1995.

Kennedy, Paul. *The Rise and Fall of the Great Powers: Economic Change and Military Conflict from 1500 to 2000*. New York: Random House, 1987.

Knock, T. J. *To End All Wars: Woodrow Wilson and the Quest for a New World Order*. Princeton: Princeton University Press, 1992.

Kraske, Gary E. *Missionaries of the Book: The American Library Profession and the Origins of United States Cultural Diplomacy*. Westport, CT: Greenwood Press, 1985.

Krugler, David F. *The Voice of America and the Domestic Propaganda Battles, 1945 – 1953.* Columbia: University of Missouri Press, 2000.

Lampton, David M. *A Relationship Restored: Trends in U. S. -China Educational Exchanges, 1978 – 1984.* Washington, D. C.: National Academy Press, 1986.

Lampton, David M. *Same Bed Different Dreams: managing U. S. -China relations, 1989 – 2000.* Berkeley and Los Angeles, California: University of California Press, 2001.

Malone, Gifford D. *Political Advocacy and Culture Communication: Organizing the Nation's Public Diplomacy.* Lanham, Md.: University Press of America, 1988.

Manheim, Jarol B. *Strategic Public Diplomacy and American Foreign Policy.* New York: Oxford University Press, 1994.

Mitchell, J. M. *International Cultural Relations.* London, Boston: Allen & Unwin Ltd., 1986.

Mohanty, Sachidananda. *In Search of Wonder: Understanding Cultural Exchange Fulbright Program in India.* New Delhi: Vision Books Pvt. Ltd., 1997.

Morgenthau, Hans J. *Politics among Nations: the Struggle for Power and Peace.* New York: A. A. Knopf, 1992.

Nelson, Michael. *War of the Black Heavens: The Battles of Western Broadcasting in the Cold War.* Syracuse, N. Y.: Syracuse University Press, 1997.

Ninkovich, Frank A. *The Diplomacy of Ideas: U. S. Foreign Policy and Cultural Relations, 1938 – 1950.* Cambridge: Cambridge University Press, 1981.

Norris, Pippa. *The Digital Divide: Civic Engagement, Information Poverty and, the Internet Worldwide*. New York: Cambridge University Press, 2001.

Nye, Jr., Joseph S. *Bound to Lead: The Changing Nature of American Power*. New York: Basic Books, Inc., 1990.

Nye, Jr., Joseph S. *Soft Power: The Means to Success in World Politics*. New York: Public Affairs, 2004.

Orleans, Leo A. *Chinese Students in America: Policies, Issues, and Numbers*. Washington, D. C.: National Academy Press, 1988.

Price, Monroe E. *Media and Sovereignty: The Global Information Revolution and Its Challenge to State Power*. Cambridge, Mass.: The MIT Press, 2002.

Rawnsley, Gary D. *Radio Diplomacy and Propaganda: The BBC and VOA in International Politics, 1956–64*. New York: St. Martin's Press, 1996.

Rickett, Allyn and Adele. *Prisoners of Liberation*. New York: Cameron Associates, Inc., 1957.

Shewmaker, Kenneth E. *Americans and Chinese Communists, 1927–1945: A Persuading Encounter*. Ithaca, N. Y.: Cornell University Press, 1971.

Sorensen, Thomas C. *The World War: The Story of American Propaganda*. New York: Harper and Row, 1968.

Staar, Richard F., ed. *Public Diplomacy: USA versus USSR*, foreword by W. Glenn Campbell. Stanford, Calif.: Hoover institution Press, Stanford University, 1986.

Stephens, Oren. *Facts to a Candid World: America's Overseas Infor-*

mation Program. Stanford, Calif. : Stanford University Press, 1955.

Sussman, Leonard R. *The Culture of Freedom: The Small World of Fulbright Scholars.* Maryland: Rowman & Littlefield Publishers, 1992.

Thompson, Kenneth W. ed. *Rhetoric and Public Diplomacy: the Stanton Report Revisited.* Lanham, Md. : University Press of America, 1987.

Tuch, Hans N. *Communicating with the World: US Public Diplomacy Overseas.* New York: St. Martin's Press, 1990.

Varg, Paul A. *The Closing of the Door: Sino-American Relations, 1936 – 1946.* East Lansing: Michigan State University Press, 1973.

Wolf, Jr. , Charles and Brian Rosen. *Public Diplomacy: How to Think about and Improve It.* Santa Monica: RAND Corporation, 2004.

Woods, Randall Bennett. *Fulbright: a Biography.* Cambridge: Cambridge University Press, 1995.

［日］平野健一郎编：《国際文化交流の政治経済学》(《国际文化交流的政治经济学》)，东京：劲草书房，1994 年版。

［日］松村正义：《国際交流史——近現代日本の広報文化外交と民間交流》(《国际交流史——近现代日本的公共外交与民间交流》)，东京：地人馆，2002 年新版。

2. Journals

Adelman, Kenneth L. "Speaking of America: Public Diplomacy in Our Time." *Foreign Affairs*, Vol. 59 (Spring, 1981), pp. 913 – 936.

Benjamin, Jules R. "The Framework of U. S. Relations with Latin America in the Twenties Century." *Diplomatic History*, Vol. 11 (Spring, 1987), pp. 91 – 112.

Benton, William. "The Voice of America Abroad." *Journal of Educational Sociology*, Vol. 19, No. 4 (Dec., 1945), pp. 211 –217.

Bodde, Derk. "Report on Communist China." *Far Eastern Survey*, Vol. 18, No. 23 (November 16, 1949), pp. 265 –269.

Borg, Dorothy. "Review on *Peking Diary*: *A year of revolution*, *Far Eastern Survey*." Vol. 20, No. 17 (October 10, 1951), p. 180.

Cook, Donald B. and J. Paul Smith. "The Philosophy of the Fulbright Programme." *International Social Science Bulletin*, UNESCO, Vol. VIII, No. 4 (1957), pp. 3 –16.

Finch, George A. "Remission of the Chinese Indemnity." *The American Journal of International Law*, Vol. 18, No. 3 (July, 1924), pp. 544 –548.

"First Fulbrights." *Time Magazine*, February 2, 1948.

Guangqiu Xu. "The Idealogical and Political Impact of U. S. Fulbrighters on Chinese Students: 1979 – 1989." *Asian Affairs*, Vol. 26 (Fall 1999), Issue 3, pp. 139 –158.

Hoffman, David. "Beyond Public Diplomacy." *Foreign Affairs*, Vol. 81 (March/April 2002), pp. 83 –95.

Inkeles, Alex. "Soviet Reactions to the Voice of America." *The Public Opinion Quarterly*, Vol. 16, No. 4, *Special Issue on International Communications Research* (Winter, 1952 – 1953), pp. 612 –617.

Inkeles, Alex. "The Soviet Attack on the Voice of America: A Case Study in Propaganda Warfare." *American Slavic and East European Review*, Vol. 12, No. 3 (Oct., 1953), pp. 319 –342.

Kegley, Jr. , Charles W. "The Neoidealist Moment in International Studies? Realist Myths and New International Realities." *International Studies Quarterly*, Vol. 37, No. 2 (1993), pp. 131 – 147.

Klapper, Joseph T. and Leo Lowenthal. "The Contributions of Opinion Research to the Evaluation of Psychological Warfare." *The Public Opinion Quarterly*, Vol. 15, No. 4 (Winter, 1951 – 1952), pp. 651 – 662.

Laqueur, Walter. "Save Public Diplomacy: Broadcasting America's Message Matters." *Foreign Affairs*, Vol. 73 (September/october, 1994), pp. 19 – 24.

Massing, Paul W. "Communist References to the Voice of America." *The Public Opinion Quarterly*, Vol. 16, No. 4, *Special Issue on International Communications Research* (Winter, 1952 – 1953), pp. 618 – 622.

Maurer, Isabel Avila. "The Fulbright Act in Operation." *Far Eastern Survey*, Vol. 18, No. 9 (May 4, 1949), pp. 104 – 107.

McMurry, Ruth E. "Foreign Government Programs of Cultural Relations." *Annals of the American Academy of Political and Social Science*, Vol. 235, International Frontiers in Education (Sep. , 1944), pp. 54 – 61.

Mearsheimer, John J. "Hearts and Minds." *The National Interest*, No. 69 (Fall, 2002), pp. 13 – 16.

Mytton, Graham and Carol Forrester. "Audiences for International Radio Broadcasts." *European Journal of Communication* (SAGE, London, Newbury Park and New Delhi), Vol. 3 (1988), pp. 457 – 481.

Nelles, Wayne. "American Public Diplomacy as Pseudo-Education: A Problematic National Security and Counter-Terrorism Instrument." *International Politics*, 2004, Volume 41, Issue 1, pp. 65 – 94.

Nossel, Suzanne. "Smart Power." *Foreign Affairs*, March/April 2004, pp. 130 – 138.

Nye, Jr., Joseph S. "The Challenge of Soft Power." *Time Magazine*, February 22, 1999.

Nye, Jr., Joseph S. "The Decline of America's Soft Power: Why Washington Should Worry." *Foreign Affairs*, Vol. 83 (May/June, 2004), pp. 16 – 20.

Nye, Jr., Joseph S. "The Information Revolution and American Soft Power." *Asia-Pacific Review*, Vol. 9, No. 1, May 2002, pp. 67 – 73.

Nye, Jr., Joseph S. "Soft Power." *Foreign Policy*, No. 80 (Autumn, 1990), pp. 153 – 171.

Ross, Christopher. "Pillars of Public Diplomacy: Grappling with International Public Opinion." *Harvard International Review*, Vol. 25 (2003), pp. 22 – 27.

Sablosky, Juliet Antunes. "Reinvention, Reorganization, Retreat: American Cultural Diplomacy at Century's End, 1978 – 1998." *The Journal of Arts Management*, *Law and Society*, Vol. 29, No. 1 (March, 1999), pp. 30 – 46.

Vogel, Ralph H. "The Making of the Fulbright Program." *The Annals of the American Academy*, *AAPPS*, Vol. 491 (May 1987), pp. 22 – 35.

Ward, Isabel Avila. "The Fulbright Act." *Far Eastern Survey*, Vol. 16, No. 17 (Sep. 24, 1947), pp. 198 – 200.

Wood, Norman and Walter Hugins. "The Fulbright Program in

the Republic of China, 1947 – 1973." in *Proceedings of the First Regional American Studies Seminar of East Asia*, July 2 – 4, 1973 (Taipei, Center for American Studies, Academia Sinica, 1973), pp. 123 – 130.

Woods, Randall Bennett. "Fulbright Internationalism." *The Annals of the American Academy*, *AAPPS*, Vol. 491 (May 1987), pp. 22 – 35.

Wright, Mary C. "Review on *Prisoners of Liberation.*" *The Journal of Asian Studies*, Vol. 17, No. 2 (Feb., 1958), pp. 265 – 267.

Zweig, David and Chung Siu Fung. "Redefining the Brain Drain: China's 'Diaspora Option'." *Working Paper No. 1*, at the 40th Anniversary of the Universities Services Centre, Chinese University of Hong Kong, Hong Kong, (January 6 – 7, 2004), pp. 1 – 32.

3. Dissertations

Taifa Yu, "A Neglected Dimension of Sino-U. S. Cultural Relationship: Cultural Exchanges, Cultural Diplomacy and Cultural Conflicts since 1979," (Ph. D. Dissertation), University of South Carolina, 1988.

Yasutaka Tokorozawa, "The Effects of the Fulbright Graduate Study Program: Its Personal and Social Meanings in Post-war Japan," (Ph. D. Dissertation), University of California (Los Angeles), 1996.

三、法案、报告及内部档案等

BFS (The Board of Foreign Scholarships), Annual Report, 1967

–1999.

BFS, *Educational Exchanges in the Seventies, Statement by the Board of Foreign Scholarships, August 1971* (Washington, DC: Department of State, 1971).

BFS, *Forty Years: the Fulbright Program 1946 – 1986*, December 1986.

Bureau of Educational and Cultural Affairs of the Department of State, "The Educational Exchange Program under the Fulbright Act", May 1961.

Committee on Expenditures in the Executive Departments in the Congress, *Surplus Property Disposal: Hearings*, 79th Congress, 1st session, 1946, pp. 1 –40.

Congressional Record, Senate, August 9, 1967.

Congressional Record, 79th Congress, 1st session, April 30, 1945.

Council for International Exchange of Scholars, *A Report of a Conference: Perspective on International Scholarly Exchange*, held at the National Academy of Sciences Summer Studies Center Houston House, August 24 –25, 1972.

Declassified Report: "U. S. China Science and Technology Cooperation (S&T Agreement): Report to Congress". This report was submitted to the Congress on April 11, 2005 and was declassified on April 15, 2005.

Department of State, "Background and Types of Public Law 584 Study Grants", *Foreign Service Educational Exchange Circular*, No. 30, March 11, 1957.

Department of State, *The China White Paper, August 1949* (Stanford, Calif. : Stanford University Press, 1967).

Department of State, *Department of State Bulletin*, Vol. 14, No. 347 (February 24, 1946).

Department of State, *Department of State Bulletin*, Vol. 22, No. 574 (Jul. 3, 1950).

Department of State, *Dictionary of International Relations Terms* (Washington D. C., 1987).

Department of State, *Educational Exchanges under the Fulbright Act*, 1949.

Department of State, Papers relating to the foreign relations of the United States (hereafter referred to FRUS), 1921, Vol. I (Washington, D. C. : U. S. Government Printing Office, 1921).

FRUS, 1945, Vol. VII

FRUS, 1947, Vol. VII

FRUS, 1949, Vol. VIII

FRUS, *1952 – 1954*, Vol. XIV

FRUS, *1955 – 1957*, Vol. II

Department of State, *The Program of Emergency Aid to Chinese Students 1949 – 1955*, Department of State Publication 6343, Released June 1956.

Department of State, *Regulations and Orders Pertaining to Foreign Surplus Disposal*, Publication 2704 (Washington: U. S. Government Printing Office, December, 1946).

Department of State, *Report of the Delegation of the United States of America to the Inter-American Conference for the Maintenance of Peace*, Buenos Aires, Argentina, December 1 – 23, 1936.

Department of State, *Report to Congress on Foreign Surplus Disposal*, October 1946.

Department of State, *Report to the Congress on the Chinese Emergency Aid Program*, April 22, 1955.

Department of State, "Review of BFS Selection Criterion Regarding Loyalty", *Office Memorandum*, July 28, 1959.

Department of State, *United States Policy in the Korean Crisis* (Washington, D. C.: Government Printing Office, 1950).

"First Grantees under the Fulbright Act, P. L. 584, signed August 1, 1946", *Memorandum for the File*, *10/29/1963*, Special Collections, Mullins Library, University of Arkansas (Fayetteville), Box 103, File 15.

House Document 827, *Report to the* 81st *Congress*, *2nd session*, *On the operations of the Department of State under Public Law 584*, March 14, 1950.

"Hearing on U. S. Scientific Exchange Program with China Subcommittee on Science, Research, and Technology", *Testimony by Chairman of CSCPRC Lewis M. Branscomb in the House of Representatives*, Monday, May 7, 1979.

J. William Fulbright Foreign Scholarship Board, "Fulbright 1995: 32nd Annual Report of the J. William Fulbright Foreign Scholarship Board".

National Archives, Group Records 59, 811.42793SE/1 - 31 -49.

Office of Educational Exchange, Department of State, *The Record*, *Special Fulbright Issue*, March-April 1951.

Office of the White House Press Secretary, "Remarks of the President at the Ceremonies in the Rose Garden in Connection with the 15th Anniversary of the Fulbright Act", *Immediate Release*, August 1, 1961.

"Operations of the Department of State under Section 32B (2) of Public Law 584, 79th Congress, for 1948", *A Report by the Secretary of State for 1948*, Washington, 1949.

"Outline of Selection Process for Awards under the Fulbright Act", *Documents of the Fulbright Session 1*, April 12 – 13, 1957.

"Report on the Operation of the Department of State", *Message from the President of the United States*, 80th Congress, 2nd Session, March 8, 1948.

"Scholarships and fellowships for Chinese students in American-maintained institutions in China (China Evaluation)", (Draft Memorandum, Undated, 1949), *History Files*, Bureau of Educational and Cultural Affairs, Department of State.

"Smart Power and the U. S. Strategy for Security in a Post-9/11 World", *A Statement by Richard L. Armitage & Joseph S. Nye, Jr.*, *Testimony before the Subcommittee on National Security and Foreign Affairs*, House Committee on Oversight and Government Reform, November 7, 2007.

"Sunday Postscript", April 30, 1944, *Fulbright Papers*, Box 55, Series 78.

"Travel grants", Undated, Special Collections, Mullins Library, University of Arkansas (Fayetteville), Box 106, File 21.

United States Advisory Commission on Public Diplomacy, *Annual*

Report, *1985 –1989*.

United States Advisory Commission on Public Diplomacy, *Consolation of USIA into the State Department*: *an Assessment after One Year*, Washington D. C. , October 2000.

United States Educational Foundation in the Republic of China, *Essential Documents Governing the USEF/C Program*, February, 1960.

US Congress, Senate, Committee on Foreign Relations, "What is wrong with our foreign policy", *Statement of Hans Morgenthau in Hearings before the Committee*, 86th Cong. , 1st session, 1959.

White House, *The National Security Strategy of the United States of America*, September 2002.

美国教育交流中心编制:《中美富布莱特项目(U. S. -China Fulbright Program Alumni Directory), 1980 – 1995》。

美国驻华大使馆新闻文化处编辑:《交流》杂志,2004 年冬季刊。

中国国家留学基金管理委员会编:《中美富布赖特项目"赴美申请指南"(The Fulbright Program for Chinese Scholars)》。

中国国家留学基金管理委员会编:《中美富布赖特项目实施 25 周年(U. S. -China Fulbright Program 25 Years, 1980—2004)》, 2004 年版。

四、网络资源

The Advisory Committee on Cultural Diplomacy, U. S. Department of State, "Cultural Diplomacy: The Linchpin of Public Diplomacy," September 2005. Available at: http: //www. publicdiplomacywatch. com/091505Cultural-Diplomacy-Report. pdf.

"Beers, Legislators Say Public Diplomacy Vital in Fight on Terror." Available at: http: //usinfo. state. gov/topical/pol/terror/01101 0014. htm.

Brown, John, "The Purposes and Cross-Purposes of American Public Diplomacy," *American Diplomacy*, August 15, 2002. Available at: http: //www. unc. edu/depts/diplomat/archives_ roll/2002_ 07 - 09/brown_ pubdipl/brown_ pubdipl. html.

Cull, Nicholas J., " 'Public Diplomacy' before Gullion: The Evolution of a Phrase." Available of: http: //uscpublicdiplomacy. com/index. php/newsroom/pdblog_ main/author/Nicholas_ Cull/.

Manilow, Lewis, "Introductory remarks", Conference on Virtual Diplomacy, U. S. Institute of Peace, Washington, D. C., April 1, 1997. Available at: http: //www. state. gov/www/policy/pdadcom/usip5. html.

爱德华·默罗公共外交研究中心主页：http：//fletcher. tufts. edu/murrow/public-diplomacy. html。

和平队主页：http：//www. peacecorps. gov/index. cfm? shell = learn. whatispc. mission。

美国白宫主页：http：//www. whitehouse. gov。

美国国务院主页：http：//www. state. gov。

美国国务院教育与文化事务局主页：http：//exchanges. state. gov。

美国新闻署主页：http：//www. publicdiplomacy. org。

美国之音主页：http：//www. voanews. com。

美国之音中文网主页：http：/www. voachinese. com。

美国驻华大使馆主页：http：//beijing. usembassy-china.

org. cn/index. html。

南加利福尼亚大学公共外交研究中心主页：http：//www. uscpublicdiplomacy. org。

纽约时报主页：http：//www. nytimes. com。

伊利诺伊大学芝加哥分校（University of Illinois at Chicago，UIC）联邦寄存图书馆有关美国新闻署的历史资料。Available at：http：//dosfan. lib. uic. edu/usia/abtusia/stratplan/pland. htm。

英国文化协会主页：http：//www. britishcouncil. org/。

中国国家留学基金委主页：http：//www. csc. edu. cn/gb/index. asp。

中国互联网络信息中心（CNNIC）主页：http：//www. cnnic. net. cn/。

中华人民共和国教育部主页：http：//www. moe. edu. cn/edoas/。

中华人民共和国教育部国际司美大处主页：http：//www. moe-daoa. edu. cn/。

中华人民共和国外交部网站主页：http：//www. fmprc. gov. cn/chn/。

中美网络语言教学合作项目主页：http：//www. ells. edu. cn/。

著名互联网统计机构 comScore 公司主页：http：//www. comscore. com。

后　记

本书是我的第一部学术专著，虽然其间的某些论据观点仍不免粗疏肤浅，却也凝结了自己修习国际关系十余年来的心力和体悟。诸多力有未逮之处，唯有寄望于日后的以勤补拙。这里不拟再赘言拙著的内容本身，而想借此机会向那些曾在各种情境之下予我以援手的人诚致一声谢意：

感谢我在北京大学国际关系学院攻读博士学位时的导师贾庆国教授，他对愚徒的眷顾一直延续到我毕业从教之后，时时对我的学术成长予以无私的关怀与护佑！

感谢我所执教的对外经济贸易大学国际关系学院院长戴长征教授，他将我接纳进入惠园，并在教学科研工作中时常为我提供热心指导与大力支持！

感谢察哈尔学会的韩方明主席、柯银斌秘书长，他们对资浅后辈的鼓励与提携令我始终感怀在心！

感谢时事出版社领导和责任编辑杨安哲，他们的敬业精神与专业素养极大地促成了拙著的尽早面世！

最后，还要特别感谢我的妻子周琳。虽然她与我术业各有专攻，但在本书的布局谋篇、遣词用字上经常予我以各种非常有启发的意见和建议，每每在我思路遭遇瓶颈之际她总能给我贴心而又有力的后援。同时，也要感谢我们双方的父母，尤其是来京精心照顾我们生活起居的岳父母，他们的默默辛劳让我能更好地专注于学术研究。

是为记。

檀有志

2011 年 3 月 24 日于惠新里陋室

图书在版编目（CIP）数据

美国对华公共外交战略/檀有志著. —北京：时事出版社，2011.4

ISBN 978-7-80232-418-3

Ⅰ.①美… Ⅱ.①檀… Ⅲ.①美国对外政策：对华政策-研究 Ⅳ.①D822.371.2

中国版本图书馆 CIP 数据核字（2011）第 036409 号

出版发行：时事出版社

地　　址：北京市海淀区万寿寺甲 2 号

邮　　编：100081

发行热线：（010）88547590　88547591

读者服务部：（010）88547595

传　　真：（010）68418647

电子邮箱：shishichubanshe@sina.com

网　　址：www.shishishe.com

印　　刷：北京昌平百善印刷厂

开本：787×1092　1/16　印张：20.25　字数：235 千字

2011 年 4 月第 1 版　2011 年 4 月第 1 次印刷

定价：56.00 元